高等学校金融学、投资学专业主要课程精品系列教材

创业金融学

主编 顾婧 周伟

中国教育出版传媒集团
高等教育出版社·北京

内容简介

本书以金融视角系统阐述了整个创业流程,围绕创业过程中的重要议题展开介绍,共分十章。第一章为创业金融导论,介绍了创业企业的组织形式、创业方式,以及创业金融与公司金融的差别等。第二章为创业家,介绍了创业家类型、特质、动机,创业家失败的风险,创业家创业的社会价值。第三章是商业计划书,阐述了商业计划书的意义、基本要求、构成要素等,并给出了商业计划书的示例。第四章和第五章是创业企业财务报表部分,分为财务报表基础和财务报表分析,分别对利润表、资产负债表、现金流量表进行概述并深入分析。第六章为企业估值,包括企业估值的内涵和发展、意义、主要影响因素、常用方法。第七、八、九章是创业企业融资介绍,其中第七章为创业融资,包括创业融资的基础理论、创业融资选择的影响因素;第八章为债务融资,介绍了债务融资的类型、优缺点,以及债务融资的来源,并对民间借贷和供应链金融作了详细介绍;第九章为股权融资,详细介绍了风险投资、私募股权、股权众筹等融资模式。第十章是创业投资协议,介绍了创业投资协议的内涵和框架,投资条款清单,投资条款对企业估值的影响。

本书可以作为高校经济管理、创新创业本科专业及其相关课程的教材,相关专业本科生、研究生、MBA(EMBA)的参考书,也可作为一般从业人员的创业入门读物。

图书在版编目(CIP)数据

创业金融学 / 顾婧,周伟主编. -- 北京 : 高等教育出版社,2025.9. -- ISBN 978-7-04-063171-5

Ⅰ. F275.1

中国国家版本馆 CIP 数据核字第 2024QU0848 号

CHUANGYE JINRONGXUE

策划编辑	殷夏飞	责任编辑	殷夏飞	封面设计	张 楠	版式设计	李彩丽
责任绘图	李沛蓉	责任校对	胡美萍	责任印制	刁 毅		

出版发行	高等教育出版社		网 址	http://www.hep.edu.cn
社 址	北京市西城区德外大街 4 号			http://www.hep.com.cn
邮政编码	100120		网上订购	http://www.hepmall.com.cn
印 刷	河北鑫彩博图印刷有限公司			http://www.hepmall.com
开 本	787 mm×1092 mm 1/16			http://www.hepmall.cn
印 张	14.25			
字 数	340 千字		版 次	2025 年 9 月第 1 版
购书热线	010-58581118		印 次	2025 年 9 月第 1 次印刷
咨询电话	400-810-0598		定 价	38.00 元

本书如有缺页、倒页、脱页等质量问题,请到所购图书销售部门联系调换
版权所有 侵权必究
物 料 号 63171-00

前　言

　　寻找新的经济增长动能，推动经济的可持续发展，提振人们对中国经济的信心和底气，是当前经济发展的重中之重。在此背景下，习近平总书记提出了"新质生产力"这一新概念。新质生产力是创新起主导作用，摆脱传统经济增长方式、生产力发展路径，具有高科技、高效能、高质量特征，符合新发展理念的先进生产力质态。创业是促进创新科技成果转化的重要形式，也是培育和发展新质生产力的生力军。创业企业具有敏锐的市场感知力以及反应力，是市场上最具活力的企业群体，面对蓬勃发展的新兴产业和未来产业，创新创业将成为推动新质生产力发展的重要源泉。同时，新质生产力为创新创业指引方向，强调未来创新创业应该紧跟发展趋势和时代需求，朝着新兴产业和未来产业创新发展方向，真正实现技术或商业模式的创新，更好满足人民群众的需求。

　　2024年5月，习近平总书记在山东调研时问到："我们的独角兽企业新增数下降的主因是什么？"独角兽企业是投资行业的术语，指一家成立不足10年且估值超过10亿美元的未上市企业。这样的企业体量大，具有核心竞争力，将是未来市场发展的主要方向。据胡润研究院发布的《2023全球独角兽榜》显示，2023年中国独角兽数量虽以316家在全球位居第二，但过去一年新增仅15家，2022年这个数字是40家，而在2018年，这个数字是156家。独角兽企业数量日渐成为一个国家创新能力和创业活力的风向标，也是新质生产力的典型代表。独角兽企业的创建和成长离不开创新创业的氛围，离不开企业家精神，也离不开系统的训练方法。

　　事实上，创业是个系统工程，也是一门学问，需要精妙的管理技巧和正确的专业知识。世界知名高校已建立起一套系统的、各具特色的创业课程训练，特色教材有：重视应用导向和产学研结合创业的 *The Lean LaunchPad：Getting Your Lean Startup off the Ground*（斯坦福大学）、重视技术领域创业的 *Technological Entrepreneurship*（麻省理工学院）、重视市场竞争的 *New Venture Competition*（哈佛商学院）和重视风险投资资金的 *Venture Capital and Entrepreneurial Management*（宾夕法尼亚大学）等。中国也需要适合本国国情的创业课程和教材，本教材的编写便是为此做的尝试和努力。本教材以创业过程为主线展开系统介绍，通过介绍每一章节的知识点，向读者展示金融视角下的创业过程，每一章节穿插具有中国发展时代背景的案例分析，每章后面附有即测即评题以巩固知识点和深化思考。

　　本教材以金融视角系统详细地介绍了创业全过程，从商业计划书撰写到财务报表分析和企业估值方法介绍，再到融资方式选择和投资协议书拟定。一个好的想法是创业成功的开始，也是创业企业前进的重要引擎。当然，一个初步的想法需要经过不断深思熟虑和千锤百炼才能日趋成熟。一本高质量的商业计划书便是好想法趋于成熟的展现形式。商业计划书可以帮助创业者明确创业企业的发展思路和战略方向,还可以帮助创业者将抽象的想法以规范化和具象化的形式展示给创业过程中的合作伙伴和投资者,打动投资者并获得融资,为创业企业的成功添砖加瓦。

财务报表是好想法执行情况的晴雨表,它能够全面系统地揭示企业在一定时期的财务状况、经营成果和现金流量,创业家和其他利益相关者可以据此对企业的盈利能力、偿债能力、营运能力、增长能力等进行分析,为企业生产、经营活动提供决策依据,提高企业资源利用效率。财务报表还为企业估值提供了坚实基础,影响着企业的经营决策与股权变化。一方面,企业估值确定企业的市场价值,创业家可以据此发现企业存在的优势与不足,以便在后续发展中扬长避短;另一方面,企业如想获得股权投资,便会涉及现金流分配和企业控制权变化的问题,只有在对企业估值后,才能确定筹集资金金额并合理配置持有股权的比例,从而避免后续利益受损。

融资对于创业企业而言,不仅是资金的支持,同时也是风险的分担和多重资源的获取。创业企业常见的融资方式可以分为两类:债务融资和股权融资。创业家必须全面掌握两者的优缺点,根据企业发展的阶段和面临的内外部环境,科学选择资本结构和融资渠道,在满足企业融资需求的同时,控制企业运营风险。

当投资者与企业双方达成合作意愿时,为避免后续双方因利益不一致而导致冲突,一份能够有效约束双方的具有法律效力的创业投资协议就显得尤为重要,它能够最大化地提高创业企业的运行效率,为创业企业提供一个良好的内部成长环境,防止因内部意见不统一而导致的创业失败。

在本教材即将付梓之际,感谢我的研究团队在本教材编写过程中所付出的辛勤努力。顾婧和周伟负责教材整体内容的设置与把关,统筹安排和参与全书的撰写工作。第1—3章由蔡兴月、陈燕负责编写,第4—5章由吴曦、罗丹雪负责编写,第6和10章由杨子晨、张策胜负责编写,第7—9章由李瑜琪、庄严负责编写。文武、李一白、陈子培和马镱鸣同学参与校对工作。这里一并感谢他们。由于时间仓促,水平有限,教材中难免有错漏和不妥之处,敬请读者批评指正。

编　者

2025 年 8 月

目 录

第一章 创业金融导论 ·· 1

　第一节 创业企业概述 ·· 1
　　一、创业企业组织形式 ·· 1
　　二、新企业形成过程 ·· 3
　　三、新企业发展阶段 ·· 4
　第二节 创业方式 ·· 5
　　一、特许经营 ·· 6
　　二、直营连锁 ·· 9
　　三、收购 ·· 11
　　四、内部创业 ··· 13
　第三节 创业金融学概述 ·· 15
　　一、创业金融与公司金融比较 ·· 15
　　二、创业金融学的意义 ·· 16

第二章 创业家 ·· 19

　第一节 创业家类型 ··· 19
　　一、追求生活方式型创业家 ·· 20
　　二、追求高增长型创业家 ·· 21
　第二节 创业家特质 ··· 22
　　一、潜心笃志、坚韧不拔 ·· 22
　　二、乐观豁达、迎难而上 ·· 23
　　三、以简驭繁、大巧不工 ·· 23
　　四、敢于冒险、有勇有谋 ·· 23
　　五、勤于思考、善于创新 ·· 24
　　六、甘于奉献、不辞辛劳 ·· 24
　　七、深见远虑、高瞻远瞩 ·· 25
　第三节 创业家的动机 ·· 25

一、追求自由 ………………………………………………………… 25
二、追寻自我价值 …………………………………………………… 26
三、实现财富自由 …………………………………………………… 26
四、熏陶感染 ………………………………………………………… 27
五、实现创新想法 …………………………………………………… 27
六、其他动机 ………………………………………………………… 28

第四节 创业家创业失败的风险 ……………………………………………… 28
一、创业家创业失败的概率 ………………………………………… 28
二、创业家创业失败的原因 ………………………………………… 31

第五节 创业家创业的社会价值 ……………………………………………… 34
一、保持国民经济平稳发展 ………………………………………… 34
二、加速扩大就业 …………………………………………………… 34
三、推动创新、转变发展方式 ……………………………………… 35
四、缓解"三农"问题 ……………………………………………… 35

第三章 商业计划书 ………………………………………………………………… 39

第一节 商业计划书的意义 …………………………………………………… 40
一、理清项目思路,明确战略方向 ………………………………… 40
二、便于锁定投资人 ………………………………………………… 40
三、便于与投资人沟通 ……………………………………………… 41

第二节 商业计划书的基本要求 ……………………………………………… 41
一、内容完整 ………………………………………………………… 41
二、流畅易懂 ………………………………………………………… 42
三、形式简洁 ………………………………………………………… 42
四、横向对比 ………………………………………………………… 42
五、具有前瞻性 ……………………………………………………… 42
六、用数据说话 ……………………………………………………… 42
七、真实可靠 ………………………………………………………… 42
八、体现项目特点 …………………………………………………… 42

第三节 商业计划书的构成要素 ……………………………………………… 43
一、摘要 ……………………………………………………………… 43
二、企业介绍 ………………………………………………………… 44
三、行业分析 ………………………………………………………… 44
四、市场调查 ………………………………………………………… 44
五、竞争对手分析 …………………………………………………… 45
六、产品与服务 ……………………………………………………… 45
七、营销计划 ………………………………………………………… 45

		八、硬件设施介绍	46
		九、生产与营运计划	46
		十、管理团队	47
		十一、风险说明与投资退出机制	47
		十二、财务分析及预测	48
		十三、财务资料核对表	50
		十四、附录部分	50
		十五、推荐信	50

第四章 财务报表基础 56

第一节 财务报表概述 56
一、财务报表的主要作用 56
二、财务报表的主要内容 57
三、财务报表的基本要求 59

第二节 利润表 61
一、利润表的概念 61
二、利润表的基本结构 63
三、利润表与 EBITDA 66

第三节 资产负债表 68
一、资产负债表的概念 68
二、资产负债表的基本结构 70
三、资产负债表与净营运资本 73

第四节 现金流量表 75
一、现金流量表的概念 75
二、现金流量表的基本结构 75

第五章 财务报表分析 81

第一节 财务报表分析方法 81
一、财务报表分析的基本方法 81
二、利润表分析 85
三、资产负债表分析 87
四、现金流量表分析 92

第二节 现金流管理 93
一、现金流管理概述 93
二、现金流预测 95
三、企业现金流管理 97

第六章 企业估值 109

第一节 企业估值的内涵与发展 109
一、企业估值的内涵 109
二、企业估值的发展 110

第二节 投前估值与投后估值 111
一、投前估值与投后估值的定义 111
二、区分投前估值与投后估值的意义 111

第三节 企业估值的意义 112
一、确定企业的市场价值 112
二、确定需要放弃的股权价值 112

第四节 企业估值的主要影响因素 113
一、管理团队质量 113
二、现金流状况 113
三、有形资产与无形资产 114
四、企业所处的发展阶段 114
五、是否为上市企业 114
六、出售原因 115
七、估值视角 115
八、投资者定位 115
九、是否出于投机动机 115
十、是否采用拍卖形式 116
十一、所处行业 116
十二、经济形势 116

第五节 企业估值的常用方法 117
一、倍数法 117
二、资产价值法 123
三、自由现金流法 124
四、期权法 128

第七章 创业融资 137

第一节 创业融资概述 137
一、融资的概念 138
二、融资的意义 139
三、创业融资的难点 139
四、重视增值投资者 140

第二节　融资理论基础 ·· 141
　　一、创业金融成长周期理论 ·· 141
　　二、"双缺口"理论 ·· 141
　　三、信贷配给理论 ··· 142
　　四、优序融资理论 ··· 142

第三节　创业融资的主要来源 ··· 143
　　一、内源融资 ··· 143
　　二、外源融资 ··· 143

第四节　创业融资选择的影响因素 ··· 144
　　一、企业的发展阶段 ·· 144
　　二、企业的融资条件 ·· 145
　　三、企业的税收问题 ·· 145
　　四、盈利能力和现金流 ··· 145
　　五、企业资产价值 ··· 145
　　六、融资成本 ··· 146
　　七、创业家与资金提供者的关系 ·· 146
　　八、所需融资的时间范围 ·· 147

第八章　债务融资 ··· 149

第一节　债务融资概述 ·· 150
　　一、债务融资的类型 ·· 150
　　二、债务融资的优缺点分析 ··· 150
　　三、长期债务融资 ··· 150

第二节　债务融资的来源 ··· 151
　　一、自有资金 ··· 151
　　二、家人和朋友 ·· 151
　　三、天使投资人 ·· 152
　　四、银行信贷 ··· 152
　　五、融资租赁 ··· 154
　　六、基金融资 ··· 155
　　七、政府引导基金 ··· 155

第三节　民间借贷 ·· 155
　　一、民间借贷的含义 ·· 155
　　二、民间借贷的特征 ·· 156
　　三、民间借贷的利率 ·· 156
　　四、我国民间借贷的现状 ·· 157

第四节 供应链融资 ·· 158
一、供应链融资的内涵 ··· 158
二、供应链融资的模式 ··· 159
三、供应链金融的发展阶段 ··· 162
四、我国供应链金融产品简介 ·· 162

第五节 债务融资与金融科技运用 ·· 163
一、金融科技的内涵 ·· 164
二、金融科技在融资中的运用 ·· 164

第九章 股权融资 ·· 172

第一节 股权融资概述 ·· 172
一、股权融资的内涵 ·· 172
二、股权融资的特点 ·· 173

第二节 股权融资方式 ·· 173
一、股权质押融资 ··· 173
二、股权增资扩股融资 ··· 174
三、股权交易增值融资 ··· 174
四、私募股权融资 ··· 174
五、公开募股融资 ··· 175

第三节 股权设计 ··· 175
一、股权设计的含义 ·· 175
二、股权架构系统设计 ··· 175
三、股权分配机制设计 ··· 178
四、股权运行机制设计 ··· 180

第四节 风险投资 ··· 185
一、风险投资的含义 ·· 185
二、风险投资的分类 ·· 186
三、风险投资选择的影响因素 ·· 187
四、创业公司选择风险投资公司的考虑因素 ·· 188

第五节 私募股权 ··· 188
一、私人股本公司的法律结构 ·· 188
二、私人股本公司的商业计划审查 ·· 189
三、私人股本公司的管理团队 ·· 189
四、成为理想投资对象 ··· 189
五、私募股权日益专业化 ·· 190

第六节 股权众筹 ··· 190

一、股权众筹的含义 ·· 190
　　二、股权众筹的优势与意义 ·· 191
　　三、股权众筹的模式 ·· 193
　　四、我国股权众筹的发展现状 ·· 193

第十章 创业投资协议 ·· 197
第一节 创业投资协议概述 ·· 197
　　一、创业投资协议的内涵 ·· 197
　　二、创业投资协议的框架 ·· 197
第二节 投资条款清单 ·· 198
　　一、投资条款清单的含义 ·· 198
　　二、投资条款清单的作用 ·· 198
　　三、投资条款清单的内容 ·· 199
　　四、核心投资条款分析 ·· 199
第三节 投资条款对企业估值的影响 ·· 203
　　一、企业估值偏高的普遍性 ·· 203
　　二、企业估值偏高的原因 ·· 205
　　三、投资条款对企业估值的影响分析 ·· 206

参考文献 ··· 213

第一章 创业金融导论

学习目标：
1. 了解创业企业的组织形式，了解新企业的形成过程及发展阶段。
2. 掌握不同创业方式的优缺点。
3. 了解创业金融与公司金融的异同点。

创业是创业家对自己拥有的资源进行优化整合，从而创造出更大经济或社会价值的过程。有学者认为创业是从无到有地创办企业，但随着经济社会的发展，创业活动的内涵不再局限于此，而是变得更加丰富多样。本章将讲述创业企业组织形式、创业方式、新企业形成过程与发展阶段等内容，并通过比较创业金融和公司金融，明确创业金融学的研究意义。

第一节 创业企业概述

一、创业企业组织形式

创业家对创业企业组织形式的选择会对企业后续的发展产生多方面的影响，例如影响其融资能力、税务、债务关系和经营权力等。本节我们将介绍几种常见的企业组织形式（见表1-1）。

（一）个人独资企业

个人独资企业是指一人投资经营的企业。有时该组织形式具有战略意义，比如在企业刚起步时采取独资可以方便后续转化为其他组织形式，同时也有利于创业家对企业的经营管理。

个人独资企业的组织形式具有如下特点：

（1）个人独资企业是设立费用最低的企业组织形式，不需要正式的企业章程等。
（2）个人独资企业不支付企业所得税，所有经营利润按个人所得纳税。
（3）个人独资企业对企业债务负有无限责任，个人资产和企业资产之间没有区别。
（4）个人独资企业的存续期受限于企业所有者的生命期。
（5）因为投资于企业的钱只来自企业的所有者，所以个人独资企业所能筹集到的资本仅限于企业所有者的个人财富。

表 1-1 企业组织形式

指标	个人独资企业	普通合伙企业	有限合伙企业	股份有限公司	有限责任公司
设立依据	《中华人民共和国个人独资企业法》	《中华人民共和国合伙企业法》	《中华人民共和国合伙企业法》	《中华人民共和国公司法》	《中华人民共和国公司法》
终结难度	较容易,付清债务即可结束	取决于合伙协议	取决于合伙协议	终结困难,清算过程复杂	取决于公司章程
寿命	有限,一般在所有者过世时告终	合伙人一致决定或依据合伙协议和《企业合伙企业法》解散	合伙人一致决定或依据合伙协议和《企业合伙企业法》解散	破产清算前为永久寿命	破产清算前为永久寿命
所有权转移	企业可以被卖给合格的买主	取决于合伙协议和法规	取决于合伙协议和法规	转让股份	受公司章程和《企业公司法》限制
财务资源	受限于个人的资本和贷款	受限于合伙人的资本和贷款	受限于合伙人的资本和贷款	可以出售股份	股东出资及贷款
债务责任	无限责任	无限责任	普通合伙人负无限责任;有限合伙人负有限责任	有限责任	有限责任
税务	以个人所得缴税	以个人所得缴税	以个人所得缴税	双重课税	双重课税(某些股东有免税政策)
管理责任	所有者管理企业	执行事务合伙人	普通合伙人执行合伙事务	管理权与所有权分离	取决于公司章程

(二) 合伙制企业

合伙是指两位或两位以上的合伙人为着共同目的,相互约定共同出资、共同经营、共享收益、共担风险的自愿联合。在我国,合伙制企业专指自然人、法人和其他组织依照《中华人民共和国合伙企业法》在中国境内设立的普通合伙企业和有限合伙企业。合伙制企业有以下几种类型:普通合伙企业、有限合伙企业和有限责任合伙企业。

(1) 普通合伙企业(General Partnership)是全部普通合伙人共同经营企业并对债务负责的合伙企业。

(2) 有限合伙企业(Limited Partnership)是由至少一位普通合伙人以及一位或多位有限合伙人组成的合伙企业。普通合伙人(General Partner)指承担无限责任并有权管理公司的所有权者(合伙人)。有限合伙人(Limited Partner)参与企业投资,但只承担有限责任,不承担管理责任。其中,承担无限责任是指合伙人以个人所有财产对企业所负债务承担责任,而合伙的债权人也有权向合伙人中的任何一人或数人要求其清偿债务的一部分或全部;承担有限责任是指合伙人仅以自己投入企业的资本对企业债务承担清偿责任。

（3）在有限责任合伙企业（Limited-Liability Partnership）中，合伙人在正常情况下仍然承担无限连带责任，这与普通合伙企业没有本质区别。只有在特殊情况下，即合伙人在执业活动中因故意或重大过失给他人造成损失时，有过错的执业合伙人才对由此产生的债务承担无限责任，其他合伙人仅按其出资额承担有限责任。

建立合伙制企业需要考虑以下重要事项：

（1）合伙制企业的费用一般较低。无论是有限合伙企业还是普通合伙企业都需要书面形式的合伙协议，也需要企业办理营业执照和缴纳申请费用。

（2）普通合伙人对所有债务具有无限责任。有限合伙人仅限于承担与其出资额相应的责任。如果一个普通合伙人不能履行其承诺，不足部分将由其他合伙人承担。

（3）合伙制企业要筹集大量的资金十分困难。企业权益资本的规模通常受到合伙人自身能力的限制。

（4）合伙制企业的收入按合伙人的个人所得征收所得税。

（5）管理控制权归属于普通合伙人。

个人独资或合伙制企业最主要的优势是启动成本低。而发展中可能存在的劣势是：无限责任、有限的企业生命、产权转让困难。这三方面的劣势可能导致企业难以筹集资金。

（三）公司制企业

公司制企业是指按照法律规定，由法定人数以上的投资者（或股东）出资建立、自主经营、自负盈亏、具有法人资格的经济组织。其中股份有限公司，简称股份公司，是指全部资本分成等额股份，股东以其所认购股份对公司承担有限责任，公司以其全部资产对公司债务承担责任的经济组织。有限责任公司，简称有限公司，是指全部资本不区分为等额股份，股权转让通常受法律或章程限制，股东承担有限责任，公司以其全部资产对公司债务承担责任的经济组织。与个人独资企业和合伙企业相比，公司制企业所有权和管理权的潜在分离有很多好处：

（1）股份代表着对公司的所有权，因此所有权可以较为便捷地转让给新的投资者。

（2）公司具有无限存续期。因为公司与它的所有者相互独立，所以某一所有者的死亡或撤出股份在法律上并不影响公司的存在。

（3）股东的债务仅限于其对所有权股份的出资额。

有限责任、易于转让所有权和永续经营是公司制企业的主要优点，这些优点增强了公司的筹资能力。但是，公司制企业也存在一个重大缺陷，就是对股东的双重课税。表1-1展示了各类企业组织形式的特点。

二、新企业形成过程

了解企业的组织形式后，我们来看看新企业形成的过程，这有利于创业活动的顺利开展。具体而言有如下环节：

（1）识别机会。创业家首先要识别新的创业机会，从企业形成过程的角度来说，它是创业的起点。创业过程就是围绕着机会进行识别、开发、利用的过程。关于机会识别的理解可以分为两种观点：一种观点认为机会是客观存在于外部环境之中的，需要创业家去发现；另一种观点认为机会识别是主观的创造过程，而非发现过程。随着探索的不断深入，人们逐渐意识到两种观点并不矛盾,而是相互补充的,创业机会既可以被发现也可以被创造。

(2) 开始实施。一旦确认了创业机会的存在,创业家应立即开展一系列非金融行动,为创立企业做早期准备,如申请专利、寻找关键的专业人才、评估潜在的市场规模、确定当前存在或潜在的竞争者等。

(3) 确定企业战略。创业家根据创业机会和市场环境,选择合适的经营领域和产品,从而形成企业的核心竞争力。它是自上而下的整体性规划过程,具体可分为发展战略、品牌战略、产品战略、职能战略等层面的内容。有时企业可能只存在一种战略,有时又可能存在多种战略选择。

(4) 确定实施方案。在确定了企业战略以后,创业者还需确定战略的具体实施方案,比如,实施的时间,是立即实施还是等到市场明朗后再实施;生产的规模,是先从小规模开始生产并逐步扩大生产规模还是直接大规模生产;生产的方式,是购进某些零部件并进行加工还是全部自己制造等。

(5) 设计融资模型。初创企业经常会处于资金短缺状态,但缺少资金会影响企业的进一步发展,所以创业家要开展必要的融资活动。创业家基于合理的市场和风险假设,可以预测每种实施方案下的融资要求,设计出适合企业的融资模型,并对企业的价值做出适当的估计。

(6) 设计实物期权结构。初创企业的未来增长具有很大的不确定性,因此企业家在融资决策的价值分析中必须充分考虑这种不确定性。在这种情况下,实物期权具有应用的价值。实物期权结构和融资结构相互依赖,创业家应当设计出最具价值的与融资结构相匹配的实物期权结构。

(7) 根据战略选择主导结构。根据对特定战略选择下的各种结构进行分析,创业家可以选择实施该项战略的主导性实物期权和融资结构,即能使初创企业实现最大净现值的结构,最终从中选择主导发展战略和主导实施方案,即能使初创企业实现最大期望净现值的战略及其实施方案。

(8) 实施商业计划。战略和实施方案是商业计划的核心,创业家根据商业计划来监督和控制企业的创业过程,并在确定融资对象后向其寻求融资。

(9) 评估业绩。商业业绩的评估是一个持续的过程,如果实施的效果和融资的结果与预期相符,则创业家只需适当对商业计划进行更新和完善;如果实施的效果和融资的结果与预期不符,那么创业家则应当重新审视整个战略,对商业计划进行重大修改甚至放弃创业。

(10) 如果创业成功,创业家将从后续企业发展中获得收益。

三、新企业发展阶段

随着时间的推移,新创企业会处于不同的发展阶段,了解每一发展阶段的特点,有利于创业家有效管理企业。从严格意义上来说,并不存在典型的新企业生命周期,不同企业的发展阶段也并不完全一致。所谓新企业生命周期,是指企业从诞生、成长、壮大直至资本退出的过程。图1-1表示一家生产单一产品的高新技术企业的发展阶段,其生命周期通常可以划分为如下5个阶段:

(1) 开发阶段。在这一阶段,创业家专注于产品研发,开始投资于产品生产和销售所必需的基础设施。此时新企业投入较大,且未产生收入,利润为负值,现金流为更大的负值。

(2) 启动阶段。当企业拥有了生产所必需的厂房、设备和人员时,就可以启动运营。由于设备投资和营运资本增加,现金流急剧下降。随后,由于应付账款和应付项目的增加,必要投资相应减少。

(3) 早期成长阶段。与此前的阶段相对比,在这一阶段,企业拥有了一定的实力和资本,但企业还处在内部产品研发阶段或者市场探索、验证阶段。因为收入未达到规模,经营上还无法盈利,利润和现金流仍为负值。由于折旧费用大于营运资本和固定资产投资的增加额,所以现金流大于利润。

(4) 快速成长阶段。在经历过原始积累的生存努力之后,很多企业都会慢慢找到属于它的生存方式、业务模式、盈利模式、财务管理方式等,这些是企业运转的基础。在这个阶段,人员也开始增长得很快,企业进入了一个快速发展的阶段。在这一阶段,利润以加速度增长,表现为收入曲线的斜率增大,企业对外部融资的需求增加。如果企业最终成功生存下来,其利润将变为正值。

(5) 退出阶段。当企业发展到一定阶段时,投资者有必要适时收回资本,退出当前投资的企业。投资退出并不限于亏损时的被迫行为,也可以是投资企业成功后所采取的发展战略。退出有利于企业现金流的平衡,改善企业财务状况。在这一阶段,企业的增长率下降,但提供给投资者的现金流仍为正值。企业不增加外部融资也能为其股权和债权投资者提供一定的回报。

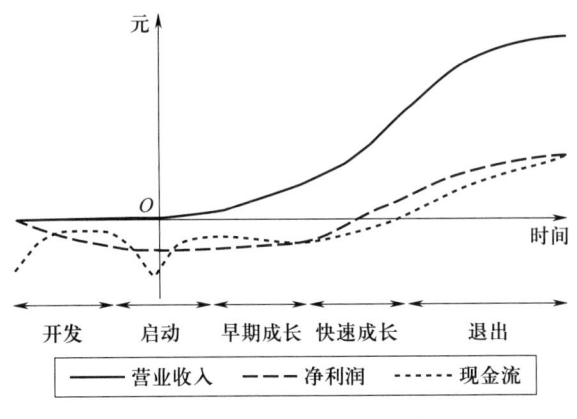

图 1-1　新企业发展阶段①

第二节　创业方式

本节我们将结合目前的创业市场情况,介绍多样的创业方式,了解本节内容有助于创业家拓展创业思路。本节及下一节所指的创业家(Entrepreneur)不仅包括那些从零开始创办企业的人,还包括大企业中的创新者(内部创业家)、特许经营商、通过继承或收购获得已建立企业的个人等。图1-2展示了主要的几种创业方式。我们将详细地讲述其中四种创业方式的特点。

---

① Timmons, J. A. and Spinelli, S., *New Venture Creation*, Boston: McGraw-Hill, 1999, p.455.

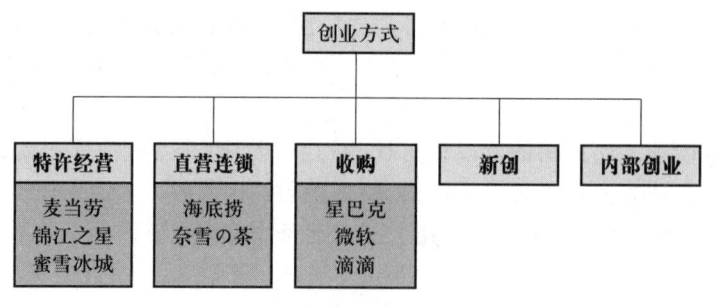

图 1-2 创业方式

一、特许经营

（一）特许经营的定义及起源

特许经营（Franchise），其全称为商业连锁经营。根据我国《商业特许经营管理条例》第 3 条，商业特许经营是指拥有注册商标、企业标志、专利、专有技术等经营资源的企业（以下称特许人），以合同形式将其拥有的经营资源许可其他经营者（以下称被特许人）使用，被特许人按照合同约定在统一的经营模式下开展经营，并向特许人支付特许经营费用的经营活动。特许经营可分为直接特许与分特许，直接特许是一种单层结构的特许，被特许人不得再向其他人授予特许；分特许是两层结构的特许，被特许人可将特许权再授予其他人。

特许经营起源于美国。1851 年 Singer 缝纫机公司为了拓展其缝纫机业务，开始授予缝纫机的经销权，在美国各地设置加盟店，撰写了第一份标准的特许经营合同书，这被业界公认为是现代意义上商业特许经营的起源。之后，随着特许经营制度在汽车、石油和食品行业的拓展，特许经营模式变得流行起来。据估计，如今每 8 分钟就有一家新的特许经营店在全球的某个地方开业。

在众多特许经营商中，麦当劳公司的特许经营非常成功且极具特色，值得我们学习和借鉴。麦当劳公司成立于 1955 年，它的前身是麦当劳兄弟于 1937 年在加利福尼亚州开设的一家汽车餐厅。1954 年，雷·克罗克（Ray Kroc）看到了麦当劳特许经营和连锁经营的发展前景，然后经过一番努力后得到了麦当劳兄弟的授权，开设了第一家麦当劳餐厅。1961 年，雷·克罗克买下了麦当劳公司的所有权，并大刀阔斧地改进了特许加盟和连锁经营制度，使麦当劳品牌得到迅速发展。如今，麦当劳作为世界上最成功的特许经营者之一，成功地实现了异域市场拓展和国际化经营。

（二）我国特许经营的发展历程及现状

20 世纪 80 年代，肯德基等跨国公司开始进入中国市场，但由于政策法规方面的限制，起初并不是以许可的方式开设连锁店铺，而是采用了合资公司的方式。随着经济改革的深化，国内民营企业开始探索以许可的方式开设分店。1997 年，我国原国内贸易部发布了《商业特许经营管理办法（试行）》，为特许经营模式在我国的发展提供了初步的制度保障。中国连锁经营协会数据显示，截至 1998 年 4 月，约有 50 家企业从事特许经营。随着法律法规的不断完善以及商业特许经营模式在各行各业的推广，特许经营开始进入前所未有的极速发展阶段。经历了 20 多年的发展，我国的特许经营企业数量已经跃居全球首位，特许经营的商业模式在我国得到广泛的应用。而今我国的特许经营活动从原本的餐饮业、零售业不断拓展到其他行业,特许经营企业的经营模式也更加完善,极大地促进了相关行业的发展,丰富了创业家的创业方式。

特许经营打破了传统的经营方式和工商、农商、批零关系,本着"共学一个技术,共做一个产品,共享一个品牌,共获丰厚利润"的理念,使企业的经营方式发生了根本变化,形成了以厂家为龙头、与代理商相结合的特殊经营方式。中国的特许经营起步于第三产业中的零售业、餐饮业和服务业,目前已经覆盖了80多个细分行业和业态。如表1-2[①]的统计数据显示,中国特许百强企业的销售规模逐年增长,从2016年的3 600亿元上升至2019年的5 046亿元,受疫情影响,2020年特许百强企业的销售规模略有下降,为4 773亿元;中国特许百强企业的特许经营网点数量也逐年上升,2016年约为11万家,2019年上升至约22.2万个,在2020年达到约29.9万家。

表1-2 2016—2020年中国特许百强销售规模与数量

年份	2016—2020年中国特许百强销售规模(亿元)	2016—2020年中国特许百强加盟店数量(万家)
2016	3 600	11
2017	3 300	12
2018	4 300	16.5
2019	5 046	22.2
2020	4 773	29.9

(三)特许经营的风险和条件

特许经营通常是一种全包经营,其业务风险大大低于初创企业的风险。特许经营的创业方式虽然既能提高创业家的成功概率也能帮助特许品牌扩大自身规模和经营范围,但创业家在特许经营的过程中也面临一定的风险。比如,特许人推出的特许经营品牌商业价值较低,但通过搭乘"特许经营"的"顺风车",包装了自身品牌、夸大了自身发展潜力;或是诱导被特许人缴纳加盟费后,不提供前期承诺的经营资源;又或是特许经营品牌本身出现问题,进而影响创业家的经营情况,最终导致创业失败。

根据《2019—2020年度中国特许经营合同纠纷裁判白皮书(2020年更新版)》,2019年度我国各地区(香港、澳门、台湾地区除外)各级法院就特许经营合同纠纷案件合计出具判决书1 349份,其中由被特许人提起的特许经营合同纠纷起诉的比例高达85.02%;2020年度我国各地区(香港、澳门、台湾地区除外)各级法院就特许经营合同纠纷案件合计出具判决书3 387份,上海和天津地区由被特许人提起诉讼的案件高达83.54%和92.86%。可见特许人与被特许人之间易在法律关系的确定、权利和义务划分、发展规划等方面产生纠纷。且由于信息不对称,被特许人往往处于相对劣势地位,容易受到特许人误导,对经营风险的预判能力也相对欠缺。

因此在选取特许经营方式创业时,应该积极了解特许经营品牌的各方面,以便对未来经营风险有较为准确的预判。特许经营至少需要具备以下条件:

---

① 数据来源于中国连锁经营协会。

一是要有占据该领域消费者心理的品牌,该类品牌往往极具特色,且需要较强的宣传营销能力。

二是有一套成熟、可快速复制的经营模式和管理体系,包括统一的VI(以标志、标准字、标准色为核心展开的完整的、系统的视觉表达体系,并将企业理念、企业文化、服务内容等抽象概念转换为具体符号,以塑造出独特的企业形象)和SI(连锁品牌形象)、盈利模式、线上线下一体化的数据管理系统、服务模式等。只有这些模式具有可复制性,特许经营模式才能快速发展。根据《商业特许经营管理条例》第7条,特许人从事特许经营活动应当拥有成熟的经营模式,并具备为被特许人持续提供经营指导、技术支持和业务培训等服务的能力。特许人从事特许经营活动应当拥有至少2家直营店,并且经营时间超过1年。如果特许人在没有满足"2店1年"的条件下,仍然进行特许经营活动的,根据《商业特许经营管理条例》第24条的规定,特许人将面临商务主管部门责令改正、没收违法所得、处10万元以上50万元以下的罚款,并予以公告的行政处罚。

三是完善的培训和监督系统。总部对各门店的培训是使各门店迅速了解落实特许经营品牌特点的有效渠道。同时总部也应做好监督工作,保障自身品牌的可持续发展。

综上,特许经营创业能够帮助创业家迅速进入较为稳定的经营模式中,如果做好对于特许经营品牌的前期了解,这种创业方式的风险相较于从零开始的创业方式更小,对于创业家来说是个不错的选择。

案例1-1
蜜雪冰城成为奶茶业黑马

1997年,大学生张红超揣着奶奶压箱底的3 000元钱,在郑州街头摆起了冷饮摊,主营刨冰冷饮,也就是蜜雪冰城的前身——寒流刨冰。直到2000年,头一家"蜜雪冰城"的门店才正式建立。从地摊到门店,消费环境升级了,产品也随之升级,在20多年前,蜜雪冰城已经有气泡水系列、冰淇淋球系列以及各类冰饮。"刨冰和果酱吃起来就像甜蜜的雪花,而且店里有上百种冰品",于是便有了"蜜雪冰城"的名字。

2006年,一款单价18元的冰淇淋在市场上小有名气,但高昂的价格让很多人望而却步。嗅觉敏锐的张红超便各处搜罗,咬牙买下了价格不菲的海川牌二手软冰淇淋机,用新鲜牛奶和鸡蛋为原料,经过多次试验,研发出蜜雪冰城第一支新鲜冰淇淋,并定价1元。从此,新鲜冰淇淋成为蜜雪冰城的"爆款"单品,并带着"高质平价"的品质一直火到了今天。

在市场引起轰动的蜜雪冰城很快吸引了一些人的注意,纷纷想要加盟。于是在2007年夏天,蜜雪冰城正式开启了特许经营事业,到年底门店已达27家。2010年通过首批国家商务部特许经营备案后,其门店的数量更是突飞猛进,牢牢扎根于二三线城市。为了吸引特许经营商,早期蜜雪冰城采用了"免费贷款"的新模式:每年拿出几千万元基金,免息贷款给特许经营商,以解决他们开设新店时遇到的资金问题。可以说,这一模式让蜜雪冰城具备了极大的吸引力,并快速完成了规模的扩张,一路破百、破千再到如今的破万,成为当前业内的万店品牌。

2021年6月,蜜雪冰城主题曲MV在网络爆火,获得了众多点赞和评论。歌曲旋律深深映入年轻人脑中,其宣传效应更加深了蜜雪冰城在年轻人心中的印象。

资料来源:《蜜雪冰城门店规模破万 河南品牌走向世界》,大河网,2020年6月24日。

分析：

蜜雪冰城的发展模式与喜茶、奈雪の茶不同,后两者明确表明不授予特许经营权,同时主打高端小众茶饮,门槛较高,扩张速度较慢。蜜雪冰城的快速发展与它自身特色和定位有关。一是蜜雪冰城主打"直营+特许经营"模式,为扩大加盟规模,早期更是推出"免费贷款"的新模式。二是差异化营销。蜜雪冰城的产品售价相较同行业较低,爆火产品冰淇淋更是其性价比的体现,且蜜雪冰城以小镇青年和大学生为主力消费者群体,找到了自身在奶茶行业的特色定位。三是抓住下沉市场红利。在众多奶茶品牌抢占一二线市场时,蜜雪冰城将目标瞄准三四线城市以及县城消费者,与其性价比优势结合,抓住发展红利,并达到规避竞争的目的。四是在品牌形象方面,蜜雪冰城善于利用互联网为自身品牌树立鲜明的形象,有效抓住了年轻人的消费心理,这也是互联网时代加盟品牌发展的必备要求。

二、直营连锁

(一) 直营连锁的定义

直营是指以一个品牌为主导,由公司总部直接在各地投资设立分公司或子公司的经营管理模式。

直营连锁(Direct Chain)是一种"管理产业",即由公司总部直接投资、管理各个零售点的连锁形态。总部直接下令掌管所有的零售点,对各连锁零售店的商品进行统一销售定价、分配及供应管理等。直营连锁的主要任务是"渠道连锁",即通过连锁渠道的拓展,增加门店数量并迅速占领市场,实现区域规模化、经营分散化,有时甚至能达到区域性垄断。

(二) 直营连锁的特点

直营连锁的主要特点为:所有权和连锁权集中统一于总部。表现为:所有连锁企业必须是单一所有者,归一家公司、一个联合组织或单一个人所有,并由总部集中领导、统一管理,如人事、采购、计划、广告、会计和连锁方针都会集中统一管理。

直营店和特许经营店有以下差异:

一是产权关系不同。特许经营是独立主体之间的合同关系,各特许经营店的资本是独立的,与总部之间没有资产纽带,两者只按照合同进行经济和业务往来;直营连锁店属同一资本所有,各连锁分店由总部直接指挥运营,受总部的集中管理。

二是管理模式不同。特许经营的核心是特许经营权的授予,特许人是授出方,被特许人是接收方,两者间的特许经营体系是通过签订的合同形成的,各特许经营店的人事和财务关系是独立的,特许人无权进行干涉;在直营连锁经营中,总部统一领导各连锁分店,对分店的各项事务均具有决定权。

三是法律关系不同。在特许经营中,特许人和被特许人是合同双方的当事人,合同中明确约定两者间的权利和义务。而直营连锁中,总部和分店之间的关系由内部管理体系进行规定和调整。

四是涉及的经营领域不同。直营连锁经营的范围一般仅限于商业和服务业,而特许经营的领域则更加宽广,在制造业中也被广泛应用。

五是发展方式不同。特许经营通过授予独立的个人或企业特许经营权来扩张自身体系,特许人不仅需要吸引和选择被特许人,还需要履行提供培训服务、配备原材料等义务;直营连锁在扩大规模的过程中需要足够的资金和大批的管理人员。相比而言,直营连锁的发展成本较高、风险较大,但更有助于品牌建立统一的服务体系、标准化的管控制度等,比如海底捞、喜茶这样的企业就坚决走直营路线,因为这些公司的最终利润并不单纯靠产品溢价,而是靠服务形成的品牌溢价。

(三)直营连锁的风险

随着国际大企业进入中国市场,直营连锁的经营方式迅速发展,几乎遍布了第三产业的所有行业,沃尔玛、家乐福、优衣库、Zara、星巴克等国际化公司都是典型的直营连锁企业。但直营连锁企业需要承担从制造到门店所有环节的人工和租赁成本,并且需要考虑生产分配、产品供应、库存等问题,是一种风险自担的经营方式,因此直营连锁企业需要较强的货币储备和现金流管理能力。相较而言,特许经营中特许人主要负责制造环节的人工成本等,各特许经营店负责自身人工、租赁等相关成本,且各店亏损对于特许人的影响有限。特许经营中特许人和被特许人利益共享、风险共担,这种经营方式的抗风险能力更强一些。

> **案例 1-2**
>
> **周黑鸭不再拒绝加盟**
>
> 2002年,周黑鸭创始人周富裕在武汉开设首家"富裕怪味鸭店",这是周黑鸭的前身。目前,周黑鸭的主营业务为卤鸭、鸭副产品、卤制红肉、卤制蔬菜、卤制家禽以及水产类等产品。
>
> 2016年11月11日,周黑鸭迎来了属于自己的高光时刻,在港交所上市。次年发布的财报显示,周黑鸭2016年净利润达到7.15亿元,同比增长29.5%。
>
> 不过,一年后,周黑鸭的业绩增长开始疲软。其2017年年报显示,公司实现营收32.49亿元,同比增长15.4%;净利润7.62亿元,同比增长6.4%。随着业绩增速显著放缓,其股价也在财报发布当日大跌7.92%。2018年的业绩更不乐观:营收32.12亿元,同比下滑1.2%;净利润5.4亿元,同比下滑29.1%。对于营收利润双降的原因,周黑鸭公司有关负责人表示,主要是由于行业供需关系紧张以及门店网络和产能不断扩展,公司面临原材料成本、租金及劳动力成本上涨的巨大压力。半年后,周黑鸭的业绩压力仍有增无减。在以"直营+特许经营"为主流的卤制品行业,直营模式有利于质量把控,但门店拓展速度却不及特许经营模式来得快。早已开放特许经营的竞争对手绝味食品在全国开设了超过10 000家门店,煌上煌也拥有超过4 000家门店。
>
> 2019年,周黑鸭宣布要开放加盟,资本市场反应积极,这也直接体现在了其股价方面。周黑鸭新晋CEO张宇晨曾表示,未来五年,周黑鸭特许经营门店数量将超过现有直营门店数量,特许店和直营店在营收上的占比也将趋于平衡。截至2023年年底,周黑鸭全国已拥有自营门店1 720家,特许经营门店2 096家。
>
> 资料来源:《坚持了17年直营的周黑鸭,为何突然放开特许经销权》,
> 财经国家周刊,2020年2月28日。
>
> 分析:
> 绝味主要采用"以直营连锁为引导、特许经营为主体"的销售模式,其营收的90%以上来自特许经营渠道,这种销售模式的好处是可以迅速扩张,提升销售规模。随着特许经营模式进入规模化,其盈利能力不断提升。不过凡事都有两面性,伴随快速扩张而来的是管理不到

位、口味遭到诟病、净利润下滑等一系列问题。

坚持直营在一定程度上可以保证门店食品的质量,但是门店拓展的速度会较特许经营更慢。从单店盈利来说,周黑鸭凭借着良好的直营模式以及优秀的产品实力,牢牢地把握住了产品定价权,铸就了高毛利率的护城河,门店销售始终保持在行业领先水平,这也是周黑鸭在门店数量不占优势下仍能与绝味分庭抗礼的原因。为了应对近年来盈利增长疲软、扩张受限等问题,周黑鸭放开特许经营权,积极推动品牌的特许经营发展。

绝味食品采用的特许经营模式和周黑鸭此前坚持的直营模式,是连锁领域常见的两条路径。特许经营难于品质把控和供应商管理,直营则囿于增长速度及资产运转,两种方式各有利弊,没有优劣之分。从绝味与周黑鸭的发展史来看,或许执着于某一个模式并不是明智之举。对于准备扩张的品牌而言,企业需要根据行业、产品特点和发展阶段选择最适合自己的拓展方式。

三、收购

收购(Acquisition)是指一家企业通过产权交易取得其他公司一定程度的控制权,以实现一定经济目标的经济行为。收购是企业资本经营的一种形式,既有经济意义,又有法律意义。收购的经济意义是指一家企业的经营控制权易手,原来的投资者(被收购者)丧失了对该企业的经营控制权,而收购者取得控制权。从法律意义上讲,《中华人民共和国证券法》规定,收购是指持有一家上市公司发行在外股份的30%时,发出要约收购该公司股票的行为,其实质是购买被收购企业的股权。

以收购形式创业的创业家通常是指继承或购买现有企业或资产的企业或个人,比如收购星巴克公司并扩大其影响力的创业家。星巴克由西雅图一名英文老师、一名历史老师和一名作家创办。令人惊讶的是,在其诞生的头15年,星巴克只卖烤咖啡豆、茶叶和香料,而星巴克门店里供应的新鲜咖啡只有免费的样品。1982年,霍华德·舒尔茨(Howard Schultz)加入星巴克,并担任营销总监。舒尔茨是意大利咖啡文化的狂热粉丝,他建议在门店里提供现做的意大利浓缩咖啡,试图向星巴克引入这种文化。尽管现做咖啡已在一个门店取得了成功,但创始人们拒绝将其扩展到其他门店。舒尔茨的挫折感开始发酵,最终在1985年离开了星巴克,创办了自己的咖啡连锁店Ⅱ Giornale。

1988年,星巴克管理层决定出售星巴克的零售部门,舒尔茨抓住了这个机会,以380万美元的价格收购了星巴克。舒尔茨将所有的Ⅱ Giornale门店改名为星巴克咖啡,并开始在所有原来的星巴克门店提供现做的浓缩咖啡饮料。前文也提到过去许多外资企业刚来我国时往往采用合资形式发展,星巴克也不例外,但如今星巴克在中国大陆市场已经主要以直营模式扩张了。

以收购方式进行创业的另一个例子是微软的创始人比尔·盖茨(Bill Gates)。微软最初因为一款名为Microsoft Dos(MS-DOS)的操作系统走向成功,而这个操作系统是由微软收购后改造而来。1975年,比尔·盖茨从哈佛退学,和他的朋友保罗·艾伦(Paul Allen)一起创办了微软公司。1980年,IBM(International Business Machines Corporation)选中微软公司,希望微软能为其提供新PC(Personal Computer,个人计算机)的操作系统,而此时的微软并无适合的操作系统,同时系统的编写程序十分复杂,难以在短时间内完成,因此微软公司以5万美元的价格从西雅图的程序编制者蒂姆·帕特森（Tim Paterson）手中买下了操作系统（QDOS）的使用权，在进行部分改造后提供给 IBM，并将其命名为（MS-DOS）。此后 MS-DOS 在很多家公司被特许使用，且在 20 世纪 80 年代成了 PC 机的标准操作系统，微软也由此开始走向成功。如今比尔·盖茨成为世界上最富有的人之一，个人净资产超过 500 亿美元，作为一名收购者他取得了最初的创业成功，并一直沿着这条路走了下去。

不论是以收购的方式创业还是扩大规模，需要考虑的因素都较多，包括收购标的的选择、双方的协议内容、收购的方式、收购策略的效益分析以及收购是否符合国家规章制度等。

根据交易双方所处行业和产业不同，收购又可分为横向收购、纵向收购、混合并购。其中，横向收购的交易双方处于同一行业，生产和销售同样的产品且具有一定的竞争关系；纵向收购是业务的向前或向后扩展，是指生产经营环节紧密相关的公司间的收购行为，通常发生在产业链上下游公司间；混合收购的交易双方分别处于不同行业和产业链，两者的生产和经营没有直接关系，其收购目的可能是降低企业财务风险、实现企业多元化经营战略、提升技术、降低进入新行业的风险等。

有效的横向收购往往能使竞争双方化敌为友，利用双方资源共同合作发展，提升技术和管理水平，达到"1+1>2"的协同效应。

案例 1-3

滴滴、快的和 Uber（中国）的竞争与共赢

2012 年，还未入华的 Uber 已开始推出非出租车共乘（快车/拼车）服务。这个打车软件的鼻祖诞生于 2010 年，一开始提供的是高端的商务叫车（专车）服务，提供林肯城市轿车、凯迪拉克凯雷德和梅赛德斯奔驰 S550 等高端车型；次年推出低价预约出租车（打车）服务。中国网约车市场上出现较早的企业为快的打车，快的于 2012 年 5 月成立，嘀嘀打车（后更名为"滴滴打车"）于次年 6 月成立。2013 年 4 月，阿里资本宣布以 400 万美元投资快的打车，腾讯宣布以 1 500 万美元投资滴滴打车。2014 年年初，滴滴打车完成 C 轮 1 亿美元融资，资金来自腾讯和中信产业基金。此后阿里资本继续向快的打车追加投资。同时这些打车软件也成为移动支付巨头抢夺支付场景的重要一步，快的在 2013 年 8 月接入支付宝，滴滴在 2014 年 1 月接入微信支付，且在微信端推出滴滴打车入口。网约车补贴大战就此拉开帷幕，并且战事迅速进入高潮，双方补贴力度惊人，打车比坐公交还便宜，甚至完全免费。4 个月双方烧钱 20 亿元，未分胜负。大战一直延续到了 2014 年 5 月，两大打车软件均停止乘客现金补贴。滴滴称已经补贴了 14 亿元，快的称补贴超过 10 亿元。面对持续恶战的压力，在资本的推动下，滴滴和快的终于在 2015 年年初握手言和，宣布合并。而早在 2014 年 2 月，Uber 便正式进入中国，并在 2014 年 12 月获得百度投资。在滴滴、快的合并后，烧钱大战的核心交战方变为了滴滴和 Uber（中国）。2015 年，滴滴损失 100 亿元人民币，Uber 在中国市场损失 10 亿美元。2016 年大战结束，滴滴收购 Uber（中国），滴滴出行和 Uber（全球）将相互持股，成为对方的少数股权股东。

资料来源：卢晓明：《滴滴与 Uber 的这三年：战也资本 和也资本》，36 氪，2016 年 8 月 1 日。

分析：

滴滴收购快的、Uber（中国）属于横向收购，这样的收购对双方有如下好处：

一是实现共赢，占据市场。在滴滴收购Uber(中国)前，双方为抢占市场大打"烧钱战"，即使各自背后有互联网巨头支撑，也难以承受这种长期对峙带来的损耗。两方并购利于双方共同实现市场扩张，占据市场份额，共同推动"共享经济领域"的发展。

二是降低企业风险成本。Uber(中国)对中国国情把握不足，因为频频触碰法律红线被政府相关部门约谈，甚至其广州总部一度被查封，并且决策权与执行权的分离使Uber(中国)步履艰难。这些使得Uber(中国)在"补贴战"中的处境更加困难。经过此次收购，Uber(全球)不仅将中国这块常年亏损又难以攻占的市场业务剥离了出去，还扭亏为盈并成为滴滴出行的大股东之一，享受滴滴后续发展的红利。

三是置换股权的方式更具战略意义。对于Uber(全球)来说，通过战略合作获得滴滴出行的股权，是极为明智的。这样可以使其美国公司拥有更多的资本来打开东南亚市场，对于中国市场，仍可通过占市场份额第一的滴滴出行的股份获得收益。对于滴滴出行而言，收购Uber(中国)将会得到更多的消费者数据以及其他资源，减少资本的流出，并获得Uber(中国)的经济权益。

但对于整个打车行业而言，此次并购是一把双刃剑：一方面，此次并购使得打车行业更加规范和标准，企业开始将重心放在完善自身体系上；另一方面，两家巨头的并购使得打车行业竞争减少，滴滴出行作为打车巨头迅速占领市场，打车行业出现垄断。

对于消费者而言，一方面，商家的竞争往往能为自己带来益处，而竞争减少往往伴随着优惠减少、选择减少；另一方面，两家巨头合并有利于商家整合资源，为消费者提供更优质、更专业的服务。

四、内部创业

内部创业(Intrapreneurship)是指由有创业意向的企业员工发起，在企业的支持下，创新发展企业内部某些业务或工作项目，并与企业分享成果的创业模式。这种激励方式不仅可以满足员工的创业欲望，还能激发企业内部活力，改善内部分配机制，是一种员工和企业双赢的管理制度。如今许多大企业、大品牌都在不断地开拓新项目、新产品，内部创业已经成为企业明星子产品产生和企业创新发展的重要来源。

(一) 内部创业模式

对于内部创业家来说，无论他们是发展者还是创新者，都会通过使用不同的正式或非正式模式来实现他们的创新想法。根据罗伯特·沃尔科特(Robert Wolcott)和迈克尔·利皮茨(Michael Lippitz)的研究[1]，这些模式大体可以分为以下三类：机会主义模式、项目主导模式和部门主导模式。

1. 机会主义模式

这种模式下，内部创业通常来自员工的灵光一现。公司并未为员工设立创新目标或给予项目发展规划，此时主要由个人偶然出现的灵感来产生新的产品或者服务。这种模式通常存在于

---

[1] [美]罗伯特·沃尔科特、迈克尔·利皮茨：《内驱力：团队创业与创新的行动指南》，吴海荣译，中华工商联合出版社2011年版。

刚开始推进内部创业的企业,并且随着企业内部创业的发展,该模式会逐渐演变成项目主导模式与部门主导模式。

2. 项目主导模式

这种模式下,内部创业的过程主要依靠项目来实现。此时公司期望员工不断推出具有创造性的新项目,也会为员工提供充足的创新支持,并且员工将根据公司的规划来进行内部创业活动。在这种情况下,公司已具有相对成熟的内部创业机制。项目主导模式的特点是公司明确地向其员工传达了如何请求开发资金的程序,以及使用资金开发项目的标准。

> **案例 1-4**
>
> ### 3M 公司的内部创业
>
> 3M 公司成立于 1902 年,其在医疗健康、安全、电子、电信等市场占据领先位置。3M 公司在其 30 多个技术平台上不断开发新产品,公司产品超过 60 000 种,几乎每年的新产品就有 200~300 种。3M 的创新是一种泛创业模式,用宽松的内部创业环境作为手段,激励员工申请创新产品,加强公司创新,不断开拓未来的新业务。
>
> 这是一种项目主导模式。首先,从制度上 3M 公司有"15%工作规则",允许员工将工作时间的 15%用于自己感兴趣的研究工作。其次,3M 公司允许任何"第一次失败",员工创业失败后并不影响将来的晋升。最后,3M 公司在公司内建立平台,成立了内部新风险投资管理机构,当员工有好的产品构想时,若直属部门没有足够的资源支持,可向风险投资机构申请资源,开始内部创业。
>
> 资料来源:陈俊全:《浅谈 3M 公司创新文化的塑造》,搜狐网,2020 年 9 月 2 日。

3. 部门主导模式

这种模式公开承认并积极支持创业精神在企业环境中的重要性。公司创建一个单独的部门(如研发部)专职开发现有业务之外的新产品或新服务。可口可乐公司便采取了这一模式,并在全球成立了不同的创新研发中心。

(二)内部创业行为

内部创业行为包括收购其他公司品牌和产品线、引入传统研发流程之外的新产品、创建新的战略合作伙伴以及改变公司的商业模式这四种。

1. 收购其他公司品牌和产品线

收购其他公司品牌和产品线是内部创业活动中较为简单的一种。一个很好的例子便是 2017 年阿里巴巴宣布对大麦网完成全资收购。数据显示,2014 年 7 月阿里巴巴以 D 轮投资人身份进入大麦网,并持有 32.44%的股份,是当时大麦网的重要股东。因此,2017 年阿里巴巴完成的此次全资收购也被称为"一场持续三年的认认真真的恋爱"。大麦网是综合类现场娱乐票务营销平台,业务覆盖演唱会、话剧、音乐剧、体育赛事等多个领域,阿里巴巴收购大麦网后,大麦网加入了阿里巴巴"大文娱"板块,打通了阿里巴巴音乐和大麦网的业务。一方面,在线演出票务结合音乐应用,实现了用户数据互通;另一方面,以粉丝为核心,联动艺人、票务资源,形成了以粉丝、艺人、平台三方联动的"线上+线下"的音乐营销模式。这一收购和整合进一步促进了阿里巴巴集团业务的发展,使得其在文化娱乐业中更具竞争力。可见收购可以较为快速地得到被收购公司的产品线、经营渠道、用户数据、人才基础等,推动公司现有业务的创新发展。

2. 引入传统研发流程之外的新产品

日本 Canon 公司对喷墨打印机的开发便是引入新产品的一个典型例子。Canon 可以说是一个能够比较好地处理和平衡企业现有核心技术与新的核心技术关系的典范企业。该公司在将已有企业核心技术作为事业中心起步之时,就着手开发新的技术,并且锲而不舍地从人力和财力等多方面培育新技术。Canon 先是应用电子照相技术开发出激光打印机,并且取得竞争优势;当激光打印机的技术逐渐被竞争企业模仿和超越时,它又不失时机地应用新的核心技术推出喷墨打印机。这样不断的内部创业能够比较持久地维持公司在行业中的竞争优势。

3. 创建新的战略合作伙伴

2009 年 1 月 11 日,福特汽车公司(以下简称福特)宣布将与全球第三大汽车零部件供应商——麦格纳国际公司(以下简称麦格纳)合作,共同进行电动汽车的车型研发,并引进一项零排放锂电池电动车(BEV)的项目。该车型具有环保和经济适用的特点,于 2011 年投放市场。在本次 BEV 项目合作中,福特负责整车研发和新系统的整合部分,麦格纳负责电力驱动系统的研发工作,提供动力总成和电池模块的关键部件,并负责电动推进与其他新系统的工程技术整合设计。福特与麦格纳的这次合作属于强强联合,在合作研发的过程中各自发挥所长,实现了资源互补,相互促进对方技术的发展,这样的战略合作形式也是实现内部创业的一大选择。

4. 改变公司的商业模式

IBM 和耐克等美国蓝筹公司都曾经通过改变商业模式完成了成功的内部创业。IBM 在 20 世纪 90 年代之后名声大不如前,变成了过时又笨重的老牌公司。直到新任 CEO 路易斯·郭士纳(Louis Gerstener)对 IBM 进行内部创业改革,才使得 IBM 从设备提供者变成了提供解决方案或咨询的服务商。1974 年创立的耐克公司也是由菲尔·奈特(Phil Knight)通过改变其商业模式后才成为了一家专业运动鞋帽和服装制造商,如今耐克公司已经是一家非常优秀的零售公司。

第三节　创业金融学概述

本节我们将探讨创业金融和公司金融的差异,并明确学习创业金融学的意义。

一、创业金融与公司金融比较

创业金融的研究对象为创业企业,主要关注处于早期发展阶段或创业阶段的企业。创业金融是将创业企业筹资和风险投资有机结合的金融制度,相较于成熟企业(公司)而言,创业企业面临的风险普遍较高,其投融资决策也与成熟企业有较大差异。公司金融则主要研究成熟企业如何有效利用各种融资渠道,获得最低成本的资金并最优化地使用资金。因此,在创业中系统地学习创业金融,并将创业金融与公司金融区分是很有必要的。

具体来看,创业金融和公司金融主要存在以下几点差异:

(一)研究对象方面

创业金融聚焦于创业企业,这类企业往往处于发展的起步阶段,规模相对来说较小,面临的风险较大,未来收益的不确定性也较大。

相对来说,公司金融聚焦于规模较为大型的企业,如上市公司。一般来说,这类企业具备相对成熟的经营管理模式,面临的风险相对较小,未来收益不确定性也相对较小。

(二) 经营管理方面

对于创业企业而言,创业家往往负责企业的经营管理。然而,外部投资者往往也会通过提供管理或其他服务的形式影响企业的经营管理。此时,外部投资者通过增加其所有权占比来获取相应的报酬。

但是对于大型上市企业而言,外部投资者一般不参与企业的经营管理。

(三) 经营目标方面

企业经营的目标是股东利益最大化,然而,对于创业企业而言,股东的索取权与股份成正比,创业家享有剩余索取权,其目标是自身利益最大化,因此,股东利益最大化和创业家利益最大化有可能发生冲突。

对于上市公司而言,股东享有公司利润的剩余索取权,管理层为股东的代理人,也有可能出现委托人和代理人之间的利益冲突。

(四) 激励机制方面

对于创业企业而言,很多创业家很难证明自身现阶段的创意是否能够成功商业化,即使大多数外部投资者倾向于根据过往经验选择投资对象,但事实上,制定一系列的合同条款更能够对创业家产生激励或约束作用,例如分阶段投资、终止选择权、将决定企业最终成功与否的控制权转移给外部投资者等。

而对于上市公司而言,激励机制在其治理过程中也发挥重要作用,但是上市公司能够基于过往业绩来选择管理层。因此,相对而言,激励机制对创业企业更为重要。

(五) 投融资决策独立性方面

在创业金融领域,创业企业成立之初主要依赖外部股本融资,创业家与股东的当期回报率预期可能存在差异,但由于创业企业股权是非流通的,股东不能通过股权出售的方式满足对股利或资本增值的偏好。因此,创业家为了获取充足的外部融资,在进行投资决策时将综合考虑项目回报率与外部投资者预期。

然而,在公司金融中,企业的投资决策和融资决策相对独立。公司金融关注的上市公司的股份具备流通性,能够使得股东通过决定持有或出售股份来满足对股利或资本增值的偏好。因此,管理层从股东处获得融资后,一般基于项目回报率进行决策。

(六) 风险分散与投资价值方面

创业企业作为创业金融的研究对象,其外部投资者与创业家之间的风险承担是不一致的,事实上,创业家往往会被动地比外部投资者投入更多时间和资本在企业当中,二者风险分散能力的差异导致了对企业估值的差异。因此,进行项目决策往往取决于创业家和外部投资者之间的所有权分配。

对于上市公司而言,基于价值可加性原则,进行项目决策时,往往只需要综合考虑项目的收益率和风险,投资者对财务索取权的分配并不影响项目的决策。

二、创业金融学的意义

创业是创业家通过拥有的资源或通过努力对能够拥有的资源进行优化整合,从而创造出更大经济或社会价值的过程。无论是发达国家还是发展中国家,创业都是一个国家经济发展中最具活力的部分,也是经济发展的最原始动力。创业对经济增长的促进作用也推动了政府创业政策的改革。

中国的改革开放实践证明,全面建设社会主义现代化国家的坚实的物质基础就是大力促进科技发展和高质量企业创新,保持科学技术创新活力和国民经济的持续、快速、健康增长。当前,创业企业在经济社会发展中日益发挥着不可替代的功能和作用,已成为推动我国经济社会发展的重要力量。

大力发展创业企业有诸多现实意义。一是可以创造大量的就业机会。众多创业家在创业过程中会培养大批的企业家并创造大量的就业机会,为国家的经济发展提供优质保障,也为国家的经济增长起到良好的促进作用,推动国民经济稳定运行。二是创业可以推动当前科学技术与市场发展,不断创造新价值,从而为社会提供优质服务,缩减技术和市场之间的距离。三是创业不仅可以推动建立一些优质的公司,而且可以形成全新的行业,在一定程度上改善经济市场的整体状况。四是创业能够促进社会进步。创业可以创造财富,有助于打造充满活力的社会。创业让贫穷变得富有,也让更多的国家实现了发展,促进了社会的不断进步。除此之外,大力发展创业企业对于扩大就业、启动民间投资、优化经济结构、加快生产力发展、解决"三农"问题,进而保障国民经济持续、稳定增长,推动政治文明建设和实现中华民族的伟大复兴具有十分重要的现实意义。

目前,大力发展创业企业的核心问题是解决创业融资瓶颈。所有制歧视、信息不对称、信用和担保服务体系建设落后、治理结构不完善、融资制度安排不合理等是导致创业企业和中小微企业融资难的主要原因。中国私营公司的发展资金,绝大部分来自业主自有资本、内部留存收益和民间借贷等,通过股权融资或者债务融资的难度依然较大。创业企业融资难不仅抑制了创业企业的创新活力,大大制约了中小微企业的发展,也不利于激发和鼓励全社会的创业热情和积极性,进而延缓了我国社会经济发展的进程。

因此,面对创业发展这条必经之路,如何运用创业金融学知识将理论与实践相结合,指导创业企业实现资金融通和稳定发展就成为迫切需要解决的问题。传统的公司金融理论在解释创业企业融资时的针对性和指导意义仍需提高,创业金融学可以更加贴合地为创业家探索和创业企业发展提供基础和支撑。

即 测 即 评

请扫描右侧二维码检测本章学习效果。

思 考 题

1. 创业金融与公司金融的区别是什么?
2. 企业内部创业的模式是什么?

3. 特许经营和直营连锁的区别是什么？
4. 创业的方式有哪几种？
5. 创业企业发展阶段主要分为哪几个？
6. 创业企业的组织形式有哪几种？

第二章 创业家

学习目标：
1. 了解不同类型创业家的区别。
2. 了解创业家的特质。
3. 理解创业家创业的动机。
4. 理解创业家创业失败的原因。
5. 了解创业家创业所创造的社会价值。

创业家或企业家（Entrepreneur），源于法语 Entreprendre，本意为从事创新和发展的人。下面列举五个关于创业家内涵的代表性观点。

（1）1803年，法国经济学家让·巴蒂斯特·萨伊（Jean-Baptiste Say）提出"创业家"一词并加以论证，认为创业家能够将经济资源从生产力低的领域转向生产力高、产出多的领域。

（2）1921年，富兰克·奈特（Frank Knight）认为创业家是不确定性的管理者。

（3）1934年，约瑟夫·熊彼特（Joseph Schumpeter）将创业精神看作一股"创造性的破坏"力量。创业者采用的"新组合"使旧产业遭到淘汰，原有的经营方式被新的、更好的方式摧毁。根据他的观点，创业家是经济过程的基本驱动者，他们寻找机会打破现状，以有价值的方式，通过风险性努力整合社会资源来获取利润。

（4）1985年，彼得·德鲁克（Peter Druker）认为创业家是主动寻求变化、对变化做出反应并将变化视为机会的人，创业家会创造新的、不同的事物并改变其价值。

（5）现代观点认为企业家是追求整合、重新配置资源机会的人，并且与是否拥有对资源的所有权或控制权无关。

第一节 创业家类型

在上文，我们已明晰创业家的概念。接下来，我们将转换视角，从创业动机这一独特切入点，深入剖析并详细介绍不同类型的创业家，带大家领略创业群体背后的多元驱动力与丰富面貌。

从创业动机角度可以将创业家分为追求生活方式型创业家（The Lifestyle Entrepreneur）和追求高增长型创业家（The High-Growth Entrepreneur）。

一、追求生活方式型创业家

追求生活方式型创业家是指通过商业手段以为自己提供体面的生活为主要目的的创业家。该类型创业家想建立自己的企业，自己做老板，和朋友、家人一起工作，追求一种能够自给自足的事业，同时还能维持生活的平衡。

有学者认为追求生活方式型创业家是那些既不沉迷于财务独立，也不想建立庞大的财富帝国的那么一小部分企业家。比起那些一门心思专注于财富积累的人，追求生活方式型创业家在看待成功上具有更为独特和丰富的视角。对他们来说，挣钱的公司不仅仅是饭碗，他们追求的远远超出经营企业本身。这种类型的创业家追求的是自己创业带来的更为长远的好处，如远离公司的官僚体制、能独立地做出决定、在自己喜欢的地方生活和工作、逃离糟糕的交通折磨、能更加自由地支配自己的时间等。

该类型创业家的主要特征如下：

（1）创业的初始目的不是维持企业的成长，而是达到工作和生活的平衡或者个人的满足。这是该类型创业家的关键特征。

（2）他们通常不关注企业的增长发展，对于企业的未来发展也没有战略性计划。因此，这类创业家可能较为随心地经营企业，乐于接受业务产生的一切。

（3）他们的主要目标是管理企业，使其保持规模，并为他们提供足够的收入去维持典型中产阶级的生活方式。

（4）许多该类型创业家不喜欢原本从事的行业或不喜欢不自主、不自由的感觉，所以选择在自己喜爱的领域创办一家小型企业。并且，这种小型企业通常靠自己的力量逐步壮大，而不是依靠他人的资金注入。

案例 2-1
辞职景区创业的夫妻

1998年的时候，休·施沃德在甲骨文公司拿着每月超过六位数的薪水，她的丈夫比尔·劳伦斯则在伊文斯顿打理着两人共同拥有的三座公寓住宅，夫妻俩的日子过得殷实而富足。

他们热爱周围的朋友和芝加哥附近的名胜，然而他们不喜欢这种来回奔波的生活。"我们厌倦了这种见不到对方的生活，总是有太多的出差、太多的交通、太多的人、太多的噪音"，休回忆道。

1999年开始，休和丈夫决定寻求一种更为简单的生活方式，他们来到了一个风景如画的度假胜地——密歇根湖畔。休辞掉了工作，和丈夫一起变卖了公寓，然后在密歇根湖畔买了一幢房子，将其改造成一个拥有14间客房的家庭旅馆。从市场战略到后勤保障，夫妻俩对旅馆的经营亲力亲为，只在旺季客人多的时候才会增添些人手。

尽管收入不如以前，但这种生活方式让休着迷，她坚信自己做出了正确的选择。在旅游旺季，休也会很忙碌。但到了冬天，进入旅游淡季后，她就有充足的时间去逛各种各样的小店和画廊，或者在湖边静静地看日落。

"我们能够住在这么优美的地方，还可以随时度假，收入也足够我们的一切花销。"休对自己目前的生活很满意，"一切都很好，没有什么可抱怨的"。

资料来源：《追求生活方式的企业家》，东北网，2008年9月22日。

二、追求高增长型创业家

相较于追求生活方式型创业家,追求高增长型创业家是指积极主动追求年收入和年利润成倍增长的创业家。该类型创业家的主要特征如下:

(1)他们对以往财务状况、计划完成情况等进行回顾总结,对未来情况展开预期,并积极推动企业商业系统的构建,如健全自身财务管理、现金流计划、战略计划、营销计划等,最后根据系统规则运营企业。

(2)不同于追求生活方式型创业家,该类型创业家希望公司收入、利润等实现指数型增长,从而为他本人、投资者或雇员创造大量财富。

谷歌(Google)是高增长企业的典型例子之一。谷歌公司成立于 1998 年,2004 年在纳斯达克上市。2015 年公司重组,成立了新的母公司 Alphabet 公司,谷歌 A 级股票和 C 级股票被自动转换为 Alphabet A 级和 Alphabet C 级股票,Alphabet A 级和 C 级股票继续沿用各自的证券代码"GOOGL"和"GOOG"。Alphabet 通过旗下各个业务进账实现高收入、高利润,其中谷歌公司的产品和服务是其收入的主要来源。这些产品和服务包括广告、Android、Chrome、硬件、谷歌地图、Google Play、搜索、YouTube。图 2-1 展示了 2010—2023 年谷歌公司营业收入和税后利润数据。从图中可以看出其营业收入从 2010 年的 293 亿美元增长到 2023 年的 3 074 亿美元,税后利润从 2010 年的 85.05 亿美元增长到 2023 年的 737.95 亿美元,公司增长速度较快,实现了飞跃式发展。

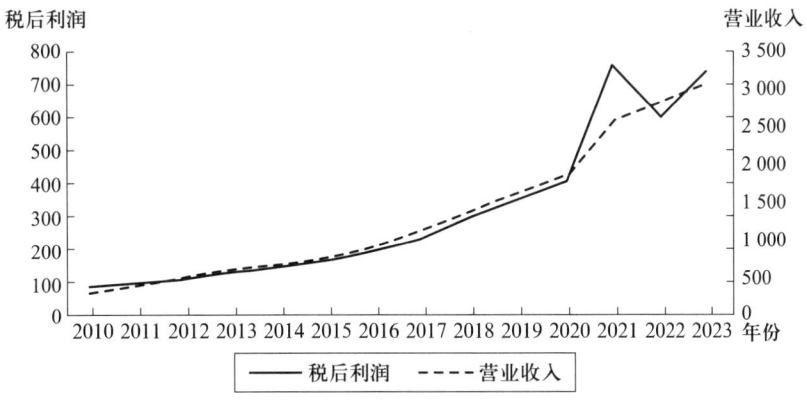

图 2-1　2010—2023 年谷歌公司营业收入和税后利润①(单位:亿美元)

Inc. 杂志②曾调查了一群被称为"改变美国商业面貌"的创业家。调查研究发现,这些创业家全都是追求高增长型创业家,他们使公司从几名雇员、销售中位数为 14.6 万美元,增长到 219 名雇员、销售中位数为 110 万美元。创业家有效地经营管理他们的公司,并使得雇员的人均销售量从 32 444 美元增长到 50 228 美元,提高了近 55%。在我国,许多科技型企业属于高增长企业,如阿里巴巴、京东、腾讯等。

---

① 以美股 GOOGL 公布的财务数据为准。资料来源:雪球网。
② *Inc.* 杂志是美国一份以发展中的私营企业管理层为关注点的主流商业报刊。它不仅为当今的企业创新提供实际解决方案,还为企业财务、营销、销售及科技部门提供实践工具及市场发展策略。

虽然追求生活方式型创业家和追求高增长型创业家在各方面存在着很多差异,但一位创业家通常并不绝对仅属于其中某一种,其可以随着条件和时间的变化归属不同的类型。很多创业家一开始是追求生活方式型创业家,但最后出于主观或客观的原因成为追求高增长型创业家。比如,*Inc.* 杂志为评选美国发展最为迅猛的500家私人企业(Inc. 500),采访入选的创业家时,有20%左右的创业家表示:创业初衷是想要成为一个追求生活方式型创业家,但最终却成为追求高增长型创业家。

第二节 创业家特质

创立成功且可持续发展的企业需要勇气、耐心和韧性。很多人都羡慕那些创业成功的创业家,很想知道他们的特质。本书对成功创业家的共同特质进行了如下总结。

(1) 潜心笃志、坚韧不拔。创业家需要在创业路途中持之以恒、坚定目标。
(2) 乐观豁达、迎难而上。创业家在遭遇困难与挑战时需要保持乐观的心态。
(3) 雷厉风行、当机立断。创业家需要高效处理事务,及时抓住机遇。
(4) 以简驭繁、大巧不工。创业家在解决问题的过程中往往会采取高效直接的方法。
(5) 独立自主、坚守初心。创业家在创业过程中要不断强化自身能力,并且保持创业初心,避免被利益诱惑。
(6) 敢打敢拼、奋勇向前。创业家需要不断追求企业前进发展,不断思考提升企业的方法。
(7) 敢于冒险、有勇有谋。创业家要敢于承担一定风险来谋求企业的发展。
(8) 勤于思考、善于创新。创业家往往需思考自己企业的竞争优势和目前的行业格局,积极进行创新,推动企业不断发展。
(9) 甘于奉献、不辞辛劳。创业家在创业过程中需要不怕辛苦和劳累,为自己的企业做出牺牲。
(10) 深见远虑、高瞻远瞩。创业家需要时刻关注企业所处行业的变化,发现有潜力的企业发展方向。
(11) 善于解决问题。创业家要能及时、积极地解决企业和员工遇见的各种问题。
(12) 平易近人、蔼然可亲。创业家要善于与员工相处,积极了解员工的工作进展和困难。

下面我们将其中的一些重要特征作进一步阐述。

一、潜心笃志、坚韧不拔

尽管前期面临着巨大的困难,成功的创业家仍专注于他们的使命,致力于实现自身目标,他们自身一定具有坚持不懈的精神。无论创业最终有多么成功,在业务开展的最初3~5年,困难的时光总比顺利的时光要多,想要创业成功,创业家就必须要在最困难的日子里坚持住。

迈瑞医疗创始人李西廷1991年决定创业时已经40岁了,此前他有份非常好的工作,很多人都劝他不要折腾了,但李西廷坚持要创业。最开始迈瑞医疗一穷二白,靠医疗器械产品的代理销售起家,后来一点点走上自主研发的道路。值得一提的是,30年来,李西廷一直专注于医疗器械领域,如今迈瑞医疗已成为中国最大、全球领先的医疗器械以及解决方案供应商。2020年新冠疫情发生后,迈瑞医疗为全球各地都提供过呼吸机。李西廷曾总结说:做企业不仅要专业,更要专注。企业家要面对的诱惑很多,每天都有人来说这个那个好赚钱。如果没有一颗坚定的心,一定会被人忽悠。我有一个优点,那就是认准一件事,就会坚持到底。迈瑞的法宝就是坚持做企业的心态,不松懈、不走捷径,一步一个脚印地去下笨功夫。我一直认为制造业是一门苦功夫,是"刀刃向内"的苛求和坚持。特别是我们医疗器械关乎人命,不容许一点点的失误和马虎。人的一生能做许多事,但他却选择用一辈子的时间去做好一件事。正是因为内心的专注和坚定,李西廷才得以把迈瑞医疗做得这么成功。

二、乐观豁达、迎难而上

创业家在谈到他们的创业想法和成功实现目标的能力时,往往乐观且充满信心。大部分创业家是那些以积极的眼光看待未来的人,他们把障碍和困难看作需要被克服的挑战,而不是绊脚石;他们会把自己想象成企业的所有者或自己的雇主。艰苦的创业世界不适合不够乐观的人。

2020年新冠疫情期间,分众传媒创始人江南春曾表示,疫情给各行各业都带来了巨大冲击,但中国作为全世界最大的消费市场并未改变。他还肯定地说:"骨子里真正优秀的企业家其实都是乐观主义者,他们总是能看到更积极更好的一面,并为之拼搏。好的市场中,可能是万马奔腾,在逆境中,只有极少数人可以一马当先地杀出来,这时候考验的不仅是创始人的智力,更是定力和乐观心态。"[①]

三、以简驭繁、大巧不工

EDS(Electronic Data System,电子信息系统)的创始人罗斯·佩罗(Ross Perot)和CNN(Cable News Network,美国有线电视新闻网)的创始人特德·特纳(Ted Turner)是两位典型的认为创业过程简单并在最后取得成功的创业家。他们最喜欢说的话之一就是"这真的很简单"。

这是一个很有趣的故事:假设化学家、物理学家、创业家三人在一个有灯塔的地方,他们每个人都被要求回答如何测量灯塔的高度。化学家说他会测量塔的底部和顶部的气压。因为气压和海拔有关,因此通过气压差可以计算塔的高度。物理学家说他会把气压计从塔顶扔下来,然后根据记录的掉到地上所花的时间和重力的作用来测量高度。最后创业家说,他会直接去找知道灯塔细节的看管者,并告诉他:"你要是告诉我塔的高度,我就把这个新的气压计送给你。"

创业家在创业途中需要寻找最简单的解决问题的办法,这样有助于企业的持续稳定发展。

四、敢于冒险、有勇有谋

比起一般人,创业家更不害怕失败。但人们对创业家存在着很大的误解,认为他们是盲目的冒险家。大多数人认为,创业家只是狂野的赌徒,他们与拉斯维加斯参与赌博的人有着一样的态度,做着一样的准备,且希望能够有幸运的事情发生。这个想法肯定是错误的,成功的创业家是冒险者,愿意承担风险,但并不是盲目地冒险,而是乐于接受挑战,并从克服困难中获得无穷乐趣。他们不断抓住新的挑战机会,并在模棱两可的情况下果断采取行动,他们大部分都是受过教育的冒险者。成功的创业家会事先评估机会及其风险,研究市场或商业状况,制定周全的业务计划,然后再采取行动执行该份计划。

---

① 《江南春:真正优秀的企业家,都是乐观主义者》,搜狐网,2021年1月28日。

创业家是冒险家,失败不会吓倒他们。华为创始人任正非在创业维艰期说"我无力控制,有半年时间都是噩梦,半夜常常哭醒""研发失败我就跳楼"。① 那时他先后经历爱将背叛、母亲去世、国内市场被港湾"抢食"、国外市场遭遇思科诉讼、核心骨干流失等难题,他每天工作十几个小时,依旧深感无力。但即使面临着失败、面临着这样的困境,他仍然坚持,最终取得了今天的成功。

五、勤于思考、善于创新

创业家和非创业家的一大差别是创业家会毫不犹豫地抓住机会,当他们发现机会时,会紧紧抓住它,坚定地执行计划、充分地利用机会。举个例子:一位创业家和一位非创业家在划船时看到溪流底部有一片闪闪发光的东西,非创业家只会问:"这是金子吗?"但他们不会停下来,而是继续划船。相反,创业家则会停止划船,开始探索与开采黄金。创业家是机会主义者,他们能够在特定的局势中抓住赚钱的机会,在一个热门且适时的潮流中,提供相关的某种服务,例如在雨天卖雨伞、在盛夏烈日中午卖冰水等。

杨植麟出生于广东汕头,高中毕业后保送至清华大学,后前往美国卡内基梅隆大学语言技术研究所深造,师从苹果公司 AI 研究负责人以及谷歌首席科学家。2023 年初,AI 大模型领域刚刚兴起,杨植麟就联合两位清华校友周昕宇和吴育昕,共同创办了月之暗面。在当时,虽然 AI 大模型的潜力巨大,但市场竞争也极为激烈,充满不确定性。可杨植麟没有丝毫犹豫,他坚信这个领域蕴含着巨大的机会。创业初期,团队面临着技术难题、资金压力等诸多挑战,但他凭借着扎实的技术功底和对行业趋势的精准判断,带领团队不断攻克难关。公司成立后,迅速获得了红杉资本、真格基金 3 亿美元天使轮投资。2024 年 2 月,月之暗面又完成了新一轮超 10 亿美元的融资,其中阿里巴巴出资近 8 亿美元,这是国内 AI 大模型公司迄今获得的单轮最高金额融资,月之暗面的估值也达到 25 亿美元。5 月下旬,市场传言腾讯也加入投资行列,月之暗面估值报价达到 30 亿美元。杨植麟就如同发现溪流底部金子的创业家,在 AI 大模型这个新兴领域,紧紧抓住了机会,实现了公司的快速发展。

六、甘于奉献、不辞辛劳

每位成功的创业家都不得不承认如果没有牺牲就不会迎来成功,创业家常见的牺牲体现在个人收入和个人时间方面。

在个人收入方面,几乎所有创业家都必须放弃一些自身收入以投入资源,投身自己的创业。比如杰夫·贝索斯(Jeff Bezos)的早期投资者之一说,当时吸引他投资的最有说服力的因素是贝索斯放弃了在 D. E. Shaw 公司年薪七位数的工作,创办了亚马逊(Amazon.com)。这位投资者曾道:贝索斯在那样的情况下选择离开,剧烈地冲击到了我,让我产生了参与这个企业的强烈想法。实际上,资本提供者,例如银行家和风险资本家希望看到创业家在创业阶段,挣到足够生活舒适但又不能过于舒适的薪水。具体来说,创业家的期望薪水应足以支付他个人的账单(例如房屋抵押贷款、汽车付款等),但不足以形成个人的大量储蓄。创业家的个人工资与收入向潜在的资金支持者表明了他对投资的承诺程度和对前方挑战的现实态度。

---

① 《任正非:创业初期,我常常半夜哭醒》,搜狐网,2019 年 8 月 22 日。

在个人时间方面,创业将会牺牲创业家与家人在一起的时间。一位塑料木材公司的老板曾经说过,他后悔没有在创业初期多陪一陪孩子们,但他认为这是他必须做出的权衡。他说:在开始创业后,不得不剥夺对家人的关注度,因为创业需要花费创业家很多精力和时间。但是,这并不意味着创业家必须完全忽略他的家人和朋友才能创业成功,很多创业家在创业过程中依旧能和家人、朋友愉快相处。

七、深见远虑、高瞻远瞩

成功的创业家往往有能力预见未来的趋势,发现机会并采取行动,完成预期的目标,然后将这一愿景出售给潜在的客户,得到潜在投资者的支持,招聘潜在的员工。一位公司高管曾言:万物都有周期,作为一个企业家,必须把握周期,预见未来,带领企业及时转型或升级。成功不在一时,在于不断寻求创新和改变。优秀的企业家要有思想、有眼界、有战略高度,要顾全大局、胸怀大志、敢想敢拼,才能干大事。

麦当劳公司创始人雷·克罗克(Ray Kroc)在1961年观察发现美国人的生活节奏变得越来越快,很多人已经不像原来那样喜欢在家吃饭或在餐厅吃饭。因此,他以270万美元从创立麦当劳的两兄弟手中购买了麦当劳餐厅。他的愿景是在整个美国都建立菜单有限但服务快速的餐厅,并计划开设1 000家左右的连锁店。麦当劳品牌巨大的发展潜力让他开始着眼海外市场的布局,麦当劳现在已成为全球零售食品服务业龙头。截至2019年年底,麦当劳在全球有超过38 000家餐厅,每天为100多个国家和地区超过6 900万名顾客提供高品质的食品与服务。

同样,兰桂坊集团主席盛智文(Allan Zeman)从小就思考如何能靠自己的双手赚很多钱。19岁时,他开办了自己的公司,靠做服装贸易挣到了人生第一个100万美元。在做服装贸易的过程中,他看到了中国的潜力。于是20世纪70年代,盛智文便把公司总部搬到中国香港。紧接着,盛智文牢牢把握住中国未来社会的发展需求:在长沙,他创办了中高档时装企业;在香港,他将兰桂坊从破旧小街打造成了世界级娱乐招牌。如今,盛智文创办的兰桂坊集团已成为一个多元化的大型企业,业务遍布亚洲各地。盛智文说:我有句话总是挂在嘴边——我并不关注这个事物目前是什么样,而是看它未来会是什么样。我年轻时跨越半个地球,看到了中国这片土地的潜力,从此在这里安家。企业家要睁开双眼,永远提前为明天思考,并努力使梦想成真。正是因为超前的眼光与思考,盛智文赶上了改革开放的春风,有了现在的辉煌人生。

第三节 创业家的动机

有许多人梦想着开创自己的事业成为一名创业家。为什么人们都想要成为创业家?为什么创业家精神如此受欢迎?本节将介绍几个引发创业家们创业的重要因素。

一、追求自由

Inc. 杂志调查显示,创业家创业的第一大原因是获得独立性从而能够控制和自由安排自己的日程和工作量。选择该理由的人数占到了受访者总人数的40%。美国人崇尚自由,喜欢自在、随意的生活方式,许多人讨厌为别人工作,认为时间、地点、工作量等都有硬性规定的工作比待在监狱里还要可怕。在我国也能看到越来越多的人选择追求这种生活方式。近十年自媒体、自营

网店、网约车等变得越来越热门,这些职业的一大共同点便是工作的自由性,年轻人在选择职业时也会更倾向于具有这类特点的职业。

二、追寻自我价值

创业家创业的第二大原因是自己创业成功带来的成就感,创业家能在创业过程中实现更大的自我价值。创新理论的鼻祖约瑟夫·熊彼特曾很好地描述了这一成就感:创业家,他坚持感到征服的欲望、奋斗的冲动、证明自己比别人优秀的冲动、为成功而奋斗的冲动。这往往不是为了成功的果实,而是为了成功本身。这是通过创造、完成任务或简单锻炼能力、创造力而获得的快乐。比如赛斯·高汀(Seth Godin)创办了交互式直销公司 Yoyodyne,并在 1998 年把这家公司以 3 000 万美元卖给了 Yahoo。赛斯·高汀解释道:大部分人不明白为什么有的人赚到了 1 000 万美元之后还想要赚更多钱。那是因为大多数人不喜欢工作,他们认为一直保持工作是不合理、不理智的。这便反映出如果没有动机,创业家便不会进行创业,即使创业成功也不会持久。

有趣的是,大部分人并不是想通过创业变得富有。在 Inc. 杂志的调查中,"赚很多钱"只是排名第三的创业原因。

三、实现财富自由

虽然赚钱不一定是成为创业家的第一动力,但是成为创业家往往能够赚到很多钱。比如,亚马逊的创始人杰夫·贝索斯,在亚马逊作为在线图书零售商上市的第二年(1998 年)第一次成为亿万富豪。在接下来的 20 年里,亚马逊的业务开始扩展到其他行业,如 Prime 会员服务、流媒体视频领域、食品杂货领域、电影制作领域等。贝索斯的身家从 2017 年 10 月的 815 亿美元增至 2018 年 10 月的 1 600 亿美元,击败比尔·盖茨、沃伦·巴菲特(Warren E. Buffett)、马克·艾略特·扎克伯格(Mark Elliot Zuckerberg)等成为世界上最富有的人。自那以后,他一直位居榜首。作为世界上最富有的人之一的比尔·盖茨,通过创立微软公司获得了大量财富。除此以外,微软也成就了几位百万富翁。表 2-1、表 2-2 列出了 2021 年全球和中国内地排名前十的富豪信息。

表 2-1 2023 年全球前十富豪榜①

排名	姓名(中文)	财富(亿美元)	财富来源	国家和地区	年龄(岁)
1	伯纳德·阿尔诺及家族	2 110	酩悦·轩尼诗—路易·威登集团(LVMH)	法国	74
2	埃隆·马斯克	1 800	特斯拉(SpaceX)	美国	51
3	杰夫·贝索斯	1 140	亚马逊	美国	57
4	拉里·埃里森	1 070	甲骨文	美国	78
5	沃伦·巴菲特	1 060	伯克希尔·哈撒韦	美国	92
6	比尔·盖茨	1 040	微软	美国	67
7	迈克尔·布隆伯格	945	彭博社	美国	80

① 福布斯中国。

续表

排名	姓名（中文）	财富（亿美元）	财富来源	国家和地区	年龄（岁）
8	卡洛斯·斯利姆·埃卢及家族	930	美洲移动通信	墨西哥	83
9	穆克什·安巴尼	834	印度信实集团	印度	65
10	史蒂夫·鲍尔默	807	微软	美国	67

表 2-2　2023 年中国内地前十富豪榜

排名	姓名	财富（亿元）	财富来源	年龄（岁）
1	钟睒睒	465	农夫山泉	68
2	马化腾	341	腾讯	52
3	黄峥	236	拼多多	43
4	马云	228	阿里巴巴	59
5	张一鸣	207	字节跳动	40
6	何享健	189	美的集团	81
7	王卫	184	顺丰控股	53
8	雷军	173	小米科技	54
9	丁磊	168	网易	52
10	李西廷	167	迈瑞医疗	73

四、熏陶感染

对于一些人而言，成为创业家是很自然的事情。他们要么是创业家的后代，要么对成为创业家十分感兴趣，也正因如此，他们会较早地接触到商业世界，从而慢慢产生成为创业家的想法。世界上有许多著名创业家本身就是创业家的后代，比如说创立摩城唱片（Motown Records）的贝利·高迪（Berry Gordy）、创立 Waste Management（WM，全美第一的固废处理公司）的韦恩·休真格（Wayne Huizenga）、创立索尼（Sony）的盛田昭夫、创办腾讯的马化腾等。同样，创办微软的比尔·盖茨生于创业家家庭。他的母亲玛丽·盖茨（Mary Gates）是一位成功的女商人，是华盛顿州金县联合银行的首位女性总裁，是第一位担任联合银行全国执行委员会主席的女性，还曾在几家大公司的董事会任职多年，包括华盛顿第一州际银行、Unigard 安全保险集团和太平洋西北贝尔电话公司等。玛丽·盖茨出生于一个银行世家，父亲和祖父都是银行家，家族背景深厚。在微软创办期间，她与"全国联合大道"委员会成员、IBM 主席讨论儿子的公司，几周后，IBM 冒险聘请当时还是一家小型软件公司的微软为其第一台个人计算机开发操作系统。可以说，比尔·盖茨的创业与其家庭的氛围和支持分不开。

五、实现创新想法

盖洛普咨询公司（Gallup Organization）面向美国高中生调查的数据显示：71% 的受访者表示他们对开办自己的公司感兴趣，但是只有 26% 的受访者把赚很多钱作为他们创业的首要原因。

一些创业家创办公司仅是想要实现自己的发明,开发新想法,比如,苹果公司的联合创始人之一史蒂夫·沃兹尼亚克(Steve Wozniak)。如果惠普公司没有拒绝他设计生产小型个人计算机的想法,他可能不会辞职从而开创公司并开启自己的事业,最终颠覆了手机行业、计算机硬件行业,改写了PC互联网的历史,重新定义了手机的功能与意义。

六、其他动机

除了上述原因,创业家创业还可能出于以下原因。

有些员工下岗后别无选择,只能创业。有些创业家想要为国家、社会做出一些贡献,如为社会创造更多的就业机会,通过公司解决社会问题等。还有一些创业家创业是为了展现自己的创造力才能,或者在创业过程中寻找和自己志同道合的伙伴。

第四节 创业家创业失败的风险

当人们想要逃离原来的安全地段,依靠自己打拼并开创事业时,一般需要很大的勇气与胆量。因为每个人都抱着创业成功从而能够有收获的目的出发,而不是希望自己最后用尽毕生积蓄却惨败。虽然大家都不想失败,但是创业实际上是极具风险且很容易失败的。

一、创业家创业失败的概率

相比成熟企业,新创企业的失败率更高,这是因为新创企业普遍存在"新生弱性"[①],即新生企业往往存在资源不足、资源开发能力弱、管理经验不足、组织合法性缺乏等问题,这导致创业家在创业初期面临较多风险。

美国劳工统计局自1994年开始统计每年新创私人企业的后续存活情况。图2-2显示了1994—2016年创立的美国私人企业存活1~5年的平均比率。由图可见,企业创立1年后存活率仅为78.62%,而创立5年后仍存活的比率仅为48.94%,超过半数的新创私人企业活不过5年。

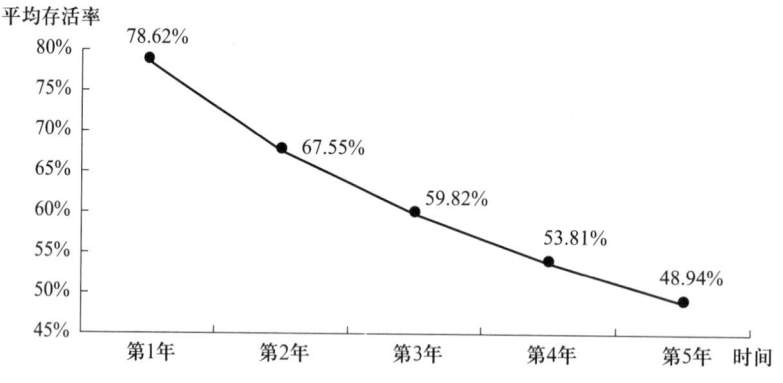

图2-2 1994—2016年美国新创私人企业存活1~5年的平均概率[②]

[①] 彭学兵、王乐、刘玥伶等:《创业网络、效果推理型创业资源整合与新创企业绩效关系研究》,《科学学与科学技术管理》2017年第6期,第157—170页。

[②] 数据来源于U.S. Bureau of Labor Statistics。

我们详细分析下美国 2005 年新创私人企业的存活情况。表 2-3 展示了自 2005—2021 年这些企业的存活情况。2005 年美国新创私人企业数量为 679 797 家，2006 年这一批企业数量缩减为 544 191 家，存活率为 80.05%；这一批企业创立 2 年、3 年、4 年后的存活率分别为 68.72%、60.15%、52.55%，对应失败率为 31.28%、39.85%、47.45%，可见新创私人企业在前几年存活压力较大。而这一批企业的条件存活率呈逐年上涨趋势，且在 2010 年后条件存活率达到 90% 以上，说明企业创立的头几年风险很大，失败率较高，但企业创立五六年后，整体经营情况会更加稳定，风险会降低，此时企业的存活概率将会大幅提高。

表 2-3 美国 2005 年新创私人企业存活情况

时间	存活私人企业数（家）	存活率①（%）	条件存活率②（%）
2005 年 3 月	679 797	100.00	
2006 年 3 月	544 191	80.05	80.05
2007 年 3 月	467 187	68.72	85.85
2008 年 3 月	408 909	60.15	87.53
2009 年 3 月	357 261	52.55	87.37
2010 年 3 月	318 425	46.84	89.13
2011 年 3 月	293 664	43.20	92.22
2012 年 3 月	275 517	40.53	93.82
2013 年 3 月	259 886	38.23	94.33
2014 年 3 月	243 766	35.86	93.80
2015 年 3 月	229 642	33.78	94.21
2016 年 3 月	216 840	31.90	94.43
2017 年 3 月	205 265	30.20	94.66
2018 年 3 月	194 296	28.58	94.66
2019 年 3 月	183 940	27.06	94.67
2020 年 3 月	172 133	25.32	93.58
2021 年 3 月	163 241	24.01	94.83

我国也曾有类似的统计报告，国家工商总局③ 2013 年通过综合分析 2000 年以来全国新设企业、注吊销企业生存时间等数据，总结了这些企业在生存时间方面呈现的主要特点：

（1）近五成企业寿命在 5 年以下。由表 2-4 可知，截至 2012 年年底寿命在 0~5 年的企业数量占比超过 50%，寿命大于 10 年的企业数量占比约 17.7%，可见研究期间新创企业存活过 5 年的概率不超过 50%，且存活到 10 年以上的概率更低。

---

① 存活率：M 年成立企业在 N 年末的存活率 = M 年成立企业存活至 N 年末的企业数量/M 年成立企业数量。
② 条件存活率：基于上一年情况继续存活的企业比例，即用本年存活企业数除以上年存活企业数。同时可衡量企业基于上年的存活概率。
③ 2018 年国家工商总局职责整合后，组建国家市场监督管理总局和国家知识产权局，原国家工商总局不再保留。

表 2-4　截至 2012 年年底我国内资企业生存时间分布表①

寿命	企业数量(万家)	比重(%)
1 年以内	195.91	14.81
2 年	185.19	14.00
3 年	153.39	11.60
4 年	118.29	8.94
5 年	89.92	6.80
6 年	82.54	6.24
7 年	76.66	5.80
8 年	67.84	5.13
9 年	62.47	4.72
10 年	55.81	4.22
11 年	43.13	3.26
12 年	33.95	2.57
13 年	27.15	2.05
14 年	21.71	1.64
15 年	18.16	1.37
16 年	13.18	1.00
17~19 年	27.74	2.10
20~24 年	35.83	2.71
24 年以上	13.67	1.03
合计	1 322.54	100.00

（2）2000 年以来新设立企业退出市场的概率呈倒 U 形分布,即前高后低、前快后慢态势。由图 2-5 可知,企业成立当年的平均死亡率为 1.6%,第 2 年为 6.3%,第 4 年最高,为 9.5%。总体来看,企业成立后的 3~7 年当期平均死亡率较高,随后渐趋平缓。以上情况说明,企业在其成立后的第 3 年开始进入死亡高发期,7 年之后死亡率开始有所下降。

（3）企业成立后的 3~7 年死亡率较高。由图 2-3 可知,企业成立后 3~7 年为退出市场高发期,即企业生存的"瓶颈期"。

根据中国人民银行等发布的《中国小微企业金融服务报告(2018)》,我国中小企业的平均寿命为 3 年,成立 3 年后的小微企业持续正常经营的约占 1/3。而美国中小企业的平均寿命为 8 年,日本的中小企业平均寿命为 12 年。除了中国、美国和日本外,世界上许多国家的初创企业也有很高的失败率。研究表明,在新西兰,53%的中小型企业会在 3 年内失败倒闭;根据加拿大统计局数据,加拿大每年约有 145 000 家新企业成立,然而有 137 000 个企业会破产;在巴西,每年有 47 000 家新企业成立,但 43%的初创企业会在成立 3 周年之前宣告失败。由各国数据可见,创业本身是极具风险的,创业失败的概率在创业初期会非常高,创业家必须对企业各方面风险给予

---

① 国家工商总局企业注册局:《全国内资企业生存时间分析报告》,2013 年 7 月 30 日。

控制,在面对挫折磨难时展现自身的创业家精神,努力使企业持续经营下去。

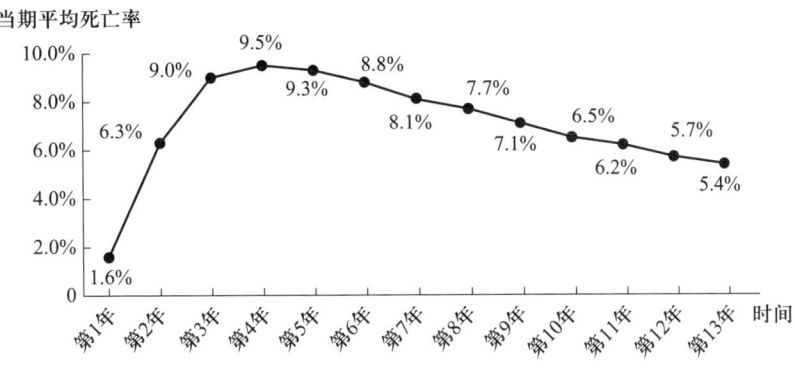

图 2-3　2000—2012 年我国内资企业当期平均死亡率①曲线②

二、创业家创业失败的原因

(一) 创业团队自身的问题

许多初创企业失败的原因在于培训不足,尤其是现金流管理能力培训不足。创业家成立公司之初,由于培训成本较高等原因,一般不会提前进行现金流管理、产品营销、人力资源开发以及其他相关领域的培训。当公司面临如现金流不足等问题时,才开始学习解决这类问题,而不是提前学习。

初创企业的管理经验不足,缺乏规划战略。当初创企业到了一定的阶段时,创业家往往会感到兴奋、激动,并且想要进行更大规模的发展。此时开疆拓土是必然的,但盲目招人、大量融资、忽视团队及公司体系的管理容易导致创业走向失败。

创业家创业失败的原因还在于企业成功开发并推广新产品是非常具有难度的。据尼尔森曾经的统计,在中国,平均每小时都有两个新产品推上市场,平均每小时也有至少两个产品退出市场。在中国,快速消费品平均新产品上市的成功概率在 5%,一般新产品持续的时间仅有 9 个月。可见,成功推出新产品,并使其持续生存不是一件容易的事。贝恩公司 2018 年从消费品中选择了 46 个中国"新生势力品牌",经过三年持续的追踪,发现到 2021 年 12 月,仅有 17 个品牌成为所在行业的"领跑者",有 17 个品牌成为行业的"滞后者",并且有 3 个品牌已经无法在数据库里追踪到了。可见,成功的品牌也需要团队持续地推陈出新,保持品牌的影响力,维持自身在行业中的地位。

(二) 投资的问题

投资的问题一方面是投资者撤资导致企业资金链断裂,使得创业家无法承受挫折而撤退。每个创业家和创业团队都有自己的成长过程,即使是有成功经验的天才团队,也难免在新产品开发或完善升级中出现失误。风险投资家需要考虑投资某一创业企业带来的机会成本,因此绝大

---

① 当期死亡率指已经存活了 N 年的企业在下一年死亡的概率。对历年成立的企业当期死亡率取加权平均值,即为当期平均死亡率。
② 国家工商总局企业注册局:《全国内资企业生存时间分析报告》,2013 年 7 月 30 日。

多数投资者在创业企业产品开发遭遇困难时,或在创业企业产品上线运营后发现情况不够理想时,会立即终止投资,这会给创业团队带来资金不足等难题,使得创业成功变得困难重重。投资者一般都会同时投资多个项目,当其中一个项目遇到困难时就立即停止对其投资,把资源留给其他项目。这其实是最常见的投资策略之一,因为对投资者来说,这样可以分散风险,避免损失单方面扩大。但是对创业家来讲,投资者撤退将会加大其创业成功的难度。

投资的问题另一方面是投资人与创业家之间产生分歧。具体而言,可能是由于投资方的干扰使得创始团队的创新能力受到限制;又或是投资方给予企业过大的压力,使得企业过度扩张或是面临更大的竞争压力;创业家也面临着创新想法被投资者剥夺的风险。

除此以外,初创企业失败的原因还可能包括:联合创始人之间关系不协调、创业家与投资者之间关系不佳、对市场了解不够、无视用户、差劲的营销、不了解国家有关规定等。其中联合创始人之间关系不协调对初创企业来说是致命的,创业家与投资者之间关系不佳极易导致创业失败。而对市场了解不够、产品定位不清晰也会产生严重后果,因为产品发布过早,用户可能认为产品不够好,糟糕的第一印象使得后续吸引用户变得非常困难,而产品发布太晚就会错失市场机会窗口。无视用户也是久经验证的失败原因之一,不收集用户反馈,闭门造车是大多数初创企业的致命弱点。差劲的营销也会严重阻碍企业成功,企业成功的必备要素之一就是要知道目标受众在哪里,知道如何吸引他们,从他们那里掌握销售线索,最终将其变成自己的客户。了解国家有关规定更是企业成功建立、持续经营、扩大规模的必要因素之一,并且许多成功的大企业在运营过程中,会聘请专业人员以便自身能充分理解国家相关规定。

失败几乎会发生在每一个人身上,但失败并不能阻止一个人成为成功的创业家,有很多创业家都是在经历失败后才取得成功的。比如,被称为"汽车大王"的福特公司创立者亨利·福特(Henry Ford)。1896 年他在爱迪生照明公司期间,制造了他的第一辆汽车,将它命名为"四轮车"。此后他与一些其他发明家离开了爱迪生照明公司,一起成立了底特律汽车公司,但因为福特一心只想研究新车而忽视了卖车,这家公司很快就倒闭了。他的第二家公司亨利·福特公司的主要产品是赛车,1901 年 10 月 10 日他甚至亲自驾驶自己设计的赛车并在比赛中获胜,但不久他的资助者就迫使他离开了亨利·福特公司,此后这家公司被改名为凯迪拉克。最后在 1903 年,福特又与 11 位其他投资者建立了福特汽车公司。福特汽车公司成立仅 4 年,资产总值就超过了百万美元。正如亨利·福特所说:"失败只是重新开始的机会,而这次你会更加明智。"

以下我们将介绍一些 2019 年较受关注的科技初创公司的失败案例。

> **案例 2-2**
> **科技初创公司的失败案例**
> 1. Laurel & Wolf
> Laurel & Wolf 是一个连接用户和室内设计师的线上平台。它致力于为消费者打造个性化定制服务,并且价格亲民。通过这个平台,用户可以将自己喜欢的风格直接从网上截图发给设计师,设计师再对照着图片通过软件对用户的家进行设计。工作完成后,用户会得到一份展示设计效果的详细设计图。
> 总融资额:3 580 万美元。
> 失败原因:运营和管理出现问题。这种将所有设计工作全部放在线上完成的模式,消费

者尚不熟悉,因此操作困难。另外,公司内部员工的运营成本也很高,未能解决好成本问题。

2. Call9

Call9 是一个紧急护理公司。它旨在利用科技,在紧急情况下为病人快速联系急救医生或者救护车,争取"黄金抢救时间"。Call9 最初的设想是和养老院、医院及酒店合作。

融资总额:3 400 万美元。

失败原因:公司与投资者闹僵。根据该公司一位负责融资的人士透露,Call9 公司与一位重要投资者的关系恶化,并导致公司最后破产。

3. Aria Insights

Aria Insights 是美国一家智能无人机公司,为客户(如石油、天然气及其他商业领域)提供搜寻营救、设施检查及勘测服务。

融资总额:3 900 万美元。

失败原因:对市场来说,这一理念太过超前。Aria Insights 试图用科技解决人类社会出现的问题,但是这些问题目前还不需要靠科技解决。因为这一点,它的技术难以得到大规模的应用。

4. Layer

Layer 是一家提供即时通信云服务的科技公司。它使用网络电话传输系统,致力于为用户提供高质量的通话服务。

融资总额:4 400 万美元。

失败原因:投资者给公司施压,公司扩张速度太快。因投资者给的压力过大,公司不得不疯狂开拓市场,这样一来该公司就不得不和云服务领域的科技巨头(如 Intercom 公司)竞争。由于 Layer 的可靠性不如这些巨头,最终在竞争中走向灭亡。

5. Arivale Inc.

Arivale Inc. 是美国一家生物科技公司。它通过基因检测和生活方式调查,评估客户的身心健康状况,并为客户提供优化身体健康、避免疾病的系统性指导。

融资总额:5 260 万美元。

失败原因:产品没有市场。该公司基因检测和验血的价格太过昂贵,很少有客户可以支付这笔费用。

6. Stimwave Technologies

Stimwave Technologies 是美国一家私营医疗器械公司。它为病人提供无线供电、注射、微技术神经刺激器等设备,旨在减缓病人疼痛。

融资总额:5 470 万美元。

失败原因:产品在市场上不受欢迎。Stimwave Technologies 被一名病人告上法庭,病人认为该公司提供的技术本质上是一种高频电流疗法,这让人们开始怀疑 Stimwave Technologies 提供的技术是否应该被应用于临床。

7. Anki

Anki 是由美国卡梅隆研究所(Carnegie Mellon Robotics Institute)三名毕业生成立的一家科技公司。这个团队旨在为顾客打造独一无二的人机交互型机器人。它想要利用那些仅仅在实验室和研究所才能接触到的尖端技术,为顾客打造消费机器人。Anki 在 2013 年推出过 Anki DRIVE(智能汽车玩具),这款产品在第二年成了亚马逊上第二畅销的玩具。

融资总额:1.82 亿美元。

失败原因:资金不足。从长远来看,Anki 似乎不能同时进行硬件和软件的研发。尽管 2018 年公司已经卖出了超过 150 万台机器人,但是这些收入不足以支撑它的继续运营。

资料来源:神译局:《2019 年 10 个科技初创公司的失败案例》,36 氪,2020 年 4 月 22 日。

第五节 创业家创业的社会价值

中小微企业发展既是改革开放的重要成果,也是改革开放的重要力量。大多数中小微企业都是创业型企业,这样的企业贴近市场,活跃在市场竞争最激烈的领域,与市场有着本质的联系,它的发展也为社会主义市场经济创造了多元竞争、充满活力的环境基础。创业型企业的发展使广大人民群众得到实惠,也促进了科技的发展,有利于社会的和谐稳定。因此,创业对经济社会的贡献是巨大的。通过本节的学习,我们将知晓创业能起到保持国民经济平稳发展,加速扩大就业,推动创新,转变发展方式,缓解"三农"问题等作用。

一、保持国民经济平稳发展

大多数中小微企业都是创业型企业,这些企业是保持国民经济平稳发展的重要力量。中小微企业是数量很大、最具活力的企业群体,是社会主义市场经济的重要组成部分,是我国实体经济的重要基础。时任央行行长易纲 2018 年在《关于改善小微企业金融服务的几个视角》的演讲报告中曾指出,中国中小微企业最终产品和服务价值占 GDP 的比例约 60%,纳税约为国家税收总额的 50%,且贡献了 70% 的发明专利、80% 的就业、90% 的市场主体比重。中小微企业所占 GDP 比重、纳税比例等充分说明在经济建设中不仅要重视发展"顶天立地"的大企业,更要重视发展"铺天盖地"的中小微企业,同时也展现了创建中小微企业对于经济发展的重要性,可见创业对经济的贡献是重大的。

二、加速扩大就业

就业是民生之本、社会和谐之基,促进中小微企业发展就是最大的民生工程。中小微企业是关系民生改善与社会和谐的重要基础。中小微企业具有数量多、涉及领域广、经营方式灵活、对劳动者条件要求较低、提供就业岗位多、吸纳就业人员多等诸多优点,对缓解就业压力具有非常重要的作用。目前,中小微企业提供了 80% 以上的城镇就业岗位。近年来,不少高校毕业生也把中小微企业作为就业的重要选择。随着自动化程度越来越高,大企业在提高生产效率和增加财政收入方面作用突出,但在解决就业方面的作用却逐渐减小。因此,缓解就业压力,仅指望大企业是不行的,还需要大力发展中小微企业。同时由于近年来互联网不断发展,青年人选择创业的方式变得多种多样,越来越多的大学生具有创业意向,并且选择以创业的方式解决自身的就业问题。根据中国人民大学发布的《中国大学生创业报告2020》,中国大学生的创业意愿持续攀升,在 2020 年的调查中,高达 49.86% 的在校大学生有较强烈的社会创业意愿。国家发改委在 2020

年全国大众创业万众创新活动周上公布的双创数据显示,大学生创业群体持续壮大,2019年创业的大学生达到74.1万人。据央视新闻报道,如图2-4显示,我国大学生创业人数逐年上升,2020年大学生创业人数再创新高,达到82万人。可见,创立新企业能为全社会增加就业岗位,同时也是青年追求创业理想的就业方式。

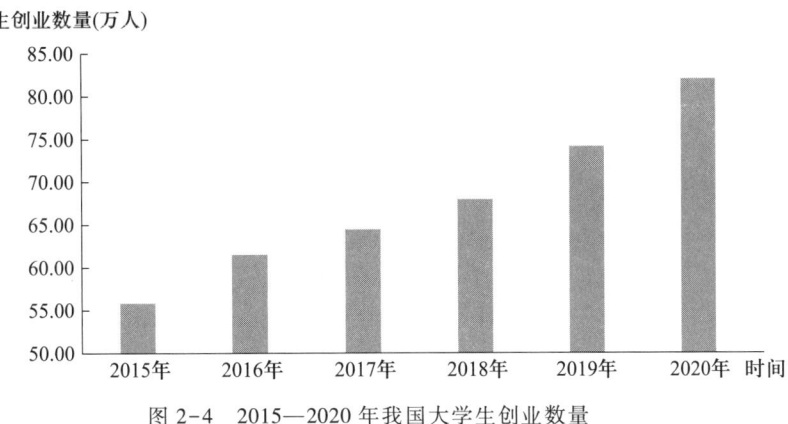

图2-4　2015—2020年我国大学生创业数量

三、推动创新、转变发展方式

创业型企业是推动创新的主力军。近年来,我国70%以上的发明专利是由中小微企业完成的。当前,中小微企业创新活动更加活跃、创新领域更加广泛,不仅在原有的传统产业中保持旺盛活力,而且在信息、生物、新材料等高新技术产业和信息咨询、工业设计、现代物流、电子商务等服务业中成为新兴力量。据《2016年度中国电子商务市场数据监测报告》,2016年我国电子商务交易额22.97万亿元,同比增长25.5%,其中网络零售市场交易额的5.3万亿元绝大部分都是由中小微企业贡献的。目前,中小微企业已占全国经济总量的半壁江山,要完成转变发展方式、提高发展质量的任务,就必须大力支持中小微企业发展,充分发挥中小微企业在促进经济发展方式转变和实施创新发展战略中的重要作用。

同样,相关统计表明,在法国,有2/3以上的专利是由小企业申请的。在美国,创业的主要领域和投资热点是高科技领域,这基本上反映了科技发展的最新趋势。例如,硅谷九大产业集群(快递行业、计算机在线销售、芯片、互联网服务、软件、计算机操作系统、生物技术、商业零售业、医疗器械)都是在创业投资的扶持下发展壮大的。

四、缓解"三农"问题

创业型企业能缓解"三农"问题和增加地方政府财政收入。我国是一个农业大国,"三农"问题事关国家根本。中小微企业是农村城镇化的先锋队,中小微企业中的部分乡镇企业能把分散的农户集中起来,实现大规模、集约化生产,增加农民收入,推动农业、农村现代化发展,加快我国农村城镇化进程。此外,我国各级政府的大部分财政收入来源于中小微企业,这在我国的县域经济中体现得格外明显。哪个地区的中小微企业发展好、效益好,哪里的财政收入就相对较高。近几年创业对"三农"问题的缓解主要体现在如下两方面:

（一）"三农"电子商务创业

我国虽是一个农业大国，但农业领域一直未全面实现机械化、信息化，这导致我国的农业生产效率较低，"互联网+"的春风正在改变农业从生产到流通的各个环节。最突出的体现便是农村电子商务，它通过互联网平台嫁接各种资源服务于"三农"，帮助农村实现农产品直接销售、吸引资源、有效利用自身优势，为缓解我国"三农"问题、实现乡村振兴作出巨大贡献。

如图 2-5 所示，全国农村网络零售额由 2019 年的 1.71 万亿元增长到 2023 年的 2.49 万亿元。可见，电子商务在促进农产品销售、推动农业数字化转型升级、带动农民就业创业、改善农村风貌等方面有显著成效。

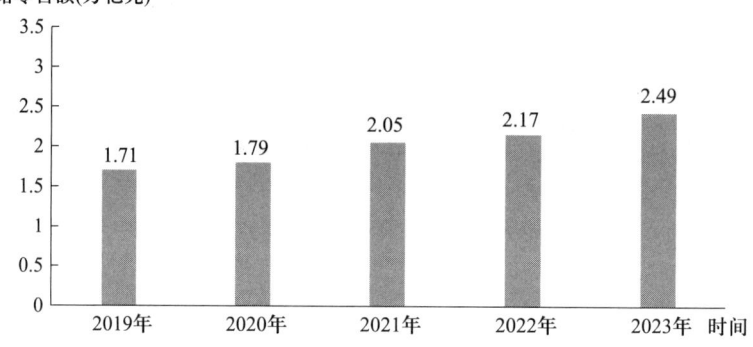

图 2-5　2016—2020 年农村网络零售额①

农村电子商务形式的创业为我国农村发展带来了如下益处：

1. 促进农村经济发展

我国农村电商已进入规模化、专业化的转型升级阶段。截至 2022 年年底，阿里研究院发现全国有 7 780 个淘宝村、2 429 个淘宝镇，淘宝镇广泛分布于 28 个省、自治区、直辖市。电子商务对各地产业的直接和间接促进作用愈发明显，并已经形成产业集聚发展态势。浙江义乌的小商品、山东曹县的演出服、浙江永康的健身器材、江苏睢宁的家具等成功的电商年销售额可达数十亿元甚至上百亿元，这有力地促进了农村就业和区域产业振兴。农村电商发展使原本已经不具备竞争优势的地区重新获得活力，催生了诸多关联产业，推动农村地区收入大幅增长。山东菏泽曹县通过发展电子商务，由最初的工业基础薄弱、贫困人口数量全省第一的贫困县发展成为全球最大的木制品跨境电商基地、全国最大的演出服饰产业基地。农村电商在乡村振兴过程中扮演的角色越来越重要。

2. 具有人才培育价值

在发展农村电商的过程中，会形成细化的岗位分工和成熟的管理模式，每一环节、每一步都需要农村电商创业家主动参与，这使得农村电商帮助乡村培养出高技能的管理人才、物流人才、运营人才，不断充实乡村振兴的人才队伍。并且农村电商的发展丰富了农村劳动力的就业选择，使得外出务工人员有了更多在乡就业的机会，在一定程度上减少了"留守儿童""空巢老人"现象。

---

① 来源于商务大数据。

3. 促进农村产业结构升级

目前,越来越多电商企业加入农产品产业化进程中,向农业生产端渗透,不断将业务向农产品供应链前端延伸。产地直供、订单农业、云养殖等新模式不断涌现,电商企业通过利用科学合理的种植技术和经营理念,革新农业生产方式,推动形成完整的农业产业链。

4. 推动农业农村现代化

随着我国经济的发展,全国各个行业都不断推陈出新、实现创新发展,第二、三产业更是强劲发展,而属于我国第一产业的农业却一度出现发展疲软现象。农业要持续健康发展,就必须要顺应时代发展潮流,利用互联网等先进信息技术促进自身产业结构升级。近年来电商服务业不断发展,电商新模式、新业态不断涌现,5G、物联网、大数据、云计算、区块链、人工智能等新技术、新应用快速发展,为新模式、新业态的勃发赋能,极大地推动了传统农业的改造升级。

5. 助力农村生态保护

在保护生态上,农村电子商务以当地的特色产品、特色产业为基础,最大程度地保留了原生态的农业生产环境,确保了生态环境的健康与稳定。

在宣传生态上,农村电子商务运营过程也是对区域品牌和特色进行营销的过程,特色农产品及商品能够带动乡村旅游的发展,从而为农村提供发展旅游业的基础,进一步完善农村产业链,积极引导当地群众有序参与生态环境保护与治理。

(二) 青年返乡创业

改革开放以来,伴随着城镇化、工业化迅猛发展,传统的乡村正在迅速消失,更严重的是,大量农村青壮年劳动力不断"外流",造成"农业边缘化""农村空心化""农民老龄化"等问题。为解决这一系列问题,党的二十大报告提出"全面推进乡村振兴"。而乡村振兴关键在人,特别是青年人,因此青年人返乡创业是助力乡村振兴的重要途径。

青年返乡创业对缓解"三农"问题具有如下益处:

1. 带动返乡就业,助推地区脱贫致富

青年在回流乡村的过程中,积极发掘本土资源优势,通过创业示范引领、雇用失业人员、市场商机开发等方式,激发与带动更多剩余劳动力就业或创业,不仅盘活了农业农村闲置资源,还为农村脱贫致富及培育新经济增长点创造了条件,是实现脱贫攻坚与乡村振兴衔接的重要途径。

2. 推动产业融合发展,助力乡村振兴

有调查显示,现阶段青年返乡从事第一、二、三产业的占比分别为 27.12%、22.78%、50.09%。[①] 第三产业是产业融合发展的有机载体,青年返乡创业主要从事具有服务性的第三产业,这有利于推动乡村一、二、三产业融合发展。青年以创业的形式推动产业融合发展,可以形成乡村产业集聚效应,使得创业要素在乡村迅速集聚、创业资源从城市不断回流农村,乡村"产业集聚群"便更容易出现。而"产业集聚群"的出现对当地产业结构的调整、产业链条的延伸以及乡村产业的全面振兴具有重要助推作用。

3. 传播现代文明理念,带动观念思想改善

曾外出务工的青年们在城市法制规则的约束下,更具现代思维理念,更善于利用现代科技。

---

① 林龙飞、陈传波:《返乡创业青年的特征分析及政策支持构建——基于全国 24 省 75 县区 995 名返乡创业者的实地调查》,《中国青年研究》2018 年第 9 期,第 53—61 页。

因此在青年返乡创业过程中,会将这类现代规则和理念思想带回乡村,有助于缩减乡村和城市间的隔阂,利于乡村破除陈旧、迷信观念,积极吸收现代思想和观念。

4. 优化乡村治理结构,实现乡村有效治理

青年通过外出增长见闻,对民主法治、公平公正、有序治理、追求效率等理念更有体会,他们回乡创业后,会将这些理念渗透于自身企业的管理运营中。这将潜移默化地影响当地村民的治理思想,积极带动村民参与乡村治理事务,使村民明确自身治理主人翁地位,并广泛激发村民行使选举、监督、管理等权利,进而推动基层治理朝着民主化、现代化和法治化方向转变。

5. 保护乡村生态环境,推广生态保护理念

与过去传统的工商资本下乡的高排放、高污染、粗放式牟利不同,青年返乡创业具有规模小、数量多等特点,并且青年在创业过程中会倾向于选择新经济、新服务、新模式的绿色行业,在运营过程中也更加关注生态问题,这有利于生态保护理念的传播。

即 测 即 评

请扫描右侧二维码检测本章学习效果。

思 考 题

1. 创业家类型有哪些?
2. 创业家特质有哪些?
3. 创业家创业失败的原因有哪些?
4. 创业家创业的社会价值是什么?

第三章 商业计划书

学习目标：
1. 理解商业计划书的意义。
2. 掌握商业计划书的基本要求。
3. 理解一份完整商业计划书的构成要素。

当创业家处于创业阶段，或者准备开展一项新的经营活动时，总会面临各种各样的问题，被不断变化的外部因素干扰，例如竞争对手的出现、科学技术的进步以及宏观经济和监管环境的改变等。因此，对于初创企业或期望将在短期内实现较快发展的企业来说，一份完备的商业计划书是非常必要的。众多创业家的成功经验证明，一份出色的商业计划书对于公司的发展壮大起着至关重要的作用。

商业计划书是一份全方位的项目计划，它从企业内部的人员、制度、管理、产品、营销及市场等各个方面，对即将展开的商业项目进行可行性分析。商业计划书是创业企业一切经营活动的蓝图与指南，是企业的行动纲领和执行方案，代表着企业管理团队和企业本身给风险投资家的第一印象。为了建立一个成功并具备可持续性的企业，创业家必须具有前瞻性，了解企业现实的经营状况和未来的发展目标，以及企业为了实现这个目标该如何规划。虽然大部分的创业家是做业务、做技术的人才，但却缺少写商业计划书的经验，甚至不清楚为什么要写商业计划书，以及他们该为谁写商业计划书。很多商业计划都只存在于创始人的脑海里，而没有以书面文字的方式呈现出来。

对初创企业来说，提交商业计划书的重要性不仅体现在它是决定能否与风险投资家面谈的通行证，而且是创业家对自己再认识的过程。一个酝酿中的项目，往往很模糊，通过制定商业计划书，把正反理由都写下来，然后再逐条推敲，这样可以使创业家对这一项目有更清晰的认识。可以说，商业计划书首先是把计划中要创立的企业推销给创业家自己。一位风险投资家说：如果你想踏踏实实做一份工作的话，写一份商业计划书能迫使你进行系统的思考。有些创意可能听起来很棒，但是当你把所有的细节和数据写下来的时候，自己就崩溃了。在写商业计划书的过程中，创业家会对产品、市场、财务和管理团队等进行进一步的分析、调研，能及早发现问题，进行事先控制，去掉一些不可行的项目，并进一步完善可行的项目。

第一节　商业计划书的意义

创业家融资是离不开商业计划书的,但是盲目地撰写商业计划书或者照搬他人套路,通常很难令投资者满意。创业家要从一开始就明确撰写商业计划书的目的,它和本企业及项目有哪些关联,它能为企业和项目带来哪些好处。下面将从三个方面为创业家介绍商业计划书的价值,以此深化对商业计划书的认识,为未来商业计划书的设计和撰写打下良好基础。

一、理清项目思路,明确战略方向

一个酝酿中的项目,往往很模糊,编写商业计划书可以帮助企业把这个战略以正式、官方的形式确定下来,并传递给企业内外部的其他人,使创业家有计划地开展商业活动。这是一个动态的过程,就像玩拼图游戏一样,一旦开始动手操作,你就能逐渐看清真实的画面。商业筹划的过程,能让你逐步检测一个商业灵感的可行性。商业计划书对项目、产品、运营模式、行业市场、竞争对手、团队管理、财务规划都有明确规定,并针对每一项制定相应的发展战略。但是在项目运作的过程中存在很多不确定性,项目可能受到政府政策、行业与市场的发展形势、竞争对手的竞争状态、企业内部人才流失、营销模式的改变等多方面因素的影响。因此,商业计划书往往能够成为具体计划实施开展的蓝本。随着企业的发展,商业计划书需要不断进行完善才能进一步适应发展需要,最好是在每年年底就为下一年的运营做准备,以保障项目及产品在运作的任何时期产生的任何问题都能得到高效解决,而且在保障投资者利益的同时,规避项目及产品的运营风险,推动企业的可持续发展。

二、便于锁定投资人

投融资合作是一种双向选择,创业家将在企业的发展过程中与投资人建立重要的长期关系,因此谨慎地选择潜在的投资者是非常重要的,撰写商业计划书的过程也有利于创业家更加清晰地锁定适合自己企业的投资人。

选择投资者前对其进行足够的了解是十分必要的。一方面,了解投资者有利于创业家高效地募集资金。在发送商业计划书之前,首先需要对潜在的投资者进行调查,了解投资者追求的交易类型、投资策略、选择标准、成功率以及在金融危机等情况下的反应等,以确保商业计划书有更高的接受率。在这方面,可以分析该特定投资者与其支持的其他公司的融资关系。

另一方面,了解投资者也能帮助创业家找准最有利于企业发展的投资资金。比如在投出商业计划书之前要了解除了能获得资金以外,投资者是否具备能够支持的人才、技术、社会关系、管理经验等,这些都是投资者能带来的增值效应。此外,还应了解投资者对待创业家的态度,判断投资者是否值得信赖;要弄清楚投资者的投资理念是长期主义(价值投资)而不是短期主义,这有利于彼此建立稳定的长期合作关系。

所以说,了解企业的受众是非常重要的,这样可以把搜索范围限定在那些有兴趣和你做生意的人群中。如果企业刚刚起步,那么应该把商业计划书发给那些能提供启动资金的人,而不是提供后期融资的人。

同时,完备的商业计划书也有助于企业通过引荐的形式更快地获得资金支持。商业计划书完成后,建议让团队之外的人先审阅并做出外部的客观评价。在提交商业计划书之前,最好能得到与投资人有过业务往来的人的认可。KPCB(Kleiner Perkins Caufield & Byers)风险投资公司的合伙人约翰·杜尔(John Doerr)说:我不记得我曾经根据一个未经引荐的商业计划投资过一家公司。由被引荐带来的认可将保证商业计划书会被投资者更仔细、更认真地考虑,且在大多数情况下,未经引荐就提交给风险投资公司的商业计划书获得资金的概率要低于有引荐的商业计划书。完备的商业计划书能使得引荐流程更加顺利。

三、便于与投资人沟通

商业计划书也是创业家和投资者建立沟通的工具,大部分投资人或投资机构审查评估项目的第一关就是商业计划书。投资者在了解了企业的产品、经营模式、市场规划、盈利预测等后,才知道这家企业是否符合他们的要求,从而决定是否有必要进一步商讨合作。换句话说,商业计划书是决定创业家最终能否融资的关键因素。但是我们还要明确,商业计划书并不总是筹资文件。一些创业家错误地认为拥有一份商业计划书就等同于获得融资,很多企业家都写过商业计划书,但是成功获得融资的企业却寥寥无几。KPCB风险投资公司的合伙人约翰·杜尔曾经说过:我们每年大约收到2 500份商业计划书,至少与100位企业家交谈会面,但最终真正投资的只有25家。创业家成功获取融资的概率不高,其中大部分是因为其商业计划书中没能提供给投资者想要了解的关键信息,例如创业家想要筹集多少资金、这些资金的用途以及投资者的未来效益等,商业计划书无法展现企业自身优势与发展前景,也就不能达到投资者的要求。

因此,要顺利获取风险资本的投入,一份完整清晰的商业计划书是必不可少的。此外,商业计划书要想打动投资人,就必须提供给投资人他最感兴趣的内容,尤其是直接影响未来投资效益的信息。其实,商业计划书的撰写是有一定格式要求和技巧的,本章后续部分将带领读者深入了解商业计划书。希望创业家注重商业计划书的价值,通过商业计划书实现与投资者的有效沟通,最终顺利获得融资。

第二节　商业计划书的基本要求

无论何时筹集资金,也无论是向银行、贷款公司还是权益资本提供者融资,商业计划书都是必不可少的。虽然商业计划书的结构形式具有统一的标准,但撰写时也需要展现公司的独特之处。虽然对你而言,你的企业最具吸引力和重要性,但对银行或基金经理来讲,你的计划不过是他收到的众多计划中的一个。若要让他们对你的计划感兴趣并得到他们的认可,你的商业计划书应当:

一、内容完整

关键要素必须完备,主要包括:产品和服务介绍、商业模式、市场分析、竞争分析、财务测算、融资需求、团队介绍和风险控制。只有全面披露与投资有关的信息,投资者才能评估该企业是否值得融资。

二、流畅易懂

一份好的商业计划书应当是平均年龄14岁的人群可以看懂的,撰写时要避免使用过多的专业词汇,要聚焦于特定的策略、目标、计划和行动。商业计划书不是学术论文,它可能面对的是非技术背景但对商业计划书感兴趣的人,比如可能的团队成员、潜在的投资人或合作伙伴、供应商、顾客、政府机构等。

三、形式简洁

写商业计划书的目的是获取投资,而非与风险投资家闲聊,风险投资家没有时间去阅读一些对他来说没有意义的内容。在保证要素完整性的基础上,商业计划书的篇幅应该是多少呢?虽然没有理想的篇幅一说,但一般情况下,一份商业计划书最好不要超过50页,而应尽量控制在30页左右。

四、横向对比

企业在进行商业计划书内容的撰写时需要注意,一方面要尽可能地将项目的优势展现出来,另一方面在写作的过程中要思考该项目和其他项目相比有什么不足之处。整个思考的过程有助于创业家加深对项目的认识。

五、具有前瞻性

创业家需要对企业的盈利能力有一个完整的评价,这有助于判断成立一个新企业的可行性。一般需要考虑起步阶段至少三年的财务信息,包括预计销售额及支出费用、现金流预测表和资产负债预测表等。

六、用数据说话

商业计划书不仅需要创业家以文字的形式来展现,还需要由数据来支撑。尤其是预期回报率和现金流预测两方面,更需要在商业计划书中直接体现出来。并且需要提供企业过去以及未来预测的财务报表,让投资者看到创业家的财务规划以及未来预期的回报。这样投资者才会更加有信心,才会倾向于投资。

七、真实可靠

商业计划书所展现的内容一定是真实有效的,要与企业项目高度贴合。不能为了获得投资者的青睐而夸大数据,这将不利于后期项目的运作。

八、体现项目特点

商业计划书中包含的信息也会因创业活动的类型而有所不同。举例来说,如果企业计划推出的产品处于研发阶段,或者说企业为了将产品推向市场已经进行了大量的研发,那么在商业计划书中就应该用一些篇幅来阐述产品的研发,应该提供相关数据来证实市场对于此类产品或服务的需求。此外,应优先让投资者确信管理团队具备启动和管理商业活动所需要的经验和技能。

第三节 商业计划书的构成要素

本节将介绍商业计划书的基本构成要素，以便让创业家明确商业计划书应该包括哪些内容、各部分应当突出的重点以及准备过程中一些常犯的错误等。具体将按下述框架顺序进行介绍：

（1）摘要。
（2）企业介绍。
（3）行业分析。
（4）市场调查。
（5）竞争对手分析。
（6）产品与服务。
（7）营销计划。
（8）硬件设施介绍。
（9）生产与营运计划。
（10）管理团队。
（11）风险说明与投资退出机制。
（12）财务分析及预测。
（13）财务资料核对表。
（14）附录部分。
（15）推荐信。

一、摘要

摘要是整个商业计划书的第一部分，相当于是对整个商业计划书的提炼，需要用简洁的语言讲清楚投资面向的人群和范围、采取的方式以及得出的结论等，有时也包括具有情报价值的其他重要信息。融资专家认为优秀的摘要可以迅速引起风险投资机构的注意。投资者往往通过阅读摘要来判断该项目是不是自己感兴趣的类型。一份合格的商业计划书，在撰写摘要时需要注意三大关键点：

（1）涵盖商业计划书整体内容。摘要需要立足于整份商业计划书撰写，是各部分的精华所在。大多包含以下几个方面的信息：产品介绍、商业模式、行业概述、目标市场、竞争优势、经营模式、盈利模式、团队介绍和财务计划等。

（2）突出重点。摘要的篇幅通常是有限的，一般在 2 000 字以内，且读者阅读一份摘要的时间通常不会超过 10 分钟。为了在短时间内吸引读者的兴趣，创业家必须用精简的语言，将项目的亮点和优势最大限度地呈现出来，提供投资者或其他目标对象最想知道的信息，包括创业企业的商业运作模式、竞争优势、管理团队以及预期回报等。

（3）有针对性。商业计划书的读者包括投资者、合作伙伴，甚至企业创始人自身等，不同对象由于背景、经历不同，关注点也会存在差异，因此摘要的内容需要针对不同的对象进行具体设计。

需要强调的一点是，为了确保摘要部分的准确性，一般将其放在商业计划书的最后环节来完成。在写摘要之前,需要将各部分的精华提炼出来。

一位知名风险投资专家曾说过:我做创业投资这么久,见过的商业计划书大概要奔 10 000 份去了,其中绝大多数都是惨不忍睹的,问题基本都是从摘要开始的。可见,很多商业计划书的摘要部分都是不合格的。由此可以看出,商业计划书的摘要部分应该是整份商业计划书的精华,因此撰写摘要时文字叙述要精简,不应过于冗长,否则就失去了摘要的意义,也无法激发投资者的兴趣。

二、企业介绍

这一部分是关于企业基本信息的介绍,主要包括企业的名称、注册场所、经营地点、宗旨、业务性质、法律形式等。具体包含以下内容:

(1) 企业是什么时候建立的,由谁建立的。
(2) 企业目前所处的发展阶段,是初创、成长还是成熟期。
(3) 企业属于什么行业,是服务业、零售业还是制造业。
(4) 企业给哪些区域提供或打算提供哪些产品或服务。
(5) 企业的法律结构是独资企业、公司企业还是合伙企业。
(6) 谁是企业的负责人,他们拥有多少股份,他们有什么样的经验和技能以及他们在公司的日常运营中扮演什么样的角色。
(7) 企业员工总数是多少。
(8) 企业的收入规模是多少。
(9) 企业的历史销售增长率是多少。

此处将简单介绍企业的类型,希望读者能对此有一定了解,这有利于企业自身解读和撰写商业计划书。

根据企业所有权形态可以将企业划分为三种类型:个人独资企业、合伙制企业和公司制企业(参见本书第一章第一节)。

三、行业分析

创立什么样的企业很大程度上取决于企业所处的内外部环境条件,创业家在决定进入一个行业前需要做调查分析,通过对同行业其他企业的数据进行收集、整理和分析,最终将行业的发展历史及趋势呈现在商业计划书中。行业分析可以让投资商清楚地知道所处行业目前及未来一段时间的发展情况以及企业所处的位置。行业分析部分主要包括以下内容:

(1) 企业所处行业的概述,如行业规模、特点、主要参与者等。
(2) 行业的历史发展数据及对未来趋势的分析预测。
(3) 对行业驱动因素的分析,如研发投入、价格、营销等。
(4) 其他影响行业或企业发展的因素,包括自然或人为的因素,如季节、国家政策法规、科技的发展等。
(5) 对企业供应和销售渠道的介绍。

四、市场调查

企业如果想在市场竞争中求得生存和发展,就必须明确企业的市场范围和目标。市场调查是通过调查市场情况来分析产品的市场需求,对于产品经营具有良好的导向作用。这个过程首先需要根据消费者的不同需求或者一定的标准,将整个市场划分为不同的消费者群,在此基础上确定目标市场,即企业的服务对象。因此市场调查部分应至少包含以下重点内容:

(1)市场细分。
(2)目标市场选择。

五、竞争对手分析

有市场的地方就一定会有竞争。商业计划书中这一部分主要是对市场上现有的竞争产品及竞争厂家做出描述与分析,说明各自存在的优劣势,尤其要着重列出这些竞争对手所占有的市场份额、年销售量以及财务实力等。此外,还要将这些竞争对手与本企业进行比较,突出本企业所具有的竞争优势。这就要求创业家对现有的竞争对手有一定程度的了解,但现实情况是很多新成立的企业往往对于竞争市场缺乏认识,最常见的现象之一是很多创业家倾向于低估竞争对手的能力。全面的竞争对手分析应当包含以下内容:

(1)竞争对手的类型——直接、间接还是潜在的竞争对手。
(2)竞争对手的经营范围。
(3)竞争对手的市场份额是多少。
(4)企业的核心竞争力分析——市场占有率、销售渠道、价格质量优势。
(5)行业竞争壁垒分析——专利、资金、技术含量等。
(6)对未来竞争的预测——预测市场格局,考虑未来可能的竞争对手并提出相应的应对措施。

六、产品与服务

这是商业计划书中非常重要的一部分,涉及与产品或服务相关的所有细节。通常产品介绍应包括以下内容:

(1)产品的具体介绍——名称、功能以及所处的生命周期等。
(2)产品的市场竞争力——质量、价格、耐用年限等。
(3)产品的差异化策略。
(4)产品的市场定位。
(5)产品的定价策略。
(6)企业为产品采取的保护措施——专利、版权、商标、版税等。

七、营销计划

营销计划着眼于与营销组合变量有关的决策,并考虑如何将产品投放到市场中,如何顺利将创业项目变现等。在商业计划书中,营销计划主要从产品(Product)、价格(Price)、渠道(Place)和促销(Promotion)四个部分入手,即4P战略。因此,营销计划应该重点回答的问题包括:

(1)公司应该采用什么样的策略营销产品。
(2)怎么样去宣传推广公司的产品和服务。
(3)市场营销对公司的重要性程度如何。
(4)应分配多少的市场营销资源及对应的预期回报。

(5) 介绍历史的、目前的以及预期未来三年内的销售额情况。
(6) 为了达到预期销售水平该如何制定销售策略。
(7) 销售策略是集中于某地区还是全国范围。
(8) 产品采用怎样的分销策略。
(9) 是否需要设立内部销售团队或外部制造商代表。
(10) 销售报酬预期是多少。
(11) 公司历史、现在、未来每位员工的销售额是多少,并与整个行业进行对比。

八、硬件设施介绍

这一部分着重介绍企业装备、设施,但生产型、销售型和服务型企业的商业计划书中这部分的内容存在差异。如果是生产型企业,就需要向投资商介绍企业周边的基础设施,及已经拥有和将要购置的生产设施和设备。如果是销售型或服务型企业,那么在这一部分就需要描述自身的团队实力、位置优势和信息优势等。具体包括以下内容:

(1) 对工厂及其运作的描述——工厂的规模、位置(农村或城市)、厂房的年龄和条件。
(2) 厂房的所有权(拥有还是租赁)。
(3) 设备运行成本估算。
(4) 每单位面积销售额。
(5) 保险可覆盖的范围及保险公司的名称。
(6) 是否为客户和员工提供停车场所。

九、生产与营运计划

在这一部分,创业家应该尽可能地把产品的生产制造以及经营过程展示给投资商。对一家企业,特别是制造业企业来说,生产与营运计划必须包括库存控制、采购、生产控制等。各部分包括的内容具体如下:

(一) 运营周期

(1) 营业天数和时长。
(2) 停工期。
(3) 轮班次数。

(二) 生产

(1) 生产计划。
(2) 关键质量控制问题。
(3) 生产容量。
(4) 利用率。
(5) 瓶颈问题。
(6) 自动化。
(7) 按订单生产还是按库存生产。

(三) 采购

(1) 采购计划。

（2）物质资源体系。

（3）供应商背景。

（4）库存管理。

（5）物流管理。

（6）办公室：开票、应付款、收款。

（7）收发部门。

（四）劳动力

（1）员工人数。

（2）技术水平。

（3）性别。

（4）工作年限。

（5）薪资福利水平。

（6）安全保障。

（7）人力供给来源。

（8）人均工作效率。

（9）对未来劳动力变化的预测。

十、管理团队

投资者在评估创业企业的可行性时，企业的管理是非常重要的考虑因素。企业管理的好坏，直接决定了企业经营风险的大小。在商业计划书中，提供将参与公司日常运营的人员的背景信息是很重要的。根据这些信息，投资者将预测管理团队是否能够成功地实施商业计划。理想的管理团队拥有互补的技能和专业知识。这部分提供的信息应该包括：

（1）管理团队主要成员介绍，包括姓名、职位、背景等。

（2）团队核心成员职业背景、相关经验能力。

（3）管理团队的预计变动。

（4）董事会成员介绍。

（5）外部和内部顾问介绍，如律师、财务顾问、管理顾问等。

（6）管理团队关键成员的薪酬计划。

（7）公司首席执行官或总裁的人寿保险单。

（8）继任计划。

十一、风险说明与投资退出机制

企业在发展中存在风险。这一部分需要列出企业当前以及未来可能面对的风险，同时需要说明企业将采取何种措施降低或者防范风险。风险说明主要有两方面的作用：一方面让投资者确信创业家能从实际情况出发看待这些商业机会；另一方面告诉投资者企业对于可能面对的风险制定了具体的应对策略。

企业需要考虑潜在的风险，同时针对相应风险制定应对策略并向投资者说明，需要考虑的情况包括：经济衰退的可能；首席执行官的意外死亡或免职；关键管理人员的变动；保险覆盖率和金额的适当性;当企业的收入依赖于一个或几个主要客户时,大客户的丢失情况;供应商可能存在的问题;可能的劳工罢工;资金或融资短缺等。

投资退出机制是指如果由风险投资机构投资的企业成功上市,或企业无法继续发展,投资人可以将持有的企业股权转化为资本并退出该企业的相关机制。风险投资的本质是资本管理,投资退出机制是风险投资家实现收入的阶段。这种退出机制可以避免投资者遭受更大的损失,是商业计划书中投资者比较关注的部分。投资退出机制降低了风险投资的风险性,让投资者更安心。投资退出机制主要包括上市退出、并购退出、清算退出三种方式。创业家需要在商业计划书中指出哪种退出机制的可能性最大。

十二、财务分析及预测

清晰、精确和有逻辑的财务分析是赢得投资的最重要因素。风险投资家期望从财务分析部分了解企业当前的财务状况以及未来经营的财务损益状况,据此判断自己的投资能否获得预期甚至更高的回报。这一部分是投资者关注的重点,我们将具体展开说明。创业家在撰写商业计划书时,可以从数据和报表两个方面来介绍企业的财务分析及预测。

(一) 财务分析的基本数据

财务分析及预测的第一大部分就是企业财务状况分析,投资者不会将资金投入到一家财务状况不稳定、没有财务规划和未来发展目标的企业。这一部分尽量不要直接预算未来三年企业能够赚取多少资金。未来的财富是看不见的,各方面条件也在变化,这种预算很难让投资者信服。因此,创业家在撰写商业计划书时,可以从以下四个方面进行财务分析。

(1) 企业成长性。投资者投资一家企业前不只要看到企业的发展现状,还要看到企业的发展历程与发展预期。在财务方面,投资者希望看到的是,企业的投资增长并不断带来更多的收益。随着企业的不断发展,其资本也在不断增值,这些可以通过销售增长率、内含增长率、可持续增长率和资本增值率来体现。

(2) 盈利能力。盈利能力是企业通过经营最终获得利润的能力。企业的盈利能力越强,收益越高,投资者的回报越多。利润是与企业相关的各方都关注的重点,盈利能力是创业家运营业绩和管理效果的集中体现。反映企业盈利能力的常见财务指标有毛利率、净利率、总资产收益率及净资产收益率等。

(3) 负债安全性评估。负债安全性评估是对企业资产和负债相对情况进行的评估,是建立在企业净资产价值之上的评估。负债安全性评估是根据企业短期和长期负债的实际数额、方式、项目运营状况、资产的长短期状况等方面进行综合性分析得来的。反映企业偿债能力的常见财务指标有流动比率、速动比率、现金比率、资产负债率等。

(4) 资产运营能力。资产运营能力是创业家运营企业资产的能力及实现的经营效益,其分析主要反映在企业资产的周转速度与效率上,能够体现企业经营期全部资产从投入到实现回报的管理质量和利用效率。反映企业资产运营能力的常见财务指标有总资产周转率、应收账款周转率、存货周转率等。

(二) 财务分析及预测的三大报表

企业财务是投资者着重考察的内容,财务状况往往能够反映出企业经营的现状、存在的各种问题、未来的发展方向等。在考察企业财务状况的过程中,投资者主要会看企业的三大财务报表,包括利润表、资产负债表和现金流量表,这三个表可以准确地反映企业的经营成果。因此在撰写商业计划书的过程中,需充分展现企业这三大报表的价值。我们将在第四章中详细讲述企业财务报表及相关的财务指标,此处只做简单的介绍。

利润表是反映企业收入、成本、费用、税收情况的财务报表,展现了企业利润的构成和实现过程。

资产负债表反映了企业在特定时间下的全部资产、负债和所有者权益情况,投资者可以通过资产负债表了解企业的权益构成,了解企业实际的财务能力与发展潜力。

现金流量表是反映一定时期内企业经营活动、投资活动和筹资活动对其现金及现金等价物所产生影响的财务报表。投资者通过现金流量表可以看到一个时期内企业现金的流入流出情况,及现金流量净额,可以从现金流量的角度对企业做出更加全面合理的评价。

创业家应为所有新的创业机会,包括新成立的公司或正在被收购的现有公司,编制上述提到的三大财务报表。任何形式都应该包括至少三年的数据和三种情况——最好的情况、最坏的情况和最可能的情况。如果只提供一种情况,那么投资者将自动假设这是最好的情况,因为大多数创业家为了获得融资,往往会将最好的而不是最坏的一面展现给投资者。一般情况下,一个公司的历史业绩影响着该公司未来的财务预测,除非有其他信息表明过去的业绩不能很好地预示未来。

有一点需要提醒创业家,不能为了拿到投资,而向投资者提供虚假的财务报表,因为投资者经验丰富,很容易识别出来。一旦被投资者识别,将很难拿到投资,甚至影响自身向其他投资者的募资。创业家要本着诚信做人、诚意做事的原则,为投资者展现真实的数据。

但对于初创企业来说,能够获取到的数据有限。在没有历史数据的情况下,初创企业的财务预测可以通过以下几种方式确定:

(1) 进行行业分析,选择同一行业内具有可比性的公司做自身财务预测。在条件允许的情况下,查看可比公司的销售数据,确定该公司从第一年开始的销售历史数据以及过去几年的销售增长情况,利用这些数据来推断自身企业的销售增长。同时,成本数据可以通过研究同一行业的一家上市公司来获得。

(2) 如果销售承诺已经得到保证,就用这些承诺来估算最坏的情况。使用更大的销售数量来计算最好的和最可能的情况。

(3) 如果产品或服务是全新的,可以通过市场调查来确定该新产品或服务的总体市场需求。确定市场规模,并根据竞争对手的数目推测公司将获得的市场份额。同时,这种市场调查还必须基于二次调查(第三方市场报告或具有可靠来源的文章)和初级调查(与目标细分市场的潜在客户进行直接对话或调研)。这可以保证预测的可靠性、可信度。

(4) 可以根据自己的假设或预期,使用具体的数字进行预测。但要说明这些假设是什么,并证明你选择这些假设的原因是合理的。

需要注意的是,创业者应该从上到下预测可靠的收入、合理的可变成本(包括劳动力和材料)以及固定成本(如租金)等。如果这样进行预测估算后,发现债务仍无法偿还,那么需要采取的行动是:减少债务数额、寻找更低利率的债务或延长贷款期限。

所有这些行动都是为了释放现金流,以偿还短期债务。避免当公司的真实业绩低于预期时,现金流不足以偿还债务导致公司陷入困境。

十三、财务资料核对表

为了使投资者更好地理解创业家所提供的财务信息,创业家最好提供一份财务数据的摘要,然后提供详细的财务表格。其应该包括的信息有:

(1) 历史财务报表(3~5年),含现金流量表、利润表和资产负债表。

(2) 财务预测表(未来3~5年),包括公司在最好、最坏和最有可能的情况下的财务预测情况,每种情况都基于不同的假设。例如,最坏的情况可能是销售额第一年到第二年没有增长,最好的情况可能是5%的增长率,而最可能的情况是2%的增长率。

(3) 对于公司账户和员工工资的详细表述。

(4) 贷款期限、利率及摊销期。

(5) 拟议的融资计划,包括:融资金额需求、资金的来源和使用、还款和担保、拟议的投资者清盘策略。

(6) 短期、中期和长期的融资计划。

(7) 营运资金需求。

(8) 信用额度。

(9) 经营业务现金流量来源——来自外部投资者、出售债券或IPO。

十四、附录部分

为了在有限的篇幅内展示企业经营的所有内容,许多不能放在正文的部分可以放在附录。因此,附录绝不是可有可无的部分,而是正文内容的重要补充,可以为商业计划书提供更充实的材料。通常包括以下内容:主要员工履历、样品、产品图片、广告范例、宣传简报、设备图片、厂房布置计划、信誉证明、租约、合同资料、市场调查结果及其他相关信息。

十五、推荐信

推荐信的目的是让投资者尽可能多地了解企业和其创业团队。例如,在寻求银行融资时,伊利诺伊州著名的地区性临时招聘公司 Staffing Resources 的创始人,提交了超过15封来自当地警察局长、政客甚至银行竞争对手的推荐信。事实证明推荐信是有助推作用的,最终该公司获得了创业所需的13.5万美元的信贷额度。

接下来,我们将详细展示X公司在初创时期的商业计划书的目录及摘要部分。该商业计划书基本包含了本节中我们介绍的全部构成要素,并将一些板块内容作了合并。在实际撰写商业计划书时,我们可以根据公司自身特点规划商业计划书的章节,并优先重点突出公司独一无二的竞争性。

案例 3-1

X公司商业计划书(节选)

目录

第1章 执行总结

    1.1 公司与产品

    1.2 市场与竞争

1.3 营销与战略
　　1.4 投资与财务
　　1.5 我们的团队
第2章 产品技术
　　2.1 产品背景
　　2.2 产品介绍
　　2.3 科研依托与战略计划
　　2.4 生产要求
第3章 市场分析
　　3.1 宏观环境分析
　　3.2 市场分析
　　3.3 竞争分析
　　3.4 内部环境
　　3.5 市场开发前景
　　3.6 公司核心竞争力
第4章 营销策略
　　4.1 营销目标
　　4.2 目标市场选择
　　4.3 产品策略
　　4.4 定价策略
　　4.5 渠道策略
　　4.6 推广策略
第5章 公司战略
　　5.1 总领战略
　　5.2 发展战略
　　5.3 战略合作
第6章 公司管理
　　6.1 公司概况
　　6.2 公司设立程序
　　6.3 公司组织制度
　　6.4 公司经营管理
　　6.5 人力资源管理
　　6.6 企业文化
　　6.7 团队介绍
第7章 投资分析
　　7.1 股本结构
　　7.2 初始资金运用

7.3 经济效益评价
7.4 投资回报

第8章 财务分析
8.1 财务假设说明
8.2 主要财务报表预测
8.3 财务辅助报表
8.4 财务分析

第9章 风险分析
9.1 风险评估
9.2 内部风险因素
9.3 外部风险因素

第10章 风险资本退出
10.1 风险资本退出方式
10.2 本公司风险资本退出策略

第11章 附录
附录1：院士推荐（一）
附录2：院士推荐（二）
附录3：名师推荐（一）
附录4：名师推荐（二）
附录5：名师推荐（三）
附录6：专利申请（一）
附录7：专利申请（二）
附录8：专利申请（三）
附录9：专利申请（四）
附录10：科技查新报告
附录11：合作意向书（一）
附录12：合作意向书（二）
附录13：江苏省农科院农业设施与装备研究所合作协议
附录14：江苏省农科院农业设施与装备研究所测试报告
附录15：高分子树脂光降解报告
附录16：学术论文（一）
附录17：学术论文（二）
附录18：专利授权书
附录19：调研照片集锦

第1章 执行总结

1.1 公司与产品

X公司是一家主要提供草粉基生物可降解地膜的现代化农业科技企业。公司依托"一种草粉基可降解农用地膜及其制备方法"专利和交联草粉的硅烷偶联单体制备专利的核心技术,以盐城大丰用来改良盐碱地的狼尾草为主要原料,通过密炼机、造粒机、吹膜机等硬件设备,生产加工出完全可降解地膜。公司一直致力于研发更加优质、更加低廉、更便于在农业绿色推广应用的可降解地膜。

目前,公司的主营产品为"格瑞膜"系列:全覆盖草粉基生物可降解地膜(格瑞1号)、发泡型草粉基生物可降解地膜(格瑞2号)、草粉基花盆、树苗钵体材料(格瑞3号)。"格瑞膜"告别普通农用塑料地膜如聚乙烯(PE)地膜不可降解、回收困难、易造成二次污染等困扰,既可以提高土壤温度、保持土壤水分、维持土壤结构、防止害虫侵袭作物,也可以自身完全降解,并达到肥沃土壤的效果。

"格瑞膜"的创新之处具体体现在:
- 核心专利技术专有,难于仿制;
- 产品可自身完全降解,使用效果多功能化;
- 实现变废为宝,原材料狼尾草在改良盐碱地后无其他用途。

"格瑞膜"的优势之处具体体现在:
- 原材料供应充足,价格低廉;
- 响应政府"生态农业"号召,拥有政策扶持;
- 绿色清洁生产,可持续发展;
- 节约石化资源,优化产业结构;
- 技术研发团队力量雄厚,开拓创新;
- 生产设备齐全先进,规模化生产无压力。

1.2 市场与竞争

近年来,我国国民经济发展态势良好,农业产值也保持着4%左右的增长速度。同时,我国的蔬菜种植业迅速发展,与农业生产紧密联系的地膜产业也正快速发展,拥有巨大发展潜力。

众所周知,传统塑料地膜对环境造成巨大破坏,污染严重,严重阻碍农业的可持续发展。国家颁布的"限塑令"使得传统塑料地膜市场竞争力不再。2011年,国家农业部发布《关于加快推进农业清洁生产的意见》,提出加强对农膜等农业投入品的监管,并推进农村废弃物资源化利用,包括加快农膜技术装备的推广应用,回收利用废旧地膜,解决农田"白色污染"。这将使可降解地膜市场在未来获得巨大发展契机。可降解地膜因具有省工省时、增产增收的特点受到市场的青睐,呈现出巨大的发展空间。然而完全降解的聚乳酸型生物可降解地膜,因其成本高、价格昂贵,在国内市场未能进行有效推广。

目前我国可降解地膜市场中,著名的可降解地膜生产商有金发科技股份有限公司、浙江博龙生态科技有限公司,公司在发展初期将面临来自这些企业的挑战。为此,公司依托自主研发团队,应用独创专利技术,创造性地将原材料狼尾草"变废为宝"。产品"格瑞膜"不但可以完全降解,起到保护环境、肥沃土壤、增产增收的作用,创造良好的社会效益,还能使产品具有明显的价格优势,以低价渗透到现有市场,形成公司的核心竞争力。

1.3 营销与战略

公司以"绿色新科技,格瑞惠民生"为宗旨,依托高校科研团队,秉承"以现代科技解决传统塑料地膜污染问题"的历史使命,致力于推动我国绿色农业清洁生产的发展,努力实现公司愿景:成为国内环保膜生产行业的领军企业。

公司有三大战略:技术创新、清洁环保和成本领先战略。公司的发展阶段分为初创期、推广期和成熟期。根据不同的发展时期,公司还将采取不同的发展战略——差异化战略、品牌战略和多元化战略,以期强化竞争优势,提高核心竞争力。

营销策略方面,公司以"格瑞膜——用得起、增收益的环保膜"为推广理念,以蔬果种植和花卉苗木培育市场作为目标市场。公司将针对不同的农业企业和散户农民,采用不同的分销和直销渠道,并对经销商采取相应的激励措施。在创业初期,公司将利用成本优势,秉承高质低价的渗透原则,着重采取人员推广策略。发展中后期,公司将重点培养大型农业企业客户,强化公共关系的推广,进一步渗透品牌策略,致力于将公司发展成为国内农用地膜产品行业的知名企业。

1.4 投资与财务

公司选址在有投资政策、政策支持、配套设施等优势的江苏省盐城市高新技术创业园。

公司注册资本为800万元。其中,创业团队自筹资金入股300万元,占注册资本的37.5%,是公司最大股东,为激励创业团队创业,其财富与公司共成长;江苏苏大投资有限公司资金入股150万元,专利作价100万元入股;风险投资方面,在创立初期,拟引入在农用产品方面有投资经验或有一定业内资源的风险投资商入股,出资250万元,占股权的31.25%。

公司成立初期有700万元的启动资金,其中300万元由创业团队自筹取得,250万元由风险投资筹得,江苏苏大投资有限公司投入资金150万元。其中,700万元资金一部分用于购置期初固定资产共200万元,一部分用于支付公司成立初期各项开办费用共23.49万元,剩余的476.51万元主要用于公司的正常运营。

由于产品优质低价、市场广阔,我们预计公司未来五年的销售收入将以69.28%的速度稳定增长。且公司从正常经营第1年即开始盈利,第1年销售净利润约为4万元,第5年销售净利润达到2 218万元,销售净利率稳步增长,且平均净利率达15.55%(如图3-1)。此外,我公司5年内平均所有者权益增长率达到37.18%,盈利能力强,具有很好的投资价值。

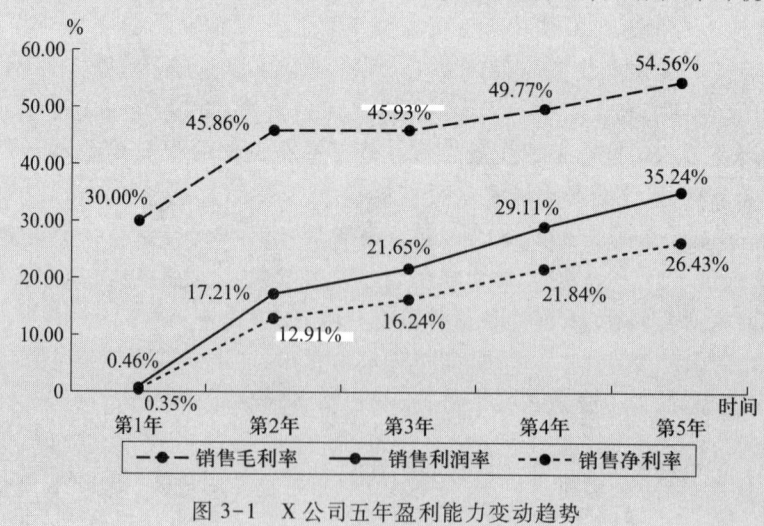

图3-1　X公司五年盈利能力变动趋势

具体的财务状况如表 3-1 所示。

表 3-1　五年扩张战略效果

项目	第 1 年	第 2 年	第 3 年	第 4 年	第 5 年
销售收入(元)	10 397 200	15 928 000	28 457 000	54 109 000	83 930 000
利润总额(元)	48 318	2 741 236	6 160 034	15 753 153	29 576 468
销售利润率	0.46%	17.21%	21.65%	29.11%	35.24%
净利润(元)	36 239	2 055 927	4 620 026	11 814 865	22 182 351
销售净利率	0.35%	12.91%	16.24%	21.84%	26.43%
净资产(元)	8 036 239	10 092 166	12 564 290	18 224 967	27 991 983

风险退出选择上,我公司主要有创业板上市、资本回购等方式,在未来不具备上市的条件下,我们会在公司正常运营的第 4~5 年采取公司管理层收购与员工持股相结合的方式实现风险资本的退出。

1.5 我们的团队

本创业团队由来自材料与化学化工学部、商学院的本科生和研究生组成。每一位成员都拥有扎实的知识功底、较高的综合素质以及良好的团队合作意识,能够胜任产品研发、企业管理、市场营销与财务管理工作。另外,本团队与江苏省农业科学院农业设施与装备研究所和江苏省农业科学院畜牧所进行科研合作,邀请了中国科学院院士李永舫,新西兰皇家科学院、澳大利亚技术科学与工程院院士陈晓东,国家杰出青年科学基金获得者陈红作为技术指导,相信在相关领域专家的指导下,公司所有成员将共同打造绿色经济,实现格瑞惠农的美好蓝图。

资料来源:第九届"挑战杯"大学生创业计划竞赛获奖作品。

即 测 即 评

请扫描右侧二维码检测本章学习效果。

思 考 题

1. 商业计划书的意义是什么?
2. 商业计划书的基本要求是什么?
3. 商业计划书的构成要素有哪些?

第四章 财务报表基础

学习目标：
1. 掌握财务报表的主要作用和主要内容。
2. 了解财务报表的基本要求。
3. 掌握三大报表(利润表、资产负债表和现金流量表)的概念及基本结构。

财务报表是反映企业活动的重要工具，是记录企业一定时期资金、利润状况的会计报表，能够为企业的决策者提供决策依据。但时至今日，仍然有很多创业家对于自身在创业过程中应该具备的能力和素养存在一定的误区，部分创业家认为仅需要专注企业产品的研究、将企业财务全权交给其他专业人员处理即可，而不用掌握财务、金融和计算相关的能力。事实上，创业家作为初创企业的所有者，是企业未来收益的最终获得者和风险的最终承担者，关注企业运营状况、风险收益相关的信息是创业家带领企业迈向成功的关键。因此，掌握财务报表是创业家应当具备的基本素养。

学习财务报表的基础内容，有助于创业家充分挖掘财务报表中的信息，进而助力其更好地开展创业活动。

第一节 财务报表概述

财务报表(Financial Statements)是指在日常会计核算资料的基础上，按照规定的格式、内容和方法定期编制的，综合反映企业某一特定日期财务状况和某一特定时期经营成果、现金流量状况的书面文件。

一、财务报表的主要作用

作为企业财务报告的主要组成部分，财务报表所提供的会计信息无论对于企业自身，还是对于投资者或相关管理部门等而言，均具有重要作用，主要体现在：

（1）财务报表能够全面系统地揭示企业一定时期的财务状况、经营成果和现金流量，有利于经营管理人员了解本企业各项任务指标的完成情况，评价管理人员的经营业绩，以便及时发现问题，调整经营方向，制定措施改善经营管理水平，提高经济效益，为经济预测和决策提供依据。

（2）财务报表能够帮助投资者、债权人和其他有关主体掌握企业的财务状况、经营成果和现金流量情况,进而分析企业的盈利能力、偿债能力、营运能力、增长能力等,为企业生产、经营等活动提供决策依据。

(3) 财务报表有利于财政、税务、工商、审计等部门监督企业的经营管理状况。相关部门能够通过企业的财务报表检查、监督各企业是否遵守国家的各项法律法规和规章制度,进而为维护市场运行秩序提供依据。

(4) 财务报表有利于国家经济管理部门了解国民经济的运行状况。通过对各企业提供的财务报表进行分析,能够帮助国家经济管理部门了解和掌握各行业、各地区的经济发展情况,以便宏观调控经济运行、优化资源配置,保证国民经济稳定持续发展。

二、财务报表的主要内容

我国财务报表的种类、格式、编报要求均由统一的会计制度做出规定,要求企业定期编报。一套完整的财务报表应包括利润表(损益表)、资产负债表、现金流量表、所有者权益变动表(股东权益变动表)和财务报表附注。

1. 利润表

利润表(Income Statement)是反映企业在一定时期(如月度、季度、半年度或年度)内经营成果(盈利或亏损)的报表,属于动态报表。利用利润表,可以分析一家企业的经营成果和投资效率,进而评价企业的盈利能力以及未来一定时期的盈利趋势。

2. 资产负债表

资产负债表(Balance Sheet)是反映企业在某一特定日期的财务状况(资产、负债和所有者权益的状况)的主要会计报表,是揭示企业在一定时点财务状况的静态报表。资产负债表主要用于反映企业资产、负债及所有者权益的期末状况,能够反映企业长期偿债能力、短期偿债能力和利润分配能力等。

3. 现金流量表

现金流量表(Statement of Cash Flows)是反映企业在一定会计期间内现金和现金等价物流入和流出情况的会计报表,属于动态会计报表。利用现金流量表,可以分析企业经营活动、投资活动和筹资活动对现金流的影响,从而帮助企业从现金流的角度对偿债能力、盈利能力和获得现金及其等价物的能力等做出判断。

4. 所有者权益变动表

所有者权益变动表(Statement of Stockholders Equity)反映本期企业所有者权益(股东权益)总量的增减变动以及构成所有者权益的各个组成部分的增减变动情况,特别是要反映直接计入所有者权益的利得和损失。

5. 财务报表附注

财务报表附注(Notes to Financial Statements)是对在利润表、资产负债表、现金流量表和所有者权益变动表等报表中列示项目的文字描述或明细资料,以及对未能在这些报表中列示项目的说明等。一般至少包括以下几项内容:

(1) 企业的基本情况。

(2) 财务报表编制基础。

(3) 遵循企业会计准则的声明。

(4) 重要会计政策和会计估计。
(5) 会计政策和会计估计变更及差错更正的说明。
(6) 报表重要项目的说明。
(7) 或有和承诺事项、资产负债表日后非调整事项、关联方关系及其交易等需要说明的事项。
(8) 有助于财务报表使用者评价企业管理资本目标、政策及程序的信息。

一套完整的财务报表是会计处理过程的最终成果。这套报表从财务的角度勾画了企业的基本面貌,每张报表都与特定的时点或一定的时期相关。通过对财务报表进行分析,相关管理决策人员能够解决一些企业财务方面的基本问题,如表4-1所示。

表4-1 财务报表回答的主要问题

问题	答案	财务报表
1. 期间企业的经营状况如何?	收入 －费用 净收益(或净损失)	利润表
2. 期末企业的财务状况如何?	负债 ＋所有者权益 资产	资产负债表
3. 期间企业现金变化状况如何?	经营活动现金流量 ±投资活动现金流量 ±筹资活动现金流量 期间现金增加(或减少)	现金流量表

另外,财务报表中的利润表、资产负债表和现金流量表这三大报表中具有一定的勾稽关系,如表4-2所示。

表4-2 三大报表的勾稽关系

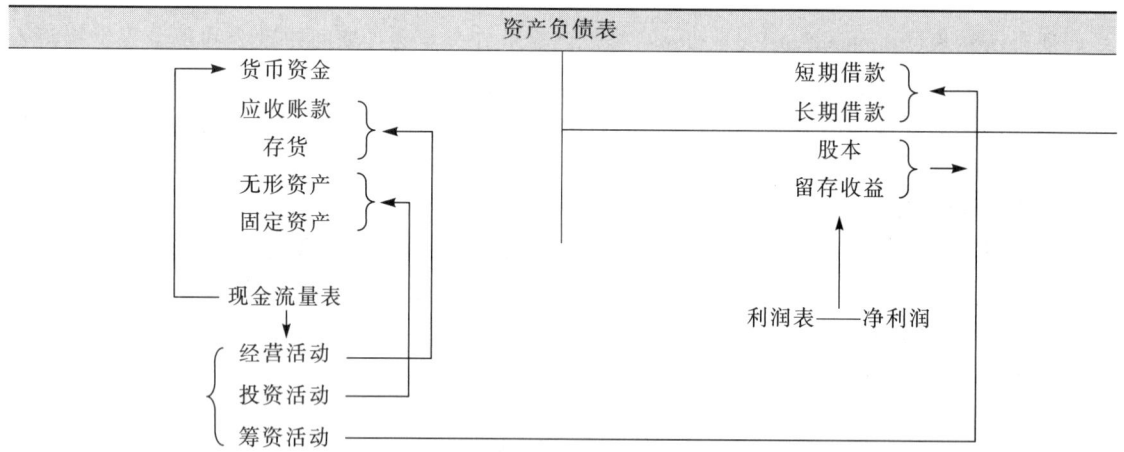

正如表4-2所示,资产负债表中,资产部分的货币资金与现金流量表有关,应收账款和存货与现金流量表中的经营活动有关,无形资产和固定资产与现金流量表中的投资活动有关;资产负债表中,负债部分的短期借款和长期借款、所有者权益部分的股本和留存收益与现金流量表中的筹资活动有关;资产负债表中,所有者权益部分的留存收益与利润表中的净利润有关。因此,相

关人员可以通过对三大报表中的数字进行相互考察、核对来检查报表的正确性。

三、财务报表的基本要求

为了保证财务报表的规范性、充分发挥财务报表的作用,企业编制财务报表时必须保证财务报表的质量。因此,企业在编制财务报表时必须满足以下八个基本原则。

(一) 持续经营原则

企业应当以持续经营为基础,根据实际发生的交易和事项,按照《企业会计准则——基本准则》和其他各项会计准则的规定进行确认和计量,在此基础上编制财务报表。

当以持续经营原则编制财务报表不再合理时,企业应该采用其他基础进行编制。企业如有近期获利经营的历史且有财务资源支持,则通常表明以持续经营为基础编制财务报表是合理的。企业正式决定或被迫在当期或将在下一个会计期间进行清算或停止营业的,则表明以持续经营为基础编制财务报表不再合理。在这种情况下,企业应当采用其他基础编制财务报表,并在附注中声明财务报表未以持续经营为基础编制的事实、披露未以持续经营为基础编制的原因和财务报表的编制基础。

(二) 正确的会计基础编制原则

在我国,除现金流量表按照收付实现制原则编制外,企业应当按照权责发生制原则编制财务报表。

在美国,允许企业在生命周期中更改一次会计基础编制原则,但是这种更改必须得到美国国税局(IRS)的批准。IRS通常会批准从收付实现制转到权责发生制的请求,但通常会拒绝从权责发生制转到收付实现制的请求。

权责发生制又称应收应付制,是以本期会计期间发生的费用和收入是否应计入本期损益为标准,处理有关经济业务的一种制度。凡在本期发生应从本期收入中获得补偿的费用,不论是在本期已实际支付的还是未付的货币资金,均应作为本期的费用处理;凡在本期发生应归属于本期的收入,不论是在本期已实际收到的还是未收到的货币资金,均应作为本期的收入处理。权责发生制有利于正确反映各期的费用水平和盈亏状况。

收付实现制又称现收现付制,是与权责发生制对应的一种会计基础编制原则。在会计核算中,收付实现制是以款项是否已经收到或付出作为计算标准,来确定本期收益和费用的一种方法。凡在本期内实际收到或付出的一切款项,无论其发生时间早晚或是否应该由本期承担,均作为本期的收益和费用处理。采用收付实现制,期末无须对本期的收益和费用进行调整,核算手续比较简单,但不能正确地反映各期的成本和盈亏情况。

权责发生制和收付实现制的主要区别在于企业确认收入和费用的时间。权责发生制下,只要属于本期发生应归属于本期的,都计入当期损益,不需要考虑实际上是否收到资金;收付实现制下,仅计入实际发生的款项。

(三) 报告期间原则

企业至少应当按年编制财务报表。年度财务报表涵盖的期间短于一年的,应当披露年度财务报表的涵盖期间、短于一年的原因以及报表数据不具可比性的事实。

(四) 信息列报重要性原则

企业在编制财务报表时,应遵循信息列报重要性原则,减少信息冗余,保证企业在财务报表中所披露信息的质量。

在合理预期下,财务报表某项目的省略或错报会影响使用者据此做出经济决策的,则该项目具有重要性。

重要性应当根据企业所处的具体环境,从项目的性质和金额两方面予以判断,且对各项目重要性的判断标准一经确定,不得随意变更。判断项目性质的重要性,应当考虑该项目在性质上是否属于企业日常活动、是否显著影响企业的财务状况、经营成果和现金流量等因素;判断项目金额大小的重要性,应当考虑该项目金额占资产总额、负债总额、所有者权益总额、营业收入总额、营业成本总额、净利润、综合收益总额等直接相关项目金额的比重或所属报表单列项目金额的比重。

性质或功能不同的项目,应当在财务报表中单独列报,但不具有重要性的项目除外。

性质或功能类似的项目,其所属类别具有重要性的,应当按其类别在财务报表中单独列报。

某些项目的重要性程度不足以在资产负债表、利润表、现金流量表或所有者权益变动表中单独列示,但对附注却具有重要性的,则应当在附注中单独披露。

基本准则规定在财务报表中单独列报的项目,应当单独列报。其他会计准则规定单独列报的项目,应当增加单独列报项目。

(五)信息列报一致性原则

财务报表项目的列报应当在各个会计期间保持一致,不得随意变更,但下列情况除外:

(1)会计准则要求改变财务报表项目的列报。

(2)企业经营业务的性质发生重大变化或对企业经营影响较大的交易或事项发生后,变更财务报表项目的列报能够提供更可靠、更相关的会计信息。

(六)各项目金额不得相互抵消原则

财务报表中的资产项目和负债项目的金额、收入项目和费用项目的金额、直接计入当期利润的利得项目和损失项目的金额不得相互抵消,但其他会计准则另有规定的除外。

一组类似交易形成的利得和损失应当以净额列示,但具有重要性的除外。

资产或负债项目按扣除备抵项目后的净额列示,不属于抵消。

非日常活动产生的利得和损失,以同一交易形成的收益扣减相关费用后的净额列示更能反映交易实质的,不属于抵消。

(七)信息列报可比性原则

当期财务报表的列报,至少应当提供所有列报项目上一个可比会计期间的比较数据,以及与理解当期财务报表相关的说明,但其他会计准则另有规定的除外。

财务报表的列报项目发生变更的,应当至少对可比期间的数据按照当期的列报要求进行调整,并在附注中披露调整的原因和性质,以及调整的各项目金额。对可比数据进行调整不切实可行的,应当在附注中披露不能调整的原因。不切实可行,是指企业在做出所有合理努力后仍然无法采用某项会计准则规定。

(八)财务报表重要信息显著列报原则

企业应当在财务报表的显著位置至少披露下列各项:

(1)编报企业的名称。

(2)资产负债表日或财务报表涵盖的会计期间。

(3)人民币金额单位。

(4)财务报表是合并财务报表的,应当予以标明。

第二节 利润表

一、利润表的概念

利润表(Income Statement),又称损益表(Profit and Loss Account),反映了企业在一定时期(如月度、季度、半年度或年度)内的经营成果,全面揭示了企业在某一特定时期实现的各种收入,发生的各种费用、成本或支出,以及企业实现的利润或发生的亏损情况。一般来讲,利润表可大致分为"收入""成本与费用"以及"利润"三个组成成分。通过利润表,我们可以计算成本费用利润率、销售净利率、销售毛利率等盈利能力指标,据以分析企业的盈利能力。

利润表的编制遵循以下基本关系:

$$收入-费用=利润$$

(一) 收入

《中华人民共和国企业所得税法》第6条规定,企业以货币形式和非货币形式从各种来源取得的收入,为收入总额。收入总额包括:销售货物收入;提供劳务收入;转让财产收入;股息、红利等权益性投资收益;利息收入;租金收入;特许权使用费收入;接受捐赠收入;其他收入。

会计准则规定,收入(Revenue)是指企业在日常活动中形成的、会导致所有者权益增加的、与所有者投入资本无关的经济利益的总流入。其中,日常活动是指企业为完成其经营目标所从事的经营性活动以及与之相关的活动。值得注意的是:

(1) 企业非日常活动形成的经济利益的流入不能确认为收入,而应当作为利得。

(2) 企业代第三方收取的款项,不应当确认为收入,而应当作为负债处理。

(3) 投资收益和营业外收入并不是企业在日常活动中形成的经济利益,因此也不应当作为收入处理。

企业应当在履行了合同中的履约义务,即在客户取得相关产品控制权时确认收入。其中,取得相关产品控制权,是指能够主导某商品的使用并从中获得几乎全部经济利益。

这里主要考察会计准则所定义的收入,其基本特征主要有:

(1) 收入从企业的日常活动中产生,而不是从偶发的交易或事项中产生。

(2) 收入是与所有者投入资本无关的经济利益总流入。

(3) 收入必然能导致企业所有者权益的增加。

(4) 收入只包括本企业经济利益的流入,不包括为第三方或客户代收的款项。

根据不同的分类标准,收入有多种分类方式。按收入的性质不同,可将其划分为销售商品收入、提供劳务收入和让渡资产使用权收入。按收入的重要程度和占比不同,可将其划分为主营业务收入和其他业务收入。其中,主营业务收入指来自企业为完成其经营目标而从事的日常活动中主要项目的收入,如工业企业的销售商品、银行的贷款和办理结算等;其他业务收入指来自主营业务以外的其他日常活动的收入,如工业企业销售材料、提供非工业性劳务等。

(二) 费用

费用(Expenses)是指企业在日常活动中发生的、会导致所有者权益减少的、与所有者分配利润无关的经济利益的总流出,主要包括营业成本、税金及附加、销售费用、管理费用、财务费用以及所得税费用等。

1. 营业成本

营业成本（Operating Expense）是指企业销售商品或者提供劳务的成本，应当与销售商品或提供劳务取得的收入进行配比，与营业收入直接相关，是已经确定了归属期和归属对象的各种直接费用，主要包括主营业务成本和其他业务成本。

主营业务成本是指企业生产和销售与主营业务有关的商品或服务所必须投入的直接成本，主要包括直接材料、直接人工等。企业一般在确认销售商品、提供劳务等主营业务收入时，或在月末，将已销售商品、已提供劳务的成本转入主营业务成本。值得注意的是，主营业务成本只包括直接材料、直接人工和期末转入的制造费用，不包括任何间接费用。

其他业务成本是指企业确认的除主营业务以外的其他日常经营活动所发生的支出，主要包括转让无形资产、出租固定资产、出售材料等。

2. 税金及附加

税金及附加（Business Taxes and Surcharges）反映企业经营应负担的相关税费，主要包括消费税、资源税、教育费附加、城市维护建设税等。企业应该通过这一科目核算经营活动相关税费的发生和结转。

3. 销售费用

销售费用（Selling Expense）是指企业在销售商品和材料、提供劳务的过程中发生的各种费用，主要包括企业在销售商品或提供劳务的过程中发生的保险费、包装费、运输费、装卸费、展览费、广告费、商品维修费以及为销售本企业商品而专设的销售机构（包括销售网点、售后服务网点等）的职工薪酬、业务费、折旧费等经营费用。值得注意的是，销售费用是与企业销售商品或提供劳务活动这一过程有关的费用，但是并不包括销售商品或提供劳务本身的成本。

4. 管理费用

管理费用（Administrative Expense）是指企业行政管理部门为组织和管理生产经营活动而发生的各项费用，主要包括管理人员工资和福利费、修理费、技术转让费、办公费、差旅费、劳保费等。管理费用属于期间费用，在发生的当期计入当期损益。

5. 财务费用

财务费用（Financing Expense）是指企业为筹集生产经营所需资金等发生的费用，主要包括企业生产经营期间发生的利息净支出（利息支出减利息收入后的差额）、汇兑损益（对该项目进行单独核算，不包括在财务费用内，如商品流通企业、保险企业等）、金融机构手续费、企业发生的现金折扣或收到的现金折扣等。但值得注意的是，在企业筹建期间发生的利息支出，应计入开办费；为购建或生产满足资本化条件的资产发生的应予以资本化的借款费用，应计入在建工程或制造费用等账户。

6. 所得税费用

所得税费用（Income Tax Expense）是指企业经营利润应交纳的所得税。核算企业负担的所得税，属于损益类科目。一般而言，企业从当期利润总额中扣除的所得税费用不等于当期应交所得税，而是等于当期所得税与递延所得税之和。其中，递延所得税指的是当企业应纳税所得额与会计上的利润总额出现时间性差异时，为调整核算差异，可以用账面利润总额计提所得税，作为利润总额列支，并按税法规定计算所得税作为应交所得税记账，两者之间的差异即递延所得税。

（三）利润

在企业的经营管理活动中，常见的衡量利润（Profit）的指标主要包括毛利润、营业利润和净利润。

1. 毛利润

$$毛利润 = 营业收入 - 营业成本$$

对于不同行业中的企业而言，由于其经营特性不同，营业成本存在较大差异，从而不同行业中企业的毛利润水平也存在差异。例如，制造业与贸易流通行业的毛利润通常较低，而服务业毛利润则相对较高。

基于毛利润的基本概念，企业通常还可以通过计算毛利率来衡量企业的盈利能力或企业某一产品的盈利能力，帮助企业在生产经营过程中对产品架构和产品定价进行更为合理的设计。毛利率的计算公式如下：

$$毛利率 = \frac{毛利润}{营业收入} \times 100\% = \frac{营业收入 - 营业成本}{营业收入} \times 100\%$$

一般来说，毛利率越高，企业的盈利能力越高，控制成本的能力越强。但是对不同行业和不同规模的企业而言，毛利率的可比性有限。

2. 营业利润

$$\begin{aligned}营业利润 =\ &营业收入 - 营业成本 - 税金及附加 - 销售费用 - 管理费用 - 研发费用 -\\ &财务费用 - 资产减值损失 - 信用减值损失 + 其他收益 + 投资损益 +\\ &公允价值变动损益 + 资产处置损益\end{aligned}$$

营业利润指的是企业从事生产经营活动取得的利润，是企业利润最主要、最稳定的来源。通过营业利润可计算出营业利润率。其计算公式如下：

$$营业利润率 = \frac{营业利润}{营业收入} \times 100\%$$

营业利润率是企业的营业利润与营业收入的比率，是衡量企业经营效率的指标，反映了企业通过生产经营获得利润的能力。一般来说，营业利润率越高，企业的盈利能力越强。

3. 净利润

$$净利润 = 利润总额 - 所得税费用$$

净利润指的是在利润总额中扣除所得税费用后企业的留存利润，是一家企业经营的最终成果，反映了企业的经营绩效。一般来说，净利润多，企业的经营效益就好；净利润少，企业的经营效益就差。

通过净利润可计算出净利润率。该指标能够综合反映一家企业或一个行业的经营效率。净利润率的计算公式如下：

$$净利润率 = \frac{净利润}{营业收入} \times 100\%$$

二、利润表的基本结构

表4-3列示了B企业股份有限公司在2019—2020年的利润表。我们可以从中观察到上市

企业利润表的项目构成情况。①

表 4-3　B 企业股份有限公司利润表　　　　　　　　　　（单位：元）

项目	2020 年	2019 年
一、营业总收入	419 111 677 714.12	367 893 877 538.94
减：营业成本	296 540 687 975.27	234 550 332 806.05
税金及附加	27 236 909 916.23	32 905 223 898.57
销售费用	10 636 899 699.87	9 044 496 840.07
管理费用	10 288 052 823.20	11 018 405 286.60
研发费用	665 687 472.79	1 066 676 028.92
财务费用	5 145 102 736.17	5 735 941 711.58
其中：利息费用	8 757 579 925.42	9 255 269 023.67
利息收入	4 680 643 358.10	3 530 404 983.55
加：投资收益	13 511 869 972.98	4 984 126 780.28
其中：对联营企业和合营企业的投资收益	9 739 656 204.22	3 790 598 202.87
公允价值变动收益	5 333 532.39	-68 518 913.61
资产减值损失	-1 980 818 041.07	-1 648 756 785.74
信用减值损失	-224 461 716.05	-216 850 482.95
资产处置收益	48 381 265.04	-9 665 523.59
二、营业利润	79 958 642 103.88	76 613 136 041.54
加：营业外收入	999 497 308.64	714 732 128.72
减：营业外支出	1 282 386 489.13	788 578 652.67
三、利润总额	79 675 752 923.39	76 539 289 517.59
减：所得税费用	20 377 636 478.86	21 407 674 945.50
四、净利润	59 298 116 444.53	55 131 614 572.09
（一）按经营持续性分类：		
持续经营净利润	59 298 116 444.53	55 131 614 572.09
（二）按所有权归属分类：		
归属于母公司股东的净利润	41 515 544 941.31	38 872 086 881.32
少数股东损益	17 782 571 503.22	16 259 527 690.77
五、其他综合收益的税后净额	-189 635 216.25	553 256 970.60
（一）归属于母公司股东的其他综合收益的税后净额	262 053 610.76	592 318 267.72
1. 不能重分类进损益的其他综合收益		
（1）其他权益工具投资公允价值变动	-609 893 173.14	603 230 190.59
（2）权益法下不能转损益的其他综合收益	99 747 540.44	103 440 110.38
2. 将重分类进损益的其他综合收益		
（1）权益法下可转损益的其他综合收益	153 008 111.37	-320 162 674.74
（2）现金流量套期储备	294 508 976.45	248 059 533.31
（3）外币财务报表折算差额	324 682 155.64	-42 248 891.82
（二）归属于少数股东的其他综合收益的税后净额	-451 688 827.01	-39 061 297.12

---

① 来源于该公司 2020 年年度报告。

续表

项目	2020年	2019年
六、综合收益总额	59 108 481 228.28	55 684 871 542.69
归属于母公司股东的综合收益总额	41 777 598 552.07	39 464 405 149.04
归属于少数股东的综合收益总额	17 330 882 676.21	16 220 466 393.65
七、每股收益		
（一）基本每股收益	3.62	3.47
（二）稀释每股收益	3.62	3.47

一般来说，根据相关项目排列的格式不同，利润表有单步式利润表和多步式利润表之分。单步式利润表将所有收入和所有费用分别汇总，用收入合计减费用合计，得出相应会计期间利润。多步式利润表将利润分为多个层次（营业利润、利润总额和净利润），通过多个步骤分别计算每一层次的利润。单步式利润表和多步式利润表的基本内容和列示方式分别如表4-4和表4-5所示。

表4-4　单步式利润表基本内容

收入
营业收入
公允价值变动净收益
投资收益
营业外收入
成本与费用
营业成本
税金及附加
销售费用
管理费用
财务费用
资产减值损失
营业外支出
所得税费用
净利润

表4-5　多步式利润表基本内容

一、营业收入
减：营业成本
税金及附加
销售费用
管理费用
研发费用
财务费用
其中：利息费用
利息收入
加：其他收益
投资收益
公允价值变动收益
信用减值损失
资产减值损失
资产处置收益
二、营业利润
加：营业外收入
减：营业外支出
三、利润总额
减：所得税费用
四、净利润
五、其他综合收益的税后净额
六、综合收益总额

在我国,企业的利润表一般采用多步式结构。

在对利润表进行分析时,往往需要根据利润表的基本结构重点关注企业利润的构成情况,从而考察企业利润的质量。

从企业利润的含金量角度来看,利润的核算基于权责发生制,因此,收入和费用的确定可能与实际现金发生的时间不一致。只有当一家企业的利润能够为其带来自由支配的现金流时,该企业的利润才具有较高的含金量。

从企业利润的可持续角度来看,一般来说,企业的利润总额主要来源于营业收入、其他收益和投资收益,对一家企业而言,营业收入是企业主营业务和其他业务带来的收益,往往代表着企业的核心竞争力,相比企业的其他收益和投资收益而言,营业收入更具有可持续性,对企业在市场中维持核心竞争力尤为重要。因此,在分析企业的利润表时,应该重视企业利润的来源及其可持续性。

三、利润表与 EBITDA

EBITDA(Earnings Before Interest,Taxes,Depreciation and Amortization),即未计利息、税项、折旧及摊销前的利润,简称税息折旧及摊销前利润。EBITDA 是一种利润衡量指标,能够反映企业的经营业绩。尽管在我国没有强制要求企业披露,但是可以根据财务报表进行计算。EBITDA 的计算公式如下:

$$EBITDA = 净利润 + 所得税 + 固定资产折旧 + 无形资产摊销 + 长期待摊费用摊销 + 偿付利息所支付的现金$$

EBITDA 最早是在 20 世纪 80 年代中期被大量使用。当时,使用杠杆收购的投资机构使用这一指标对需要再融资的账面亏损企业进行评估。投资机构通过计算 EBITDA 快速考察某一企业是否有能力来偿还融资的利息。

一方面,EBITDA 剔除了容易混淆公司实际表现的部分经营费用,因此在一定程度上能够更加清楚地反映出公司真实的经营状况。比如,利息会受公司管理层融资决策影响而变动,所以在计算 EBITDA 时,利息被排除在外;税收在很大程度上取决于公司之前几年的损益情况,而这种变化会歪曲当前的净利润,因此,税收也被排除在外;由于折旧费用和摊销费用带有个人专断色彩,例如使用年限、残值和各种折旧方法等的设定都会带有个人色彩,因此,折旧费用和摊销费用也被排除在外。

通过剔除上述项目,EBITDA 使投资者能更为容易地比较各个公司的财务健康状况,使拥有不同资本结构、税率和折旧政策的企业能够在 EBITDA 的统一口径下对比盈利能力。同时,EBITDA 还能让投资者明确某家新企业或重组过的企业在支付利息、税单之前究竟可以获利多少。

另一方面,EBITDA 也存在一定的局限性。EBITDA 所排除的利息和税项是一家企业真实的现金开支项目,因此,单一地使用 EBITDA 来衡量企业的业绩存在片面性;EBITDA 比营业利润显示更多的利润,因此,资本密集型行业、高财务杠杆企业在计算利润时,往往会选择以 EBITDA 列示,因为企业可以通过 EBITDA 使投资者不再集中关注企业高额债务,从而粉饰出一张诱人的财务蓝图。

因此,在明确 EBITDA 的优点和局限后,企业应该合理使用这一指标,并与其他财务指标配合使用,以更加准确地反映出企业的真实情况。

> **案例 4-1**
>
> A 集团 2020 财报利润分析
>
> A 集团 2019 年度和 2020 年度合并利润表的部分内容如表 4-6 所示。表中列示了 A 集团关于利润情况的基本信息。①

表 4-6　A 集团 2019 年和 2020 年合并利润表部分内容　　　（单位:千元）

项目	2020 年度	2019 年度
一、营业总收入	285 709 729	279 380 506
其中:营业收入	284 221 249	278 216 017
利息收入	1 488 211	1 163 180
手续费及佣金收入	269	1 309
减:营业成本	212 839 592	197 913 928
利息支出	105 168	122 618
手续费及佣金支出	6 972	11 633
税金及附加	1 533 646	1 720 616
销售费用	27 522 276	34 611 231
管理费用	9 264 148	9 531 361
研发费用	10 118 667	9 638 137
财务收入	-2 638 032	-2 231 636
其中:利息费用	1 305 591	880 703
利息收入	-3 663 028	-3 807 136
加:其他收益	1 424 090	1 194 665
投资收益	2 362 462	164 132
其中:对联营企业的投资收益	402 528	506 225
以摊余成本计量的金融资产终止确认损益	—	-709
公允价值变动收益	1 762 950	1 361 163
信用减值损失	-247 605	-96 446
资产减值损失	-705 209	-871 909
资产处置(损失)/收益	-60 523	-131 131
二、营业利润	31 493 457	29 683 092
加:营业外收入	384 986	613 310

---

① 来源于该公司 2020 年年度报告。

续表

项目	2020 年度	2019 年度
减:营业外支出	214 904	367 288
三、利润总额	31 663 539	29 929 114
减:所得税费用	4 156 997	4 651 970
四、净利润	27 506 542	25 277 144
（一）按经营持续性分类		
持续经营净利润	27 506 542	25 277 144
终止经营净利润	—	—
（二）按所有权归属分类		
归属于母公司股东的净利润	27 222 969	24 211 222
少数股东损益	283 573	1 065 922

分析：

A 集团属于电气机械及器材制造业。具体而言，其主营产品包括暖通空调、消费电器、机器人及自动化系统，涉及家用电器行业、机器人及工业自动化行业。2019 年，A 集团的利润总额为 29 929 114 000 元，净利润为 25 277 144 000 元，2020 年，A 集团的利润总额为 31 663 539 000 元，净利润为 27 506 542 000 元，其利润较为可观，并且相比上一年，利润总额和净利润均有显著增长。

从收入角度来看，A 集团的收入主要来源于营业收入，营业外收入只占据较小的一部分。这说明 A 集团在主营业务方面具有相当大的优势。由于营业收入的可持续性高于营业外收入，因此，A 集团的这一收入结构意味着其收入可持续性较强，企业在市场中拥有较强的核心竞争力。

从费用角度来看，A 集团在营业成本和销售费用方面的支出较大，这在一定程度上与其主营业务的性质有关。除此以外，A 集团的研发费用较多，2020 年，其研发费用为 10 118 667 000 元，比 2019 年有所增加。这说明 A 集团在发展中愈发注重技术创新，致力于产品核心技术的优化。

第三节 资产负债表

一、资产负债表的概念

资产负债表反映了企业在某一特定日期的财务状况。一般地，资产负债表可分为左、右两部分，左边是"资产"，右边是"负债"和"所有者权益"。它表明企业在某一特定日期所拥有或控制的经济资源、所承担的现有义务和所有者对净资产的要求权。

资产负债表的编制遵循以下恒等式：

$$资产 = 负债 + 所有者权益$$

（一）资产

资产负债表中的资产（Assets）反映由过去的交易、事项形成并由企业在某一特定日期所拥有或控制的、预期会给企业带来经济利益的资源。资产应当按照流动资产和非流动资产两大类别在资产负债表中列示，在流动资产和非流动资产类别下进一步按性质分项列示。

1. 流动资产

流动资产（Current Assets）是预计在一个正常营业周期中变现、出售或耗用，或者主要为交易目的而持有，或者预计自资产负债表日起一年内（含一年）变现的资产，或者自资产负债表日起一年内交换其他资产或清偿负债的能力不受限制的现金或现金等价物。

资产负债表中列示的流动资产项目通常包括：货币资金、交易性金融资产、应收票据、应收账款、预付款项、应收利息、应收股利、其他应收款、存货和一年内到期的非流动资产等。

2. 非流动资产

非流动资产（Non-Current Assets）是流动资产以外的资产，即指不能在一年或者超过一年的一个营业周期内变现或者耗用的资产。

资产负债表中列示的非流动资产项目通常包括长期股权投资、固定资产、在建工程、工程物资、固定资产清理、无形资产、开发支出、长期待摊费用以及其他非流动资产等。其中，固定资产是指企业为生产产品、提供劳务、出租或者经营管理而持有的、使用时间超过12个月的、价值达到一定标准的非货币性资产，包括房屋、建筑物、机器、机械、运输工具以及其他与生产经营活动有关的设备、器具、工具等。固定资产是企业的劳动手段，也是企业赖以生产经营的主要资产。

（二）负债

资产负债表中的负债（Liabilities）反映在某一特定日期企业所承担的、预期会导致经济利益流出企业的现时义务。负债应当按照流动负债和非流动负债在资产负债表中进行列示，在流动负债和非流动负债类别下再进一步按性质分项列示。

1. 流动负债

流动负债（Current Liabilities）是预计在一个正常营业周期中清偿，或者主要为交易目的而持有，或者自资产负债表日起一年内（含一年）到期应予以清偿，或者企业无权自主地将清偿推迟至资产负债表日后一年以上的负债。

资产负债表中列示的流动负债项目通常包括短期借款、应付票据、应付账款、预收款项、应付职工薪酬、应交税费、应付利息、应付股利、其他应付款、一年内到期的非流动负债等。

2. 非流动负债

非流动负债（Non-Current Liabilities）是流动负债以外的负债，是指偿还期在一年或超过一年的一个营业周期的负债。与流动负债相比，非流动负债一般具有数额较大、偿还期限较长的特点。

资产负债表中列示的非流动负债项目通常包括长期借款、应付债券、长期应付款和其他非流动负债等。其中，长期借款主要包括借款本息的核算、借入和归还的核算等；应付债券是企业为筹集长期使用资金而发行的一种书面凭证，其通过凭证上所记载的利率、期限等表明发行债券的企业允许在未来某一特定日期还本付息，企业发行债券的方式包括面值发行、溢价发行、折价发行三种；长期应付款是指除长期借款和应付债券以外的企业承担的长期应付款项，主要包括补偿贸易方式下引进国外设备款、应付融资租入固定资产的租赁费等。

(三)所有者权益

资产负债表中的所有者权益(Owner's Equity)是企业资产扣除负债后的剩余权益,反映企业在某一特定日期股东拥有的净资产的总额。所有者权益一般按照股本、资本公积、盈余公积和未分配利润分项列示。

股本指的是股东在公司中所占的权益,即所有者向企业投入的资本,在一般情况下无须偿还,可以长期周转使用。

资本公积指的是由于资本本身升值或其他原因而产生的投资者的共同权益。包括资本(或股本)溢价、接受捐赠资产、外币资本折算差额等。其中,资本(或股本)溢价指企业投资者投入的资金超过其在注册资本中所占份额的部分;接受捐赠资产指企业因接受现金和非现金资产捐赠而增加的资本公积;外币资本折算差额指企业接受外币投资因所采用的汇率不同而产生的资本折算差额。

盈余公积指的是企业从实现的利润中提取或形成的留存于企业内部的积累。《中华人民共和国公司法》规定,上市公司分红前,必须对税后利润进行两项扣除:一是法定公积金。应当提取当年利润的10%列入公司法定公积金。公司法定公积金累计额为公司注册资本的50%以上的,可以不再提取。二是任意公积金。公司从税后利润中提取法定公积金后,经股东会或者股东大会决议,还可以从税后利润中提取任意公积金。

未分配利润指的是企业留于以后年度分配的利润或待分配利润。未分配利润是企业实现的净利润经过弥补亏损、提取盈余公积和向投资者分配利润后留存在企业的、历年结存的利润,可以简单理解为企业自成立以来留存至今的净利润。未分配利润能够从一定程度上说明企业常年的盈利能力。

二、资产负债表的基本结构

表 4-7 列示了 B 企业股份有限公司 2019—2020 年资产负债表。①

表 4-7　B 企业股份有限公司 2019—2020 年资产负债表　　　　　　　　（单位:元）

资产	2020 年 12 月 31 日	2019 年 12 月 31 日
流动资产:		
货币资金	195 230 723 369.88	166 194 595 726.42
交易性金融资产	170 479 737.23	11 735 265 424.66
衍生金融资产	14 760 989.89	332 257 520.78
应收票据	9 662 433.79	28 970 047.83
应收账款	2 992 423 302.26	1 988 075 737.67
预付款项	62 247 503 823.48	97 795 831 444.26
其他应收款	249 498 545 525.50	235 465 007 349.80
存货	1 002 063 008 153.13	897 019 035 609.52
合同资产	6 162 549 680.11	3 444 938 025.74

---

① 来源于该公司 2020 年年度报告。

续表

资产	2020年12月31日	2019年12月31日
持有待售资产	6 334 727 583.46	4 252 754 905.02
其他流动资产	22 662 676 635.96	20 732 622 761.28
流动资产合计	1 547 387 061 234.69	1 438 989 354 552.98
非流动资产：		
其他权益工具投资	1 601 237 167.11	2 249 953 722.90
其他非流动金融资产	697 759 464.58	673 982 298.05
长期股权投资	141 895 190 255.76	130 475 768 323.53
投资性房地产	79 954 139 029.20	73 564 678 069.11
固定资产	12 577 342 742.17	12 399 838 267.28
在建工程	3 236 850 338.38	4 179 839 536.92
使用权资产	25 210 119 233.05	22 135 359 592.40
无形资产	6 087 781 315.58	5 269 647 193.30
商誉	206 342 883.92	220 920 784.68
长期待摊费用	8 947 760 570.31	7 235 202 389.07
递延所得税资产	27 535 430 502.86	23 427 586 089.92
其他非流动资产	13 840 079 267.94	9 107 319 581.09
非流动资产合计	321 790 032 770.86	290 940 095 848.25
资产总计	1 869 177 094 005.55	1 729 929 450 401.23
负债及股东权益		
流动负债：		
短期借款	25 111 536 842.11	15 365 231 785.08
衍生金融负债	336 153 690.52	—
应付票据	607 112 827.28	941 279 690.68
应付账款	295 684 502 351.66	267 280 865 500.05
预收款项	912 230 827.79	770 781 495.16
合同负债	630 747 210 801.94	577 047 227 178.73
应付职工薪酬	7 850 940 564.17	6 896 261 420.24
应交税费	29 036 523 037.88	25 109 731 106.59
其他应付款	212 758 353 478.50	250 698 460 720.96
一年内到期的非流动负债	60 461 863 986.86	80 646 217 975.53
其他流动负债	53 986 260 461.07	47 854 227 137.67
流动负债合计	1 317 492 688 869.78	1 272 610 284 010.69
非流动负债：		
长期借款	132 036 783 089.92	114 319 778 454.74
应付债券	43 576 223 200.25	49 645 512 945.07

续表

资产	2020年12月31日	2019年12月31日
租赁负债	24 589 945 695.98	21 277 365 792.32
预计负债	215 331 457.12	149 629 291.04
其他非流动负债	1 190 177 426.90	1 065 436 144.05
递延所得税负债	231 470 922.38	282 328 350.36
非流动负债合计	201 839 931 792.55	186 740 050 977.58
负债合计	1 519 332 620 662.33	1 459 350 334 988.27
股东权益：		
股本	11 617 732 201.00	11 302 143 001.00
资本公积	18 554 497 034.24	12 384 484 513.99
其他综合收益	-1 544 373 020.86	-1 806 426 631.62
盈余公积	97 466 324 513.51	70 826 254 100.68
未分配利润	98 416 772 021.20	95 352 036 928.77
归属于母公司股东权益合计	224 510 952 749.09	188 058 491 912.82
少数股东权益	125 333 520 594.13	82 520 623 500.14
股东权益合计	349 844 473 343.22	270 579 115 412.96
负债和股东权益总计	1 869 177 094 005.55	1 729 929 450 401.23

正如表4-7所示，资产负债表中，资产和负债按流动性的顺序依次列示，资产按流动性从大到小列示为流动资产、长期投资、固定资产、无形资产及其他资产；负债也按流动性从大到小列示为流动负债、长期负债等；所有者权益则按资本公积、盈余公积、未分配利润等项目分项进行列示。

一般来说，资产负债表的基本结构和主要内容如表4-8所示。在资产负债表的基本结构中，左侧列示的是企业的资产，这一项包含企业的货币资金以及以各种形式存在的资金；右侧列示的是企业的负债和所有者权益，实际上，负债和所有者权益均意味着企业对某一主体的负债，因为从某种意义上来看，所有者权益是企业对股东的负债。

表4-8 资产负债表基本内容

流动资产：	流动负债：
货币资金	短期借款
应收票据	应付票据
应收账款	应付账款
预付款项	预收款项
存货	流动负债合计
其他应收款	**非流动负债：**
流动资产合计	长期借款

续表

非流动资产：	应付债券
长期股权投资	长期应付款
固定资产	非流动负债合计
在建工程	负债合计
无形资产	所有者权益（或股东权益）：
商誉	实收资本（或股本）
非流动资产合计	资本公积
	盈余公积
	未分配利润
	所有者权益合计
资产合计	负债和所有者权益合计

三、资产负债表与净营运资本

净营运资本是企业流动资产总额减去各类流动负债后的余额，计算公式如下：

$$净营运资本 = 流动资产 - 流动负债$$

净营运资本能够反映企业的偿债能力和财务风险。对一家企业而言，净营运资本越多，则该企业越能履行当期的财务责任越强，因为当净营运资本为正时，企业的流动资产大于流动负债，这意味着企业在短期内能够变为可用的现金将大于同期需要支付的现金。因此，在运营状况良好的企业中，净营运资本通常为正。

但是，净营运资本也并非越多越好，因为较高的净营运资本意味着流动资产远多于流动负债，此时企业保有较多的闲置资金，这将给企业带来巨大的机会成本。因此，尽管较高的净营运资本保证了企业的偿债能力，但是对企业的盈利能力极为不利，这将在一定程度上限制一家企业的发展。

所以总的来说，对于每家企业而言，应该根据其自身的运营特点和经营需求，保持适合其自身的净营运资本水平，以维持企业的正常运营，实现企业的长期发展。

案例 4-2

C 股份有限公司财务信息披露问题

资产负债表中对企业财务信息的披露有利于报表使用者了解企业的财务状况和真实经营状况，将资产负债表中的不同项目结合起来考察还能够挖掘企业发展的动力和潜力。因此，资产负债表中相关项目的披露尤为重要。并且，如果部分项目不足以在资产负债表中进行单独列示，但是这些项目也具有一定的重要性，那么企业就应当在财务报表附注中进行具体说明。然而，企业的财务报表往往存在信息披露的充分性不足等问题。

例如，会计师事务所（特殊普通合伙）对 C 股份有限公司 2020 年度的财务报表出具了

"无法表示意见"的审计报告,形成无法表示意见的部分基础如下①:

1. 其他应收款

如财务报表附注"十三、(四)控股股东破产重整"所述,C 公司于 2020 年 12 月 21 日收到控股股东 D 集团股份有限公司(以下简称"D")转发的某市中级人民法院《民事裁定书》,债权人以 D"仍具备重整价值"等为由提交了破产重整申请书。某市中级人民法院受理了债权人的申请并做出了《民事裁定书》。截至 2020 年 12 月 31 日,C 公司及子公司应收 D 185 833.36 万元;计提信用减值损失 92 916.68 万元。C 公司上述信用减值损失的预计缺少适当的证据。我们无法对 C 公司应收 D 集团余额 185 833.36 万元及未来可收回性的估计获取充分的审计证据,以合理判断 C 公司对上述资金余额及提取的信用减值损失金额的准确性。

2. 预计负债的确认

如财务报表附注"十、或有事项"所述,C 公司及子公司作为担保方对外提供担保形成的或有事项涉讼金额 23 501.97 万元,截至 2020 年 12 月 31 日,C 公司已对上述担保事项计提预计负债 19 277.36 万元。C 公司上述担保损失的预计缺少适当的证据。我们无法对 C 公司就对外担保可能形成的担保损失的估计获取充分的审计证据,以合理判断 C 公司对上述对外担保计提的预计负债金额的准确性。

3. 递延所得税资产的确认

截至 2020 年 12 月 31 日,C 公司母公司可抵扣暂时性差异确认的递延所得税资产 71 515 395.14 元,如本审计报告"二、4. 持续经营能力"所述原因,我们无法判断 C 公司母公司未来期间很可能取得的用来抵扣可抵扣暂时性差异的应纳税所得额,无法认定递延所得税资产的准确性。

分析:

从 C 股份有限公司 2020 年的审计报告可知,该企业财务报表披露不充分。

在 C 股份有限公司的资产负债表中涉及一些重要项目,如其他应收款、预计负债和递延所得税资产等。尽管这些项目的重要性使其不足以在该企业的资产负债表中进行具体列示,但是,依据编制财务报表的信息列报重要性原则,这类项目应当在财务报表附注中单独进行披露。

但是,C 股份有限公司并没有在附注中对这些重要的资产项目或负债项目进行单独列示,造成了企业部分资产项目和负债项目金额解释说明不充分的状况,导致 X 会计师事务所无法获取充分、适当的审计证据作为发表审计意见的基础。

因此,由于资产负债表往往蕴含着企业的重要信息,所以尽管其对部分资产项目或负债项目进行了汇总的列示,但是对于这些项目的具体情况仍应当在财务报表附注中进行充分披露;否则,报表使用者将无法明确这些项目具体包括哪些核算内容,这种披露不充分的情况会对报表使用者造成困扰,使其难以充分获取企业的信息,容易对其决策产生影响。

---

① 来源于 C 股份有限公司 2020 年审计报告。

第四节 现金流量表

一、现金流量表的概念

现金流量表是一种反映企业在一定会计期间内经营活动、投资活动和筹资活动对现金和现金等价物流入和流出影响的会计报表,能够为评价企业的财务状况提供更好的基础。

(一) 现金

现金(Cash)是指企业库存现金以及可以随时用于支付的存款。现金中可以随时用于支付的存款包括企业银行存款中随时可用于支付的部分、外埠存款、银行汇票存款、银行支票存款和在途货币等其他货币资金。值得注意的是,现金必须满足可随时用于支付的特性,如果不能随时用于支付,那么就不属于现金的范畴,如定期存款。

(二) 现金等价物

现金等价物(Cash Equivalents)是指企业持有的期限短(一般指从购买日起三个月内到期)、流动性强、易于转换为已知金额现金、价值变动风险很小的投资。现金等价物一般包括三个月到期或清偿的国库券、货币市场基金、可转让定期存单、银行承兑汇票等。值得注意的是,现金等价物虽然不是现金,但由于其具有即将到期、可随时转换为定额现金、利息变动对其价值影响小等特性,其在一定程度上被认为等同于现金。

二、现金流量表的基本结构

表4-9为B企业股份有限公司2019—2020年的现金流量表。[①]

表4-9　B企业股份有限公司2019—2020年的现金流量表　　　　（单位:元）

项目	2020年	2019年
一、经营活动产生的现金流量		
销售商品、提供劳务收到的现金	472 283 130 715.82	432 735 958 602.82
收到其他与经营活动有关的现金	36 078 780 855.97	37 112 763 422.55
经营活动现金流入小计	508 361 911 571.79	469 848 722 025.37
购买商品、接受劳务支付的现金	318 470 472 700.42	317 300 741 504.91
支付给职工以及为职工支付的现金	15 561 462 921.17	16 414 442 465.40
支付的各项税费	59 397 255 641.48	61 286 938 736.26
支付其他与经营活动有关的现金	61 744 698 064.91	29 159 789 803.72
经营活动现金流出小计	455 173 889 327.98	424 161 912 510.29
经营活动产生的现金流量净额	53 188 022 243.81	45 686 809 515.08
二、投资活动产生的现金流量		
收回投资收到的现金	4 636 886 080.38	1 760 945 806.47

---

① 来源于该公司2020年年度报告。

续表

项目	2020 年	2019 年
取得投资收益收到的现金	3 903 163 650.08	2 911 602 779.14
处置固定资产、无形资产、投资性房地产和其他长期资产收回的现金净额	62 313 156.81	96 121 888.34
处置子公司及其他营业单位收到的现金净额	4 704 049 890.99	2 987 795 243.33
收到其他与投资活动有关的现金	17 257 903 571.86	8 177 287 114.23
投资活动现金流入小计	30 564 316 350.12	15 933 752 831.51
购建固定资产、无形资产、投资性房地产和其他长期资产所支付的现金	7 208 297 858.47	6 244 191 970.95
投资支付的现金	12 937 284 477.77	27 924 969 315.42
取得子公司及其他营业单位支付的现金净额	4 143 334 783.53	9 032 616 118.89
支付其他与投资活动有关的现金	478 332 102.30	1 358 709 980.10
投资活动现金流出小计	24 767 249 222.07	44 560 487 385.36
投资活动产生/(使用)的现金流量净额	5 797 067 128.05	−28 626 734 553.85
三、筹资活动产生的现金流量		
吸收投资收到的现金	38 858 944 942.25	11 814 284 511.15
其中:子公司吸收少数股东投资收到的现金	31 693 649 391.52	5 170 882 539.26
取得借款收到的现金	106 113 680 208.76	79 016 907 942.38
发行债券所收到的现金	8 963 038 000.00	14 603 433 448.27
收到的其他与筹资活动有关的现金	—	17 958 910 865.42
筹资活动现金流入小计	153 935 663 151.01	123 393 536 767.22
归还投资支付的现金	11 885 701 551.23	9 316 229 225.09
偿还债务支付的现金	110 431 890 971.91	100 715 561 181.44
分配股利、利润或偿付利息支付的现金	34 716 050 996.39	36 822 907 476.50
其中:子公司支付给少数股东的股利、利润	7 474 053 653.85	11 147 482 397.91
支付的其他与筹资活动有关的现金	29 406 279 570.31	9 877 049 330.59
筹资活动现金流出小计	186 439 923 089.84	156 731 747 213.62
筹资活动使用的现金流量净额	−32 504 259 938.83	−33 338 210 446.40
四、汇率变动对现金及现金等价物的影响	−557 101 198.03	348 623 418.48
五、现金及现金等价物净增加/(减少)额	25 923 728 235.00	−15 929 512 066.69
加:年初现金及现金等价物余额	159 738 651 471.96	175 668 163 538.65
六、年末现金及现金等价物余额	185 662 379 706.96	159 738 651 471.96

正如表 4-9 所示，现金流量表有三部分主要内容，分别是经营活动产生的现金流量、投资活动产生的现金流量、筹资活动产生的现金流量。除此以外，现金流量表中还涉及汇率变动对现金的影响、现金及现金等价物净增加额、年末现金及现金等价物余额等内容。

现金流量表的主要项目如表 4-10 所示。从下列主要项目中的三项企业基本活动产生的现金流量净额可以分析企业的经营活动、投资活动和筹资活动分别对企业现金流量净额产生的影响,根据各项活动下列示的具体项目,还可以进一步分析企业现金流量净额变动的主要原因。

表 4-10 现金流量表基本内容

一、经营活动产生的现金流量:
销售商品、提供劳务收到的现金
收到的税费返还
收到其他与经营活动有关的现金
经营活动现金流入小计
购买商品、接受劳务支付的现金
支付给职工以及为职工支付的现金
支付的各项税费
支付其他与经营活动有关的现金
经营活动现金流出小计
经营活动产生的现金流量净额
二、投资活动产生的现金流量:
收回投资收到的现金
取得投资收益收到的现金
处置固定资产、无形资产和其他长期资产收回的现金净额
收到其他与投资活动有关的现金
投资活动现金流入小计
购建固定资产、无形资产和其他长期资产支付的现金
投资支付的现金
支付其他与投资活动有关的现金
投资活动现金流出小计
投资活动产生的现金流量净额
三、筹资活动产生的现金流量:
吸收投资收到的现金
取得借款收到的现金
收到其他与筹资活动有关的现金
筹资活动现金流入小计
偿还债务支付的现金
分配股利、利润或偿付利息支付的现金
支付其他与筹资活动有关的现金
筹资活动现金流出小计
筹资活动产生的现金流量净额

对于现金流量表的进一步分析将在下一章中具体展开。

案例 4-3

E 公司现金流问题

E 公司对深圳证券交易所 2020 年年报问询函中部分关于现金流问题的回复如下①：

问：你公司近三年分别实现营业收入 26.50 亿元、27.93 亿元和 30.00 亿元，经营活动产生的现金流量净额分别为 -3 093.49 万元、5 441.45 万元和 -5 247.27 万元。报告期内，各季度归属于上市公司股东的扣除非经常性损益的净利润分别为 -4 273.87 万元、5 481.36 万元、464.01 万元和 -10.07 万元。请补充说明在近三年营业收入基本稳定的情况下，你公司经营活动产生的现金流量净额大幅波动的主要原因，以及报告期内各季度扣非后归母净利润大幅波动的主要原因，相关会计处理是否符合企业会计准则的规定。请年审会计师核查并发表明确意见。

公司回复：

补充说明在近三年营业收入基本稳定的情况下，我公司经营活动产生的现金流量净额大幅波动的主要原因。

2018—2020 年公司现金流量表经营活动部分数据如表 4-11 所示。

表 4-11　E 公司 2018—2020 年现金流量表部分内容　　（金额单位：万元）

项目	2018 年度	2019 年度	2020 年度
销售商品、提供劳务收到的现金	337 620.91	319 426.33	256 002.84
收到的税费返还	—	—	—
收到的其他与经营活动有关的现金	1 988.72	1 582.05	2 669.38
经营活动现金流入小计	339 609.63	321 008.39	258 672.22
购买商品、接受劳务支付的现金	278 167.95	242 093.65	204 902.82
支付给职工以及为职工支付的现金	9 927.32	11 212.65	10 079.45
支付的各项税费	11 685.11	10 579.84	8 916.06
支付的其他与经营活动有关的现金	45 076.51	51 680.80	37 867.38
经营活动现金流出小计	344 856.90	315 566.94	261 765.70
经营活动产生的现金流量净额	-5 247.27	5 441.45	-3 093.49

由表 4-11 可见，经营活动现金流主要项目为"销售商品、提供劳务收到的现金""购买商品、接受劳务支付的现金"与"支付的其他与经营活动有关的现金"，对经营活动产生的现金流量净额变动影响较大。2018—2020 年该三个项目金额变动对经营活动产生的现金流量净额变动的影响关系见表 4-12。

由表 4-12 可见，"销售商品、提供劳务收到的现金"与"购买商品、接受劳务支付的现金"之间的波动金额比例关系并不稳定。2019 年度与 2018 年度相比，"销售商品、提供劳务收到

---

① 来源于《E 公司关于对深圳证券交易所 2020 年年报问询函回复的公告》。

表 4-12　E 公司 2018—2020 年部分项目对现金流量净额的影响

项目	2019 年度比 2018 年度净增加（万元）	2019 年度比 2018 年度变动影响占比	2020 年度比 2019 年度净增加（万元）	2020 年度比 2019 年度变动影响占比
销售商品、提供劳务收到的现金	-18 194.58	-170.22%	-63 423.49	743.10%
购买商品、接受劳务支付的现金	-36 074.30	337.50%	-37 190.83	-435.75%
支付的其他与经营活动有关的现金	6 604.29	-61.79%	-13 813.42	-161.85%
以上三项产生的净额	11 275.43	105.49%	-12 419.24	145.51%
经营活动产生的现金流量净额	10 688.72		-8 534.94	

的现金"减少金额低于"购买商品、接受劳务支付的现金"减少金额；2020 年度与 2019 年度相比，"销售商品、提供劳务收到的现金"减少金额高于"购买商品、接受劳务支付的现金"减少金额。这主要是由应收账款回款情况不同所致。2019 年年末应收账款账面余额 121 858.35 万元，比 2018 年年末应收款账面余额 157 643.73 万元减少了 35 785.38 万元，2020 年年末应收款账面余额 134 303.60 万元，比 2019 年年末应收款账面余额增加了 12 445.25 万元。2019 年度因诉讼案导致公司部分资金被法院扣划，部分银行账户资金被冻结，公司资金紧张且存在短期内偿还债务的压力，公司大力加强应收账款催收工作。2020 年度公司持续实施应收账款催收工作，应收账款 2020 年年末余额较 2019 年年末增长 10.21%，催收效果略有下降。故 2019 年度应收账款催款执行成果优于 2018 年度与 2020 年度，是造成三年度经营活动产生现金流量净额波动的主要因素。

分析：

现金流对于一家企业而言至关重要，正如 1997 年贝索斯在亚马逊第一封致股东信中曾说过的："如果非要让我们在公司财务报表的美观和自由现金流之间选择的话，我们认为公司最核心的关注点应该是自由现金流。"

2018—2020 年，E 公司经营活动产生的现金流量净额波动剧烈，这一异常的现象引起了深圳证券交易所的关注。由《E 公司关于对深圳证券交易所 2020 年年报问询函回复的公告》可见，"销售商品、提供劳务收到的现金""购买商品、接受劳务支付的现金"和"支付的其他与经营活动有关的现金"三个项目对其自身经营活动产生的现金流量净额变动影响较大，并且前面两个项目之间的波动金额比例关系不稳定，造成这一状况的主要原因在于应收账款的存在。值得注意的是，在现金短缺的同时，E 公司应收账款的回款能力在 2020 年却有所下降。

因此，尽管 E 公司在账面上拥有较高的应收账款，其自身的业务可能不存在问题，但是通过其业务真正收回的现金却极其有限，这直接导致了企业的自由现金流极度短缺，使企业直接面临短期还款压力，大大地降低了企业经营过程中的风险承担能力。

> 实际上,现金流就像企业赖以生存的血液,它决定着企业能否持续经营。所以,在通过其他报表来分析企业的某些属性时,为了得到更加务实、可靠的判断,往往也需要结合现金流量表来进行分析。

即 测 即 评

请扫描右侧二维码检测本章学习效果。

思 考 题

1. 什么是财务报表?
2. 财务报表的主要作用是什么?
3. 财务报表包含了哪些内容?
4. 编制财务报表的基本原则有哪些?
5. 毛利润、营业利润、净利润计算公式是什么?
6. EBITDA 的计算公式是什么?

第五章 财务报表分析

学习目标：
1. 掌握财务报表的分析方法。
2. 掌握财务报表基础指标的计算与运用。
3. 理解现金流预测方法及企业现金流管理方法。

在企业经营管理过程中，创业家希望获取对于企业运营情况的客观评价，进而根据这一评价做出企业发展决策。因此，分析财务报表尤为重要。通过分析财务报表，创业家能从中获取有价值的信息，从而指导企业进行战略调整与实施。

在对财务报表有基础认知后，创业家能够基于利润表、资产负债表、现金流量表、财务报表附注等内容测算各个维度的指标，以此充分分析企业的财务状况，进而衡量企业的经营发展水平。另外，创业家们还应该特别关注现金流管理的相关问题。因为对于企业而言，现金流不仅是维持企业运转所必需的，更是企业发展所必需的。一家企业如果没有现金，创业家将无法开展购买存货或设备、发放工资、支付账单或偿还债务等一系列企业活动。因此，创业家应当重视对企业现金流状况的评估，并且应当思考如何改善企业的现金流。

总的来说，学习如何分析财务报表有利于创业家更加全面地把握企业经营状况，也有利于为企业未来发展制定更合理的决策。

第一节 财务报表分析方法

一、财务报表分析的基本方法

根据对比对象的不同，财务报表分析的基本方法可以分为结构分析法、比率分析法、趋势分析法、比较分析法、项目质量分析法等具体方法。合理应用上述分析方法对企业三大报表进行财务分析，将得到反映企业不同层面经营状况的财务指标，从而能够从不同侧面指导创业家开展经营活动。

（一）结构分析法

结构分析法（Structure Analysis Approach）主要通过计算报表中各个项目在某个总体指标中的占比来分析各个项目的相对重要程度以及变化情况，从而能够进一步分析各个项目结构的合理性,为企业未来的策略调整提供依据。

财务报表的结构分析法除了能垂直分析财务报表中各项目的结构关系外,还能够分析某一项目的内在结构。例如,以某一项目为100%计算这一项目的各个构成项目的占比情况,在这种情况下,通过结构分析法可以明确某一项目的内在要素结构及所占比例,有利于判断不同构成要素对总体项目的重要程度。

(二)比率分析法

比率分析法(Ratio Analysis Approach)是将某些相关联的项目加以对比,计算得出比率,从而确定经济活动的基本特征或变动程度的分析方法。比率分析法是最常用的财务分析方法之一,根据财务报表计算得到各种比率能够将财务报表所记载的信息加以精简,使得创业家快速、高效地掌握企业相关财务信息。

比率分析法对于三大财务报表均适用,常用于分析企业的偿债能力、营运能力和盈利能力。通常财务分析所涉及的财务比率如表5-1所示。

表5-1 常用财务比率汇总

项目	计算公式
短期偿债能力比率	
(1)营运资本	流动资产-流动负债
(2)流动比率	流动资产/流动负债
(3)速动比率	速动资产/流动负债
(4)现金比率	(货币资金+交易性金融资产)/流动负债
(5)现金流量比率	经营活动现金流量净额/流动负债
长期偿债能力比率	
(1)资产负债率	(总负债/总资产)×100%
(2)产权比率	总负债/股东权益
(3)权益乘数	总资产/股东权益
(4)长期资本负债率	[非流动负债/(非流动负债+股东权益)]×100%
(5)利息保障倍数	(净利润+利息费用+所得税费用)/利息费用
(6)现金流量利息保障倍数	经营活动现金流量净额/利息费用
(7)现金流量债务比	经营活动现金流量净额/债务总额
营运能力比率	
(1)应收账款周转率(次数)	销售收入/应收账款
(2)存货周转率(次数)	销售收入/存货平均余额
(3)流动资产周转率(次数)	销售收入/流动资产
(4)净营运资本周转率(次数)	销售收入/净营运资本
(5)非流动资产周转率(次数)	销售收入/非流动资产
(6)总资产周转率(次数)	销售收入/总资产

续表

项目	计算公式
（7）现金流量资产比	经营活动现金流量净额/总资产
盈利能力比率	
（1）销售净利率	（净利润/销售收入）×100%
（2）总资产净利率	（净利润/总资产）×100%
（3）权益净利率	（净利润/股东权益）×100%
市价比率	
（1）市盈率	每股市价/每股收益
（2）市净率	每股市价/每股净资产
（3）市销率	每股市价/每股销售收入
杜邦分析体系	
（1）净资产收益率	销售净利率×资产周转率×权益乘数

（三）趋势分析法

趋势分析法（Trend Analysis Approach），又称水平分析法或横向分析法。趋势分析法是将财务报表中两期或多期的相同指标进行对比，确定其增减变动方向、数额以及幅度，从而说明企业财务状况和经营成果变动趋势的分析方法。趋势分析法又可细分为绝对数分析法、环比分析法和定基分析法三种分析方法。

1. 绝对数分析法

绝对数分析法是最简单的趋势分析法，即将有关项目连续几期的绝对数额逐一列示并进行对比分析，从而直观地考察各项目逐期的增减变动。

2. 环比分析法

环比分析法是计算有关项目相邻两期的变化率，即计算分析期某项目数值相对于前期该项目数值的变动百分比。相比于绝对数分析法，环比分析法可以进一步考察项目的增减幅度。我们通常借助环比变动百分比进行环比分析。环比变动百分比的计算公式为：

$$环比变动百分比 = \frac{分析期某项目数值 - 前期某项目数值}{前期某项目数值} \times 100\%$$

3. 定基分析法

定基分析法与环比分析法类似，但定基分析法选择一个固定的期间作为基期，计算相关项目在各分析期的水平变动百分比。相比于环比分析法，定基分析法可以用于进一步分析一个较长期间内某项目的总体变化趋势，从而进行较长期的趋势分析。我们通常借助定基变动百分比进行定基分析。定基变动百分比的计算公式为：

$$定基变动百分比 = \frac{分析期某项目数值 - 基期某项目数值}{基期某项目数值} \times 100\%$$

一般来说，基期应选择企业财务状况较正常的年份，而不是选择项目数值为零、负数或极度异常值的期间，否则定基变动百分比不具有显著意义。

在进行趋势分析时,有必要考虑以下几点注意事项:

(1)若前后期间所采用的会计政策不一致,应对前期相关项目进行追溯调整;

(2)应考虑各期内部重要事项和外部环境因素(如重大资产重组、金融危机等)对各期财务数据造成的影响;

(3)当分析涉及的期限较长时,应考虑物价水平变动因素对各期财务数据造成的影响,必要时需先消除物价变动带来的影响。

(四)比较分析法

比较分析法(Comparative Analysis Approach)是根据不同的比较标准比较不同的数据,从而发现规律并找出比较对象间差别的一种分析方法。比较分析法的形式多种多样,用于比较的可以是绝对数也可以是相对数,比较形式可以是企业自身实际与计划指标之间的比较,也可以是企业的某一项目或指标与同行业内其他企业或平均水平的比较。

比较分析法常用的比较标准有基期标准、预期标准及行业标准等。

1. 基期标准

基期标准是能够反映企业分析指标的历史水平的标准,可以选取上期指标、往年同期指标或者历史上任意时期的指标作为基期标准。将企业相关指标与基期标准比较,能够对相关指标的变动方向以及企业相关发展状况做出评价,从而指导企业下一阶段的经营。

2. 预期标准

预期标准是企业预先设定的比较标准,反映的是企业的目标水平。将企业相关指标与预期标准做比较,能够对企业计划、预算、定额或责任指标的完成情况进行评价,这是衡量企业目标是否达成的重要依据。

3. 行业标准

行业标准是企业所在行业的同类指标值,反映了分析指标的行业水平。行业标准既可以是相关行业的平均水平,也可以是先进水平等。将企业相关指标与行业标准做比较,能够对企业在行业中的地位和相对竞争优势或劣势做出评价,为企业未来的发展方向提供参考。

(五)项目质量分析法

项目质量分析法(Item Quality Analysis Approach)属于新兴的财务报表分析方法,是通过对财务报告各项目的规模、结构以及状态进行分析,还原企业所发生的经营活动和理财活动,并综合考虑各项目自身的特征和管理要求以及企业具体的经营环境和经营战略,对各项目的质量进行综合评价。基于三大报表,我们可以运用项目质量分析法对企业的资产质量、资本结构质量、利润质量以及现金流量质量进行分析与评价。

项目质量分析法与前四种分析方法有所不同。根据重要性原则和例外原则,项目质量分析法通常将关注点放在重大项目和异动项目的财务指标上,从而提高分析效率。因此,每家企业在利用项目质量分析法时都需要有其个性化的具体分析方案,而不是一套统一的评判指标。此外,由于项目质量分析法更加具体,在分析时通常需要借助报表附注披露的内容以及一些表外信息进行分析。

在对财务报表分析的基本方法有了初步了解后,我们接下来将分别考虑其中几种方法在利润表、资产负债表和现金流量表中的主要应用。

二、利润表分析

(一) 利润表的结构分析法

对利润表而言,采用结构分析法可以分别进行纵向结构分析和内在构成要素的结构分析。

1. 纵向结构分析

在利润表中采用纵向结构分析,是以某一项目为100%,计算利润表中其他项目的占比情况。如表5-2所示的计算实例中,以营业总收入为基础,分别计算营业成本、税金及附加、销售费用等项目的占比,从而能够比较各个项目对某一项目的影响程度。

2. 内在构成要素的结构分析

在利润表中分析某些项目的内在构成要素,能够判断不同要素对利润表中某些项目的重要程度。

以利润的构成要素为例,利润总额的计算公式如下:

利润总额 = 主营业务利润 + 其他业务利润 - 期间费用 + 投资收益 + 营业外收支净额

可以通过计算构成利润总额的各个要素占利润总额的比重分析其重要程度。除此以外,由于一家企业的收入可能来源于其各个业务或各个地区的分部,因此在分析利润总额的构成要素时还可以按照不同业务、不同分部来进行计算:

$$各业务利润比重 = \frac{某业务创造的利润}{利润总额}$$

$$各分部利润比重 = \frac{某分部创造的利润}{利润总额}$$

(二) 利润表的比率分析法

在利润表中,比率分析法主要用于衡量企业的盈利能力。盈利能力是指企业通过经营活动获取利润的能力。企业的盈利能力越强,带来的现金流入量越多,则给予股东的回报越高,偿债能力越强,企业价值越大。

分析和评价企业盈利的主要指标有:毛利率、销售净利率、总资产报酬率、净资产收益率、资产保值增值率。

1. 毛利率

毛利率水平反映了企业的初始获利能力。它是企业实现利润总额的起点,可以表明企业对营业费用、管理费用、财务费用等期间费用的承受能力。通过分析毛利率,可以掌握毛利率水平和期间费用对获得利润的影响。其计算公式为:

$$毛利率 = \frac{毛利润}{营业收入} = \frac{营业收入 - 营业成本}{营业收入}$$

2. 销售净利率

销售净利率反映了企业营业收入给企业带来盈利的能力,是实现的净利润与营业收入之比。其计算公式为:

$$销售净利率 = \frac{净利润}{营业收入}$$

通过对销售净利率的分析,可以了解企业总的经营管理水平。

3. 总资产报酬率

总资产报酬率又称资产所得率,是指实现的净利润与平均资产总额之比,是反映企业资产运营效益和总体获利能力的重要指标。其计算公式为:

$$总资产报酬率 = \frac{净利润}{总资产平均余额}$$

4. 净资产收益率

净资产收益率又称所有者权益收益率或股东权益收益率,它是获得的净利润占所有者权益平均余额的百分比。其计算公式为:

$$净资产收益率 = \frac{净利润}{所有者权益平均余额}$$

通过对该指标的分析可以揭示如下几个方面的信息:反映所有者投资的获利能力;为企业的投资者提供了获得投资回报情况的信息;反映企业经营者对受托资产的经营成果。

5. 资本保值增值率

资本保值增值率是指期末所有者权益余额与期初所有者权益余额的比率。它反映所有者权益保值或增值情况。其计算公式为:

$$资本保值增值率 = \frac{期末所有者权益总额}{期初所有者权益总额}$$

(三) 利润表的趋势分析法

对于利润表,趋势分析法主要用于衡量企业自身发展能力。企业自身发展能力,是指通过生产经营活动获得收益的增长,以及用自身形成的资金取得发展趋势的能力。

企业业务成长性和持续发展趋势一般用如下指标进行分析与预测。

1. 收入增长率

$$收入增长率 = \frac{报告期收入增加额}{历史同期收入总额} \times 100\%$$

2. 净利润增长率

$$净利润增长率 = \frac{报告期利润增加额}{历史同期利润总额} \times 100\%$$

3. 总资产增长率

$$总资产增长率 = \frac{本期总资产增加额}{期初资产总额} \times 100\%$$

4. 资本积累率

$$资本积累率 = \frac{本期所有者权益增加额}{期初所有者权益} \times 100\%$$

> **算例 5-1**
>
> 以第四章表 4-3 中 B 企业股份公司的利润表为例,采用结构分析法和趋势分析法进行分析的结果如表 5-2 和表 5-3 所示。

表 5-2 利润表项目的纵向结构分析

项目	2019年		2020年	
	金额(元)	百分比(%)	金额(元)	百分比(%)
营业总收入	367 893 877 538.94	100.00	419 111 677 714.12	100.00
营业成本	234 550 332 806.05	63.75	296 540 687 975.27	70.75
税金及附加	32 905 223 898.57	8.94	27 236 909 916.23	6.50
销售费用	9 044 496 840.07	2.46	10 636 899 699.87	2.54
管理费用	11 018 405 286.60	3.00	10 288 052 823.20	2.45
研发费用	1 066 676 028.92	0.29	665 687 472.79	0.16
财务费用	5 735 941 711.58	1.56	5 145 102 736.17	1.23
投资收益	4 984 126 780.28	1.35	13 511 869 972.98	3.22
营业利润	76 613 136 041.54	20.82	79 958 642 103.88	19.08
营业外收入	714 732 128.72	0.19	999 497 308.64	0.24
营业外支出	788 578 652.67	0.21	1 282 386 489.13	0.31
利润总额	76 539 289 517.59	20.80	79 675 752 923.39	19.01
所得税费用	21 407 674 945.50	5.82	20 377 636 478.86	4.86
净利润	55 131 614 572.09	14.99	59 298 116 444.53	14.15

表 5-3 利润表项目的趋势分析

项目	各年金额(单位:元)		环比变动百分比(%)	定基变动百分比(%)
	2019年	2020年	2020年	2020年
营业总收入	367 893 877 538.94	419 111 677 714.12	0.139 218 952	0.139 218 952
营业成本	234 550 332 806.05	296 540 687 975.27	0.264 294 467	0.264 294 467
销售费用	9 044 496 840.07	10 636 899 699.87	0.176 063 178	0.176 063 178
管理费用	11 018 405 286.60	10 288 052 823.20	-0.066 284 77	-0.066 284 77
研发费用	1 066 676 028.92	665 687 472.79	-0.375 923 472	-0.375 923 472
财务费用	5 735 941 711.58	5 145 102 736.17	-0.103 006 447	-0.103 006 447
营业利润	76 613 136 041.54	79 958 642 103.88	0.043 667 525	0.043 667 525
利润总额	76 539 289 517.59	79 675 752 923.39	0.040 978 476	0.040 978 476
净利润	55 131 614 572.09	59 298 116 444.53	0.075 573 732	0.075 573 732

三、资产负债表分析

(一) 资产负债表的结构分析法

通过计算资产负债表中各项目占总资产或权益总额的比重,能够分析评价企业资产结构和权益结构变动的合理程度。

1. 资产结构的分析评价

对于资产负债表中资产结构的分析评价,可从静态角度观察企业资产的配置情况,即通过与行业平均水平或可比企业的资产结构比较,评价企业资产的合理性。也可从动态角度分析资产结构的变动情况,评价企业资产的稳定性。

资产结构分析具体包括以下三个方面:① 经营资产与非经营资产的比例关系;② 固定资产与流动资产的比例关系;③ 流动资产内部结构与同行业平均水平或财务计划目标的比例关系。

2. 负债和所有者权益结构的分析评价

(1) 负债结构分析。负债结构分析应考虑的因素主要包括以下六个方面:① 负债结构与负债规模;② 负债结构与负债成本;③ 负债结构与债务偿还期限;④ 负债结构与财务风险;⑤ 负债结构与经济环境;⑥ 负债结构与筹资政策。

(2) 所有者权益结构分析。所有者权益结构分析应考虑的因素主要包括以下五个方面:① 所有者权益结构与所有者权益总量;② 所有者权益结构与企业利润分配政策;③ 所有者权益结构与企业控制权;④ 所有者权益结构与权益资本成本;⑤ 所有者权益结构与经济环境。

3. 资本结构的分析评价

企业的资金来源于借入资金和自有资金,前者包括流动负债和长期负债,后者包括企业的所有者权益。资本结构是指在企业的全部资金来源中负债和所有者权益所占的比重及其相互间的比例关系。分析资本结构,可从静态角度观察资本的构成,也可从动态角度分析资本结构的变动情况。

常见的资本结构有保守型、稳健型、平衡型和风险型。

(1) 保守型资本结构。保守型资本结构指企业全部资产的资金来源都是长期资本,即所有者权益和非流动负债。其优点在于风险较低;缺点在于资本成本较高,筹资结构弹性较弱。这种结构很少被企业采用。

(2) 稳健型资本结构。稳健型资本结构指非流动资产依靠长期资金解决,流动资产依靠长期资金和短期资金共同解决。其优点在于风险较小,负债资本成本相对较低,具有一定的弹性。这种结构适用于大部分企业。

(3) 平衡型资本结构。平衡型资本结构指非流动资产用长期资金满足,流动资产用流动负债满足。其优点在于当二者适应时,企业风险较小,且资本成本较低;缺点在于当二者不适应时,可能使企业陷入财务危机。这种结构适用于经营状况良好、流动资产与流动负债内部结构相互适应的企业。

(4) 风险型资本结构。风险型资本结构指流动负债不仅用于满足流动资产的资金需要,且用于满足部分非流动资产的资金需要。其优点在于资本成本最低;缺点在于财务风险较大。这种结构适用于资产流动性很好且经营现金流量较充足的企业。

(二) 资产负债表的比率分析法

作为资产负债表最传统、最基本的分析工具之一,比率分析法可以帮助我们将复杂的财务信息加以简化,通过构造相关比率指标,能够对企业的长期、短期偿债能力以及财务杠杆程度加以评价,还能够为同业间以及企业跨时期的比较分析提供便利。资产负债表常用的财务比率主要包括以下几个方面。

1. 偿债能力分析

(1) 短期偿债能力

① 流动比率。流动比率(Current Ratio)是流动资产与流动负债的比率,计算公式为:

$$流动比率 = \frac{流动资产}{流动负债} \times 100\%$$

流动比率主要用于反映企业运用其流动资产偿还流动负债的能力,是分析企业短期偿债能力的最主要指标。美国传统教材根据经验数据认为,将该指标控制在 2∶1 左右是比较合理的。此外,该指标也受到所处行业、企业发展阶段、季节性因素等多方面影响,在具体使用时需要综合考察。

总的来说,使用流动比率时需要注意以下几个问题:首先,由于在全部流动资产中,各项目在清偿债务时的可用性不同,因此,流动比率仅是一个较粗略衡量企业短期偿债能力的指标;其次,部分行业龙头企业通常采用类金融模式进行融资,其商业债务往往大大高于其商业债权,因此通常导致这类企业的流动比率偏低,但这并不能说明这类企业的短期偿债能力差。

② 速动比率。速动比率(Quick Ratio)是速动资产与流动负债的比例。速动比率剔除了流动资产中可用性较差的项目,是能够比流动比率更加精确地刻画企业短期偿债能力的指标。其计算公式为:

$$速动比率 = \frac{速动资产}{流动负债} \times 100\%$$

其中,速动资产是指可以迅速转换成现金或已属于现金形式的资产。在实践中,速动资产一般是通过简单地将存货从流动资产中剔除得到的。美国教材通常认为企业将速动比率维持在 1∶1 左右是比较恰当的。

尽管速动比率越高意味着企业偿还流动负债的能力越强,但该指标并非越高越好。过高的速动比率可能意味着企业资产的收益率较低,因此企业需要在收益性和流动性之间做好权衡。

③ 现金比率。现金比率(Cash Ratio)是企业的现金类资产与流动负债之间的比率,是一种约束更强的衡量企业短期偿债能力的指标。现金比率通常有两种计算方法:一种是按货币资金与流动负债之比计算的比率,也称货币资金比率;另一种是按现金及现金等价物与流动负债之比计算的现金比率。计算公式分别为:

$$货币资金比率 = \frac{货币资金}{流动负债} \times 100\%$$

$$现金比率 = \frac{现金及现金等价物}{流动负债} \times 100\%$$

从审慎性的角度出发,用现金比率衡量企业的短期偿债能力是最为保险的。但需要指出的是,流动资产均能在一年内转化为现金用于偿还短期债务,仅用现金比率刻画短期偿债能力可能相对保守。

(2) 长期偿债能力

① 资产负债率。资产负债率(Debt Ratio)是企业负债总额与资产总额的比率,表示企业全部资金来源中债务融资的占比,是对企业负债状况的总体反映。资产负债率的计算公式为:

$$资产负债率 = \frac{负债总额}{资产总额} \times 100\%$$

一般认为,资产负债率的适宜水平是 40%~60%。企业的资产负债率越低,表明企业的偿债能力越强。但从另一层面来看,资产负债率较低的企业实际上还可以获取更多资金来扩大规模,因此,其发展潜力还可以进一步挖掘。企业的资产负债率越高,表明企业的偿债能力越弱,企业的财务风险越大。但不能一概而论,从某种程度上来看,企业资产负债率高是其竞争能力的体现,因为只有当企业竞争力较强时,才能够获取较多的资金。

具体来看,企业资产负债率和企业财务风险大小之间的关系不能一概而论,原因如下。

从企业异质性来看,企业的财务风险不仅取决于资产负债率,同时还取决于盈利能力。如果一家企业具有较高的盈利能力,那么尽管此时该企业的资产负债率较高,企业仍有足够的能力偿还,此时较高的资产负债率是被允许的。但若企业自身经营困难,盈利能力不强,此时较高的资产负债率就会给企业带来较大的财务风险。

从资产、负债的组成来看,结合现金转换周期,如果企业运用现金转换周期管理企业,在缩短现金转换周期时,一方面,企业采用按订单生成把成品所有权转给卖家、采用供应商管理库存把零部件所有权转移给上游供应商,从而降低库存,导致资产减少,另一方面,企业期望尽量更晚支付上游货款,此时应付账款增加,导致负债增加,这将大大提高企业的资产负债率。然而,这种通过现金转换周期的方式提高资产负债率并不一定会给企业带来高风险。

② 资产金融性负债率。资产金融性负债率(Financial Debt Ratio)是企业直接从银行等金融机构取得借款等有息负债与资产总额之间的比值。相比于经营性负债,金融性负债往往有固定的利息和还款日期,从而对企业造成较大的还款压力,更能凸显企业的真实偿债能力。其计算公式为:

$$资产金融性负债率 = \frac{金融性负债总额}{资产总额} \times 100\%$$

其中,金融性负债主要包括短期借款、长期借款、一年内到期的非流动负债、长期应付款等。

③ 产权比率。产权比率(Equity Ratio)是企业的负债与所有者权益的比值,反映了企业由债权人提供的借入资金与所有者提供的自有资金之间的关系。其计算公式为:

$$产权比率 = \frac{负债总额}{所有者权益总额} \times 100\%$$

一般而言,产权比率越小,自有资金对借入资金的保障程度越高,企业偿债能力越强,偿债风险也越小。

2. 财务杠杆程度分析

财务杠杆(Financial Leverage)是指企业在筹资中适当举债,通过调整资本结构给企业带来额外收益,即固定债务利息和优先股股利的存在而导致普通股每股利润变动幅度大于息税前利润变动幅度的现象。企业通过举债可以给股东带来的回报变大,但对应地,举债也有可能为企业带来更多的亏损,即"赢的企业更赢,亏的企业更亏"。简单来说,财务杠杆是企业举债经营所产生的一种效应,可以用权益乘数指标衡量企业的财务杠杆程度。

权益乘数(Equity Multiplier)是资产总额与所有者权益总额的比率,用以反映企业由于举债而产生财务杠杆效应的程度。其计算公式为:

$$权益乘数 = \frac{资产总额}{所有者权益总额} \times 100\%$$

权益乘数的大小除了受企业所在行业、所处经营周期等因素的影响以外,还与企业的举债程度有着直接的关系,能够反映管理层的经营理念和风险偏好。一般来说,具有较高的权益乘数的企业财务风险相对较大。但该指标也并非越小越好,合理运用财务杠杆可以为企业赚取更多的利润。

(三) 资产负债表的趋势分析法

通过将分析期的资产负债表中的各项目数值与基期数值进行比较,可以计算出各项目的变动额、变动率以及该项目对资产总额、负债总额和所有者权益总额的影响程度。

1. 从投资或资产角度进行分析评价

(1) 分析总资产规模的变动状况以及各类、各项资产的变动状况;

(2) 发现变动幅度较大或对总资产影响较大的重点类别和重点项目;

(3) 分析资产变动的合理性与效率性;

(4) 考察资产规模变动与所有者权益总额变动的适应程度,进而评价企业财务结构的稳定性和安全性;

(5) 分析会计政策变动的影响。

2. 从筹资或权益角度进行分析评价

(1) 分析权益总额的变动状况以及各类、各项筹资的变动状况;

(2) 发现变动幅度较大或对权益影响较大的重点类别和重点项目;

(3) 注意分析评价表外业务的影响。

3. 资产负债表变动原因的分析评价

企业资产负债表随时间变动的原因可以大致归为以下四类。

(1) 负债变动型。企业的其他权益项目不变时,企业的负债项目发生变动,从而导致企业资产发生相应的变动。

(2) 追加投资变动型。企业的其他权益项目不变时,由于对企业的投资发生变化,企业资产发生变化。

(3) 经营变动型。企业的其他权益项目不变时,由于企业的经营,企业资产发生变化。

(4) 股利分配变动型。企业的其他权益项目不变时,由于企业进行股利分配,企业资产发生变化。

> 算例 5-2

以第四章表 4-7 中 B 企业股份有限公司的资产负债表为例,采用比率分析法计算出部分指标数据,如表 5-4 所示。

表 5-4 资产负债表项目的比率分析表

指标名称	2019 年	2020 年
流动比率	113.07%	117.45%
速动比率	42.59%	41.39%
货币资金比率	13.06%	14.82%
资产负债率	84.36%	81.28%
产权比率	539.34%	434.29%
权益乘数	639.34%	534.29%

四、现金流量表分析

(一) 现金流量表的比率分析法

由于下一节中会更为详尽地讨论现金流分析的相关问题,此处仅对现金流量表相关基本比率进行简单介绍。

1. 流动比分析

$$现金到期的债务比 = \frac{经营活动现金净流量}{本期到期的债务}$$

$$现金流动负债比 = \frac{经营活动现金净流量}{流动负债}$$

$$现金债务总额比 = \frac{经营活动现金净流量}{债务总额}$$

2. 获取现金能力分析

$$销售现金比率 = \frac{经营活动现金净流量}{销售收入}$$

$$每股营业现金净流量 = \frac{经营活动现金净流量}{普通股股数}$$

$$全部资产现金回收率 = \frac{经营活动现金净流量}{平均资产总额}$$

3. 财务弹性分析

$$现金满足投资比率 = \frac{近5年平均经营活动现金净流量}{近5年平均资本支出、存货增加、现金股利之和}$$

$$现金股利保障倍数 = \frac{每股营业现金流量}{每股现金股利}$$

4. 收益质量分析

$$营运指数 = \frac{经营现金净流量}{经营所得现金}$$

经营所得现金 = 净利润 - 非经营净收益 + 非付现费用

(二) 现金流量的质量分析

现金流量是以变现能力为标准确认的企业真实收益。所谓现金流量质量,是指企业现金流量能够按照预期目标进行循环的效果。

1. 经营活动产生的现金流量分析

经营活动产生的现金流量指的是企业正常经营活动产生的现金流,主要构成包括主营业务收入实现的现金流入。其分析重点如下:

(1) 将销售商品、提供劳务收到的现金与对应的营业收入进行比较,分析营业收入的回款率或现金实现率;

(2) 观察与分析现金流出项目及数额是否异常;

(3) 比较分析当期的经营活动产生的现金净流量与上年同期比是否与利润增长速度接近或同步增长;

(4) 分析经营活动净现金流量,评价企业资金良性循环能力。

2. 投资活动产生的现金流量分析

在企业没有或很少对外投资的情况下,企业投资活动产生的现金流量一般为净流出。其分析重点如下:

(1) 分析用于购置固定资产、无形资产等长期资产支付的现金是否符合资本支出预算;

(2) 分析用于购置固定资产、无形资产等长期资产支付的现金是否过度占用流动资金,其投资资金来源是否已经落实;

(3) 分析对外投资支付的现金是否符合审批程序,有无投资风险;

(4) 观察投资收益、收回投资取得的现金是否已经按分配方案足额获得利益;

(5) 分析处置固定资产等长期资产收到的现金是否按交易价格足额收尽,并与其账面价值比较,评估处置方案对企业利益的影响。

3. 筹资活动产生的现金流量分析

筹资活动产生的现金流量,是企业吸收投资与分配、借款与偿还债务等筹资活动所引起的现金流量。其分析重点如下:

(1) 观察企业在正常情况下筹资活动中的借入资金与偿还债务支付的现金是否差异过大;

(2) 分析企业吸收投资收到的现金与出资约定的时间、数额是否相符;

(3) 分析借入资金是否适度、适时,与现存货币资金比较,分析是否存在资金冗余或浪费。

算例 5-3

以第四章表 4-9 中 B 企业股份有限公司的现金流量表为例,采用比率分析法计算出部分指标数据,如表 5-5 所示。

表 5-5 现金流量表项目的比率分析表

指标名称	2019 年	2020 年
现金流动负债比	0.035 9	0.040 371
现金债务总额比	0.031 306	0.035 007
销售现金比率	0.105 577	0.112 619
全部资产现金回收率	0.026 41	0.028 455

第二节 现金流管理

一、现金流管理概述

现金流作为企业财务数据中质量最高、最真实的数据源,承载着企业的经营信息,是企业定量管理的重要参考指标。现金流指的是在一定期间内企业所发生的现金流入和现金流出,对企业的运营极为重要。企业一般需要根据自身确定的最大风险事件设定资金警戒线,保持现金总量高于警戒线,从而实现防范风险的目的,同时这也是为企业的投资机会做准备。但是在现实生活中,因为现金流管理出现问题而使企业处于困境的例子不胜枚举,很多公司仍旧仅仅关注利润,而忽视了企业的现金流状况,很少讨论现金周转的问题。

现金流管理是指以现金流量作为管理的重心、兼顾收益,围绕企业经营活动、投资活动和筹资活动而构筑的管理体系,是对企业当前或未来一定时期内的现金流动在数量和时间安排方面所作的预测与计划、执行与控制、信息传递与报告以及分析与评价。因此,现金流管理的具体内容既包括与现金预算的分工组织体系有关的一系列制度、程序安排及其实施的预测与计划系统和由收账系统、付账系统和调度系统构成的执行与控制系统,又包括报告一定时期各系统综合运行最终结果的信息与报告系统,以及对现金流管理系统、现金预算执行情况和现金流量信息本身的分析与评价系统。由此可见,现金流管理是一个内容极其丰富的系统。

(一)现金流管理的意义

企业进行积极有效的现金流管理的重要意义主要体现在以下三个方面:

1. 有利于降低财务风险

企业在实际经营活动中面临各种各样难以解决的财务问题,这会导致财务风险发生的概率变大,而现金流管理不当是造成企业出现大量财务问题的主要因素之一,因此企业将财务风险降至可接受水平的前提是重视现金流管理。在企业日常经营活动中,要对现金流转情况进行深入观察及分析,警惕财务风险可能发生的迹象,及时认识到企业运营过程中存在的潜在风险。

2. 有利于提高资金使用率

目前很多企业的现金使用效率低,主要原因在于大多数企业并没有把资金用在合适的项目上,而是盲目跟随潮流,把大量资金用于购买投资、理财产品及房地产等阻碍企业现金流转的项目上。对创新型公司而言,如果把这些原本应用于研发新技术的资金用在不恰当的项目上,企业的资金分配可能会失去平衡,导致企业现金流断裂,从而阻碍企业稳定发展。

因此,企业应科学严格地控制现金的流入流出,确定好每笔现金流的用途,并实时监测现金在企业日常活动中的利用效率。此外,财务部在编制现金流量表时,应对每笔现金流进行精细化管理,对所有现金流量进行综合评测,分析企业现有现金流的状况,进而以分析结果和专业人员的资金管理意见为依据,制定下一环节的现金流转方案,提高资金使用率。

3. 有利于强化管理者的科学决策

随着全球经济的不断发展,市场竞争变得更加激烈,企业需要在产品、服务及营销模式上不断创新,以在形势严峻的市场中占有一席之地。企业需要紧盯市场经济的变化趋势,结合企业自身的发展需求及财务能力进行科学高效的现金流管理。对于刚刚成立的公司而言,要重点关注筹资活动中产生的现金流能否满足对应经营活动与投资活动的资金需要;对已经具有一定规模的公司而言,不需要过于关注筹资和投资方面的现金流,而是应更加关注日常经营活动的现金流情况。

(二)现金流管理的主要内容

在特定经济环境之下,对企业来说最重要的就是更有效地使用现金流和资本。通过对现金流的分析企业能够明确在不同情况下需要多少现金来维持运营。在"现金为王"的今天,现金流管理的方法和技术尤为重要。

现金流管理主要包括如下三大部分:库存、应收账款、应付账款。

根据企业发展目标和阶段性规划,通过协调库存、应收账款以及应付账款三者的比重,能够在风险防控和完成企业既定目标的前提下实现资金效率最大化,提高企业活力。

值得注意的是,应收账款周期和应付账款周期对企业非常重要,因此,很好地管理应收账款和应付账款是企业快速发展的有效保障。但与此同时,也要看到其中的风险:首先,业务增长永远不会均衡,如果业务模式缺乏抗风险能力,会导致业务失败,那么企业就会面临风险;其次,如果企业的业务高速增长,那么企业对应收账款周期和应付账款周期的控制能力会减弱,因为为了获得更多的业务,许多企业经常采取滞后应付账款周期的方式,这可能导致企业信誉降低;最后,一些潜在的付款周期,如房租、税费、发工资等,往往从财务报表上不容易反映出来,忽略这些周期的存在将给企业现金流带来巨大影响。

(三) 现金流管理在企业中的应用现状

尽管现金流管理对企业而言意义重大,但是很多企业在现金流管理方面仍有所欠缺。

1. 现金流内部控制缺乏系统性

多数企业建立的现金流内部控制机制不够系统。在现金流预算编制层面,许多企业在进行内部管理时仍旧停留在审计管理层面,对现金流管理的重视程度不足,导致企业的现金流预算编制能力较低,在记录、检测、对比现金流的工作中难以发现某些不合理之处,从而导致企业在后期执行现金流预算时,现金流预算与真实现金流需求差距较大。在现金流管理制度层面,企业对现金流管理的制度不够明确,现金流入和流出的相关批准和审核管理制度没有明确区分,现金流管理人员的职能没有做到科学的分离,容易产生人员权责不明的现象,且现金流管理的监督考核机制不全,这对企业现金流管理效率的提高极为不利。

2. 现金流管理程序有待完善

多数企业现存的现金流管理程序存在不足。在现金流管理应用范围层面,一些企业对现金流管理的应用较为局限,没有将现金流管理与企业的经营管理紧密结合,现金流管理缺乏合理的价值目标,从而导致现金流管理在企业的项目投资、风险抵抗等方面发挥的作用远远不够;在现金流管理的风险防范层面,目前,大多数企业针对现金流的财务风险预警机制还没有建立健全。因此,在现金流风险爆发之前,企业往往会忽视一些预警信息,从而使得企业难以及时采取对应的风险防范措施,最终可能对企业造成较大的不利影响。

二、现金流预测

在"现金为王"的时代,不管从事什么行业,如果缺少现金的支持,企业将很难维系下去。现金流预测(Cash Flow Forecast)的重要性在于,它能帮助企业确定自身的还款能力,从而确定还款周期,并且能让企业在出现财务问题之前发现危机,从而能够采取措施减少不良影响。因为企业若能够预测到将会遇到现金流问题,企业就有一定的时间去思考解决方案,比如通过向银行进行短期贷款来缓解现金流压力,而如果企业在预期的财务缺口之前的经营状况良好,那么企业在贷款时就更有优势,且更有可能获得所需要的资金。

(一) 现金流预测表

企业进行现金流预测的必不可少的工具为现金流预测表。一个简单的现金流预测表只需要花费很少的时间就能完成初始表格的设置,后续只需要每周更新数据即可。值得注意的是,现金流预测表的作用在于它的预测能力而非历史记录。一份基本的现金流预测表如表5-6所示。

一般来说,现金流预测表里会有两列数据,一列是预测数据,一列是实际数据。随着时间的推移,预测会越来越准确。建立现金流预测表需要的基本信息是业务资金的进出情况,即需要确定每个月定期的收支,然后将所有的账单进行分类组合后输入到现金流预测表中。

表 5-6 现金流预测表示例（简版）

指标	1月		2月		3月		4月		5月		6月		7月		8月		9月		10月		11月		12月	
	预测	实际	预测	实际	预测	实际	预测	实际	预测	实际	预测	实际	预测	实际	预测	实际	预测	实际	预测	实际	预测	实际	预测	实际
收入																								
项目 1																								
项目 2																								
项目 3																								
项目 4																								
合计																								
支出																								
项目 1																								
项目 2																								
项目 3																								
项目 4																								
合计																								
收入—支出																								
银行期初结余																								
银行期末结余																								

(二)现金流的获得

在完成现金流预测工作后,企业面临的问题是应该什么时候拿到现金。对于这一问题,有两种观点:第一种观点认为,企业应该在各阶段只获取所需要的现金,在这种观点下,企业仅需要支付当期费用,这减少了资金成本,提高了资金利用率,但可能面临未来无法获取资金的风险;另一种观点则认为,企业应该一次性获取所需要资金的最大值,在这种观点下,企业能够避免未来无法获得资金的风险,但这也有可能因为预测失误而造成损失。总的来说,两种观点都各有优点和缺点,因此,在选择时需要谨慎权衡。

三、企业现金流管理

(一)现金流的来源与去向

根据企业的基本活动,企业现金流的来源和去向可以归纳为表5-7所示内容。

表5-7 企业现金流来源和去向

来源	去向
• 应收账款 • 现金支付 • 其他收入(投资收入) • 借款	• 工资发放 • 公用事业(暖气、电、电话等) • 贷款支付(利息加本金) • 房租 • 保险(健康险、财产险等) • 税收

基于此,对企业现金流的管理主要从应收账款、应付账款以及库存三个方面入手。

(二)应收账款

应收账款(Receivables)是指企业在正常的经营过程中因销售产品、提供劳务等,应向购买单位收取的款项,包括应由购买单位或接受劳务单位负担的税金、代购买方垫付的包装费及各种运杂费等。此外,在有销售折扣的情况下,还应考虑商业折扣和现金折扣等因素。

应收账款表示企业在销售过程中被购买单位占用的资金。企业应及时收回应收账款以弥补企业在生产经营过程中的各种耗费,保证企业的持续经营;对于被拖欠的应收账款应采取措施,组织催收;对于确实无法收回的应收账款,凡符合坏账条件的,应在取得有关证明并按规定程序报批后,作坏账损失处理。

1. 应收账款相关财务指标

衡量企业应收账款情况的核心指标主要有应收账款周转率以及应收账款周转天数。

$$应收账款周转率 = \frac{赊销额}{平均应收账款}$$

$$应收账款周转天数 = \frac{365}{应收账款周转率}$$

企业的应收账款周转率反映了企业的收款能力;应收账款周转天数则反映了企业销售产品或者服务需要的平均回款时间。另外,企业的赊销额一般难以获得,因此,在实践中往往会选择用营业收入代替这一指标。

2. 应收账款管理

企业一般可以通过以下途径进行应收账款管理。

(1) 制定规范的企业信用管理制度及审批流程。在竞争激烈的市场经济中,除非企业处于垄断行业或生产垄断产品,否则,想实现全部现销而不发生赊销几乎是不可能的。既然必须有应收账款的发生,企业就应从源头上加以控制,对应收账款源头的控制主要通过企业的信用管理制度来实现。

一家企业的信用政策通常包含信用期和折扣条款两个要素。其中,信用期是指买方支付货款的时间长度。折扣是指企业对提前付款的客户给予的折扣优惠。通常来说,折扣条款包括折扣百分比和客户的支付速度。例如,信用条款"2/10,n/60"表示,如果客户在 10 天内付款,客户将有资格获得 2% 的折扣,如果客户付款时间超过 10 天,则必须按原定金额付款,并且客户必须在 60 天内付款。

除此以外,企业一般还需要根据经营发展情况制定信用额度。企业内部所确定的信用额度是公司可赊销某客户的最高限额,即指客户的未到期商业承兑票据、应收账款和按合同应回款、未回款的金额总和的最高限额,可以是一个绝对值,也可以是一个相对数。任何客户的未到期票款,不得超过信用限额,否则坏账损失应由相关责任人负责。企业需要结合自身发展的不同阶段及战略目标,权衡坏账风险和市场份额下降风险这二者之间的负相关关系,然后结合市场竞争对手情况、企业资金预算情况等为自身确定一个可以承受的信用额度。另外,在企业确定信用额度的过程中,公司营销部门应该负责进行客户信用调查,并随时侦察客户信用的变化,建立和维护公司市场信息库,然后根据调查结果组织客户信用等级和信用额度的制定和评审工作,拟订公司信用政策。对于新客户而言,在合同评审时应由营销部和财务部综合考虑客户的基本情况、合同成本及风险情况,确定该客户的信用等级,拟订其信用限额。

(2) 加强应收账款管理和催收工作。企业对应收款项的管理应遵循"谁经办,谁负责,及时清理"的原则。财务部应定期提供应收账款回款情况的指标,用于对业务部门的绩效考核。营销部应负责对所负责款项的及时催收,保证合同款项按时到账。

企业的财务部应及时认真地登记客户往来账款,按照应收单位、部门或个人及负责的业务员分别进行项目核算,及时核对、协助催收应收款项,并每月向营销部门通报"应收账款统计月报""往来账款确认单"等信息,且向财务总监和分管领导同步报送。

企业的营销部应在每月月末统计下月付款客户名单及合同情况,发送至营销总监及各业务员处,由业务员对所负责的客户提前进行付款书面提示,提示其制定付款计划并按时付款。到付款日业务员要确认客户是否按时付款,如不能按时付款要督促客户在限期内给出付款计划。根据客户付款逾期的不同情况,分别由公司不同级别人员负责催收,必要时财务部和法律顾问应介入催收,根据催收的情况,必要时可提起诉讼或进行报案。对因质量、公司进度或其他纠纷导致客户付款逾期的,生产部必须出具申请报告,明确处理办法和处理期限,由总经理等审批后,发送至营销部继续执行合同或对该客户发货。否则,对于客户付款逾期的,应一律停止对该客户的发货。

(3) 发生坏账风险后的应收账款管理。发生坏账风险后的应收账款可以称为"问题账款",是指企业在销售产品(业务运作)过程中所发生的收回票据无法如期兑现或部分货款未能如期收回等情况。

发生"问题账款"时,应收账款回收部门应承担相应的赔偿责任;发生"问题账款"时,要对营销部和业务员进行相应的考核;考核结果直接影响业务员的绩效工资和销售提成。

"问题账款"发生后,业务员应于规定时间内,据实填写"问题账款报告",并附有关证据、资料等,由营销总监查证并签署意见后,递交至财务部或其他相关部门协助处理。"问题账款"处理期间,业务员及营销总监应与相关部门充分合作。对于财务部或其他有关部门提出的配合查证等要求,营销部有关人员不得拒绝或借故推托,财务部或其他相关部门可视情节轻重报请公司惩处。

(三)应付账款

1. 应付账款相关财务指标

衡量企业应付账款情况的核心指标主要有应付账款周转率以及应付账款周转天数。

$$应付账款周转率 = \frac{营业成本}{平均应付账款}$$

$$应付账款周转天数 = \frac{365}{应付账款周转率}$$

企业的应付账款周转率反映了企业的应付账款的流动程度;应付账款周转天数则反映了企业平均需要多长时间还清供应商的欠款。

2. 应付账款管理

企业的应付账款管理可从以下七点进行考量:

(1)在企业的生存与发展过程中,商业信誉极为重要,企业只有兑现自己的承诺才能为将来的业务合作打下良好的信誉基础,因此,严格执行合同条款,是企业管理人员必须严肃对待的事情。

(2)在支付前一个月,企业应做支付货款的现金预算,尽早对未来现金流出做好储备,以防造成违约。

(3)可以根据企业在金融机构的信誉状况,申请商业承兑汇票的使用,这种支付方式具有一定的融资功能。

(4)支付应付账款必须经过财务部、采购部及验收部的支付汇签,汇报至最后决策人批复,待手续完备后支付款项。

(5)所支付的款项单证应妥善保管,不得丢失,以防未来产生经济纠纷。

(6)每月应做应付账款的账龄分析,以备不时之需。

(7)可以对供应商进行考核,选择更优的合作者。

(四)库存

1. 库存相关财务指标

衡量企业库存的核心指标主要有存货周转率以及存货周转天数。

$$存货周转率 = \frac{营业成本}{平均存货}$$

$$存货周转天数 = \frac{365}{存货周转率}$$

存货周转率反映了企业存货的流动程度,通过这一指标能够判断企业存货对资金占用的合理性;存货周转天数则反映了企业存货的变现速度。

2. 库存的作用

在不同情况下,不同行业的企业持有库存的理由可能各有侧重。一般来说,库存在企业中的作用如下。

(1) 实现规模经济。如果一家企业想要实现采购、运输和制造方面的规模效应,那么就需要设立库存。

首先,在采购方面,大批量采购可以使企业获得价格折扣,并且大批量的采购有时能减少由于价格上涨而带来的损失。例如,当预计未来某种产品的市场价格将要上涨时,可以增加采购量,以备将来使用。

其次,在运输方面,如果采购量较大,那么采购产品的单位运输成本就比较低。单位运输成本较低的原因在于,整车装载运输收取的运输税率将要比零采运输收取的费率低。如果供应商在同一区域,那么还可以将少量的货物合并起来形成大量运输,以降低运输成本。当运输数量很大时,实现运输的规模经济是可能的。

最后,在制造方面,成品库存也有可能实现制造规模经济。如果一个企业采用大批量、少品种的生产方式,那么单位产品制造成本是比较低的,而小批量、多品种的生产方式则会带来较高的生产和设备调整成本。因此,当生产批量达到一定的水平时,就可以实现制造规模经济,而生产批量加大的结果可能是持有更多的成品库存。

(2) 平衡供给与需求。持有库存可以平衡需求与供给的波动。如果市场需求增大,而企业又不能及时增加产量以适应这个变化,就可以直接利用库存来满足客户的需求,提高对客户的服务水平。此外,很多企业原材料的供应以及产品市场需求常常有季节性,而对季节性的供应和需求,企业必须通过持有库存预防不确定性。例如,食品行业的巧克力市场需求主要集中在圣诞节、元旦、春节等节假日,为满足高峰期的市场需求,企业不可能临时购买设备扩大生产能力,并且淡季一旦来临就面临着设备、人员闲置,因此企业必须保证一定量的库存。相反地,如果产品需求在一年的不同时期中相对比较稳定,但是原材料只在某些时期才能采购到,那么对于制造商来说,有必要在原材料上市季节大量采购原材料,生产超出当前订单需求的成品,保证库存量。

(3) 在供应链环节中起缓冲器的作用。供应链是指围绕核心企业,通过信息流、物流、资金流的控制,从原材料开始,制造产品以及最终成品,最后由销售网络把产品送到消费者手中,将供应商、制造商、分销商、零售商及最终用户连接成一个整体的功能网链结构模式。在供应链环节中,库存有着不同的表现形式,库存管理水平的高低将直接影响整个供应链是否能够达到预期的目标。在多数供应链中,成员的地理位置是相互分离的,因此,为了成功实现产品的时间和空间效用,有必要将库存放在整个供应链中。原材料必须从供应源送到制造地,原材料在制造地被投放到制造过程中,一旦制造过程完成,产品必须被送到工厂所在地存放,接下来则要对产品的库存进行调配,分配到各区域,可能是公司自有的或租赁的配送中心、公共仓库以及批发商的仓库或零售商的配送中心。因此,库存在整个供应链中起缓冲器的作用。

3. 库存过多的弊端

库存过多可能带来如下问题:

(1) 占用企业资金。毋庸置疑,库存越高,占用资金成本就越高。

(2) 发生库存成本。随着库存的增加,库存所占用的资金成本、库存管理成本、固定仓储成本(包括租赁、人员、保证存储条件等成本)和可变库存成本(主要是指物料搬运相关的成本)都将增加。

（3）管理问题。例如，库存过多可能掩盖经常性的质量问题。因为当出现不良率异常时，企业可能选择加大生产批量和在制品，从而达到掩盖生产过程中一系列问题的目的。

4. 库存管理模式

（1）传统库存管理模式

① ABC 库存分类管理法。ABC 库存分类管理法将库存物品按品种和占用资金的多少分为特别重要的库存（A 类）、一般重要的库存（B 类）和不重要的库存（C 类）三个等级，然后针对不同等级分别进行管理与控制。这种库存管理方法有利于实现库存合理化，节约管理成本。然而，考虑到不同产品的生命周期，很多存货都需要秉持少量优质、快速更新的管理原则，此时如果按 ABC 库存分类管理法进行管理，会造成库存分类偏多、但类别价值偏低的状况。

② 经济订货批量模式。经济订货批量模式下，企业需要通过平衡采购进货成本和保管仓储成本确定总库存成本最低时的最佳订货量。这种模式适用于整批间隔进货、不允许缺货的产品。然而，随着企业决策指标波动幅度的增大，依靠历史数据的经济订货批量刚性管理模式的适用性可能降低。

③ 订货点法。对于某种物料或产品，当企业的库存量由于生产或销售的原因而逐渐减少到某一预先设定的点时，即发出订货单来补充库存，直到库存量降低到安全库存时，发出的订单所订购的产品刚好到达仓库，补充前一时期的消耗这一订货的数值点被称为订货点。在现实经济生活中，企业为了保证生产的稳定，往往会制定较高的再订货点，这容易造成资金的浪费，同时也会增加因市场变化造成存货现值下跌的风险。

（2）供应链库存管理模式

① 供应商管理库存模式。供应商管理库存模式是按照供需双方达成的协议，由供应商根据客户的需求计划、销售信息和库存量主动对客户的库存进行管理和控制的库存管理方式。在这种库存控制策略下，协议双方都以最低成本为目标，企业将库存管理的决策权委托给供应商，由供应商确定库存水平、库存控制及补给策略，在企业确认库存补给策略后，再实施补货。这种库存管理模式有利于供应链上下游企业间的信息共享，加强供应链上企业的合作，但此时供应商会承担较大风险。

② 联合管理库存模式。联合管理库存模式是一种供应链成员企业利益共享、风险共担的库存管理模式，强调供应链中的各个主体共同参与制定库存计划。在这一模式下，供应链中的企业共同打造供应链物流系统，设立上游生产资料库存协调管理中心和下游产成品库存协调管理中心，并由核心企业对原材料库存及产成品库存实行集中控制。这种库存管理模式有利于强化核心企业在供应链库存管理中的作用，并且有利于提高供应链的稳定性。

③ 协同计划、预测与补货模式。协同计划、预测与补货模式是供应链成员企业共同对原材料和最终产品的生产和交付等关键供应链活动进行计划的协作方法。供应链成员企业通过信息技术手段实现供应链企业群体的实时信息共享，从而实现共同预测库存需求、共同制定库存计划、共同管理库存等战略协同，最终通过物流技术实现对全程供应链库存的有效控制。这一模式有利于降低供应链系统库存，提高供应链运营效率。

（五）现金转换周期

现金转换周期（Cash Conversion Cycle）反映了企业购买生产性资源的实际现金支出与来自

产品销售的最终现金收回之间的净时间间隔,即将一定量的现金支出转换为来自企业正常经营过程的现金流入所需要的时间,是一个时期概念。其计算公式如下:

$$现金转换周期 = 存货周转期 + 应收账款收款期 - 应付账款付款期$$

在该公式中,存货周转期反映企业将原材料、在产品及产成品占用资金转换成产品销售收入所需要的天数;应收账款收款期反映企业平均应收账款转换为现金的天数,这一时间长度受企业信用政策的直接影响;应付账款付款期反映企业推迟支付应付账款以维持其正常经营活动的平均时间。计算公式如下:

$$存货周转期 = \frac{平均存货}{营业成本} \times 365$$

$$应收账款收款期 = \frac{平均应收账款}{赊销额} \times 365$$

$$应付账款付款期 = \frac{平均应付账款}{营业成本} \times 365$$

现金转换周期图如图 5-1 所示。

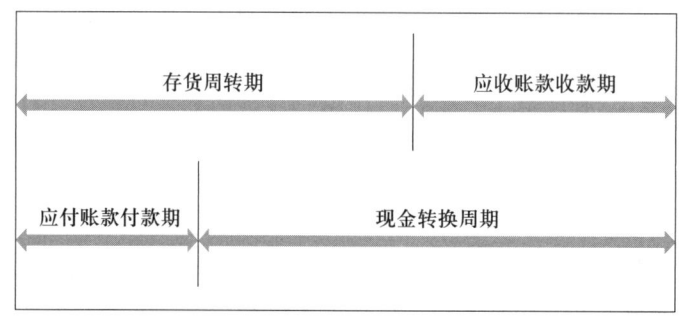

图 5-1 现金转换周期图

现金转换周期的变化会直接影响企业所需营运资金的数额。一般来说,存货周转期和应收账款收款期越长,应付账款付款期越短,企业所需要的营运资金数额就越大;相反,存货周转期和应收账款收款期越短,应付账款付款期越长,企业所需要的营运资金数额就越小。

现金转换周期一方面可以衡量企业的盈利能力,另一方面可以衡量企业对财务资源的使用效率。这一指标可能为正,也可能为负。当现金转换周期为正时,意味着企业客户的付款天数大于企业为购买原材料等付出资金的天数,企业为了实现生产经营必须垫付资金;当现金转换周期为负时,则意味着企业的客户付款的天数小于企业为购买原材料等付出资金的天数,企业在日常的生产经营过程中可以实现资金盈余。企业只有在日常的生产经营过程中实现了资金盈余,才能实现企业运营的目的。因此,为减少既定利润下的资本投入,提高组织运营效率,企业对现金转换周期的管理目标应该小于或等于 0。

企业的现金转换周期为正时,需要贷款才能正常运作,并且如果这一期限越长,就意味着企业需要贷款的时间越长,因贷款而支付的利息也就越多。因此,缩短现金转换周期,是众多企业不断奋斗的目标。通常来讲,企业有以下三种方法缩短现金转换周期:

(1) 延长采购存货的应付账款付款期。虽然各个行业的应付账款付款期浮动范围不会太大,但企业可以在不影响信誉的情况下尽量延长付款期。

（2）缩短应收账款收款期。企业收回出售商品的应收账款越迅速，其现金转换周期就越短。

（3）加快存货周转。企业存货周转越快，所需现金越少。

实际上，缩短现金转换周期的前两种方法都受到环境和行业惯例的限制：在竞争激烈的环境下，企业为了产品的销售量，不能过分限制应收账款的期限；为了保持公司的信誉，也不能拖延应付账款付款期。因此，只有缩短存货周转天数这一方法很少受到外界因素的影响。所以，为了缩短现金转换周期，企业更应该加强对存货的管理。

案例 5-1
零售业现金流管理分析——G 公司与 F 公司

G 公司和 F 公司在零售行业中均占据着非常重要的地位。G 公司在成立之初立足于传统的零售行业。随着技术的发展，G 公司与互联网接轨，开始拓展其电子商务方面的业务。到现在，G 公司的线下零售业务与线上零售业务都得到了迅猛发展。而 F 公司在成立之初就立足于电子商务领域，其最开始的经营范围只局限于书籍销售，但就这一销售范围而言，F 公司取得了显著成就。后来，F 公司的商业版图不断延伸，其经营范围内的产品种类不断增加，后面还推出了一些网络服务，除了网络零售商这一定位外，F 公司还致力于成为"最以客户为中心的公司"。

在这两家企业发展的过程中，它们的各项战略都带有自身发展的特色。

分析：

在关于现金流管理方面，两家企业也展现出了不同的特点。表 5-8 是 G 公司和 F 公司 2019 年和 2020 年的一些与现金流管理相关的原始指标。根据这些数据并结合上述计算公式可以计算出 G 公司和 F 公司 2020 年的现金转换周期并分析其现金流管理状况，计算结果如表 5-9 所示。[①]

表 5-8　G 公司和 F 公司现金流管理相关的原始指标　　（单位：亿美元）

项目/企业	G 公司		F 公司	
	2019 年	2020 年	2019 年	2020 年
存货	442.69	444.35	204.97	237.95
应收账款	62.83	62.84	204.95	242.85
应付账款	470.60	469.73	471.83	725.39
营业成本	3 853.01	3 946.05	1 149.86	1 527.57
营业收入	5 144.05	5 239.64	2 805.22	3 860.64

表 5-9　G 公司和 F 公司的现金流管理计算指标

项目/企业	G 公司	F 公司
存货周转率	8.897 119	6.897 724
应收账款周转率	83.387 28	17.242 7
应付账款周转率	8.392 905	2.551 862

---

① 公司的财务报表。

续表

项目/企业	G公司	F公司
存货周转期	41.024 52	52.916
应收账款收款期	4.377 166	21.168 38
应付账款付款期	43.489 12	143.032 8
现金转换周期	1.912 569	−68.948 44

根据表5-9中显示的G公司和F公司的现金流管理计算指标可知,G公司的存货周转率为约8.9,F公司的存货周转率约为6.9,前者略大于后者。这是由于G公司采取的是适时存货管理模式,在这一模式下,G公司能够很好地控制购买产品的时机,从而减少库存商品,实现提高存货周转率、降低存货周转天数、从而降低库存成本的目的。而G公司和F公司的应收账款周转率分别为83.4和17.2,这一指标差距很大,最主要的原因在于它们采取的营运资金管理策略不同。G公司采取的是一种较为紧缩的策略,企业保留的现金、应收账款和库存都相对较少;而F公司则选择了宽松的营运资金管理策略,为客户提供较多的商业信用,因此,F公司的应收账款较多,这也在一定程度上导致G公司的应收账款周转率远远高于F公司。而G公司和F公司的应付账款周转率分别为8.4和2.6,前者高于后者的主要原因在于二者营业成本的差距,以及2020年F公司应付账款的增加,这在一定程度上说明F公司的商业信用有所提高,其在整个供应链中的地位也有所提高。

综上所述,由于G公司与F公司的存货周转期和应收账款收款期之和的差距远低于应付账款付款期的差距,因此G公司的现金转换周期大于F公司,分别为1.9和−68.9。由于现金转换周期影响营运资金的数额,维持较短的现金转换周期有利于企业实现资金盈余和提高运营效率,因此,从一定程度上来说,F公司的现金转换周期指标是优于G公司的。

案例 5-2
制造业现金流管理分析——A公司、X公司与Y公司

A公司、X公司和Y公司是我国白色家电三巨头,并且于2019年同时跻身《财富》世界500强排行榜,由此可见我国白色家电头部企业成长迅速,具有很大的发展潜力。其中,A公司于1980年进入家电行业,2013年在深交所上市,2015年成为中国第一家获取标普、惠誉、穆迪三大国际信用评级的家电企业,2020年A公司的营业收入达到2 842.21亿元,在白色家电三巨头中位居第一。X公司成立于1989年,1993年在上交所上市,2020年X公司的营业收入达到2 097.25亿元,在白色家电三巨头中位居第二。Y公司成立于1989年,1996年在深交所上市,2020年Y公司的营业收入达到1 681.99亿元,在白色家电三巨头中位居第三。

在这三家企业发展的过程中,它们的现金流管理呈现出不同的特点。

分析:

表5-10是A公司、X公司和Y公司2019年和2020年的一些与现金流管理相关的原始指标。根据这些数据并结合上述计算公式可以计算出它们在2020年的现金转换周期并分析

其现金流管理状况,计算结果如表 5-11 所示。①

表 5-10 A 公司、X 公司和 Y 公司的现金流管理相关原始指标（单位:千元）

项目/企业	A 公司		X 公司		Y 公司	
	2019 年	2020 年	2019 年	2020 年	2019 年	2020 年
存货	32 443 399	31 076 529	28 228 600.97	29 446 973.40	24 084 854.06	27 879 505.16
应收账款	18 663 819	22 978 363	11 015 871.06	15 930 024.29	8 513 334.55	8 738 230.91
应付账款	42 535 777	53 930 261	33 750 567.05	36 302 971.94	41 656 815.75	31 604 659.17
营业成本	197 913 928	212 839 592	140 868 398.72	147 475 181.25	143 499 372.58	124 229 033.68
营业收入	278 216 017	284 221 249	200 761 983.26	209 725 821.10	198 153 027.54	168 199 204.40

表 5-11 A 公司、X 公司和 Y 公司 2020 年的现金流管理计算指标

项目/企业	A 公司	X 公司	Y 公司
存货周转率	6.701 506 085	5.113 956 224 4	4.781 316 870
应收账款周转率	13.650 641 51	15.566 439 22	19.499 587 42
应付账款周转率	4.412 736 263	4.210 356 347	3.391 387 733
存货周转期	54.465 368 74	71.373 313 35	76.338 801 62
应收账款收款期	26.738 670 11	23.447 880 07	18.718 344 76
应付账款付款期	82.715 117 85	86.690 999 52	107.625 558 8
现金转换周期	−1.511 079 002	8.130 193 914	−12.568 412 45

根据表 5-11 中显示的 A 公司、X 公司和 Y 公司的现金流管理计算指标可知,A 公司的存货周转率优于 X 公司和 Y 公司。其原因在于 A 公司实施"T+3"策略,这一策略将整个订单分为 4 个周期,即 T(下单)、T+1(备料)、T+2(生产)、T+3(发货),这种以客户需求为导向的模式在一定程度上能够解决产销脱节的问题,改变库存在供应链各环节中的企业上的分布,有效降低库存。而从应收账款周转率这一指标来看,Y 公司的应收账款周转率最高,约为19.5,这一定程度上是由于 Y 公司采用了"先款后货"的模式,这一模式大大减少了 Y 公司的应收账款。而在应付账款周转率这一指标上,三者的差距不是很大。

综上所述,根据现金转换周期的计算方法,可以通过存货周转期、应收账款收款期和应付账款付款期计算出 A 公司、X 公司和 Y 公司的现金转换周期分别约为−1.5、8.1 和−12.56,从这一指标来看,A 公司和 Y 公司的现金流管理优于 X 公司。

案例 5-3
现金流管理与营运资本分析——美国 W 保健品公司

W 公司成立于 2006 年,是一家私人控股的保健品分销商。W 公司最初是一个基于互联网的、直接面向消费者提供膳食补充剂的分销商和零售商,为客户提供了 50 多个第三方品牌

---
① 来源于公司的年度报告。

的大量库存选择。此后,该公司在开拓新市场的同时,推出了女性电解质运动饮料系列、促进新陈代谢的粉剂系列等多个自有品牌。

W公司实现了收支平衡,总收入中销售额的年度增长能够相对稳定地维持在1 000万美元,公司的业务属于资本密集型业务,利润率普遍较低。在W公司发展的某一阶段中,促进W公司增长的策略主要有:拓展新客户、争取供应商的信贷优惠、收紧应收账款、减少销量不好的产品四种。

W公司采取的这些策略都会对其营运资本产生影响。

分析:

在分析上述策略对W公司营运资本的具体影响时,假定税率为40%,存货周转期为90天,应收账款收款期为110天,应付账款付款期为41天,销售成本率为93.5%。另外,分析过程中将用到下列公式:

$$息税前利润 = 收入 - (销售成本 + 营业费用)$$

$$税后净营业利润 = 息税前利润 \times (1 - 税率)$$

$$经营性净营运资本变化 = 存货 + 应收账款 - 应付账款$$

$$存货周转期 = \frac{平均存货}{营业成本} \times 365$$

$$应收账款收款期 = \frac{平均应收账款}{营业收入} \times 365$$

$$应付账款付款期 = \frac{平均应付账款}{营业成本} \times 365$$

基于此,下面分别就W公司各项策略对营运资本产生的影响进行具体分析。

1. 拓展新客户

W公司有机会将一家大型健康食品连锁店拓展为新客户,销售额将增加400万美元,息税前利润将增加26万美元(库存、应收账款和应付账款都将增加)。W公司的营运资本变动情况如下:

$$息税前利润 = 收入 - (销售成本 + 营业费用) = 400 - 400 \times 93.5\% = 26(万美元)$$

$$税后净营业利润 = 息税前利润 \times (1 - 税率) = 26 \times (1 - 40\%) = 15.6(万美元)$$

$$存货变动 = \frac{存货周转期 \times 营业成本变动}{365} = \frac{90 \times 400 \times 93.5\%}{365} = 92.2(万美元)$$

$$应收账款变动 = \frac{应收账款收款期 \times 营业收入变动}{365} = \frac{110 \times 400}{365} = 120.5(万美元)$$

$$应付账款变动 = \frac{应付账款付款期 \times 营业成本变动}{365} = \frac{41 \times 400 \times 93.5\%}{365} = 42(万美元)$$

$$营运资本变动 = 存货变动 + 应收账款变动 - 应付账款变动 = 92.2 + 120.5 - 42 = 170.7(万美元)$$

2. 争取供应商的信贷优惠

W公司考虑与一家供应商签订生产线合同,销售额将增加200万美元,并且这家供应商提供的信贷政策为(2/30,N/60)。W公司的营运资本变动情况如下:

息税前利润 = 收入 − (销售成本 + 营业费用) = 200 − 200×93.5%×(1−2%)

= 16.74(万美元)

税后净营业利润 = 息税前利润×(1−税率) = 16.74×(1−40%) = 10.04(万美元)

$$存货变动 = \frac{存货周转期 \times 营业成本变动}{365} = \frac{90 \times 200 \times 93.5\% \times (1-2\%)}{365} = 45.19(万美元)$$

$$应收账款变动 = \frac{应收账款收款期 \times 营业收入变动}{365} = \frac{110 \times 200}{365} = 60.27(万美元)$$

$$应付账款变动 = \frac{应付账款付款期 \times 营业成本变动}{365} = \frac{30 \times 200 \times 93.5\% \times (1-2\%)}{365}$$

= 15.06(万美元)

营运资本变动 = 存货变动 + 应收账款变动 − 应付账款变动 = 45.19 + 60.27 − 15.06

= 90.4(万美元)

3. 收紧应收账款

W公司对客户的支付情况进行评估,关注长期拖欠支付的客户,收紧应收账款。超级体育中心是W公司的重要客户,占W公司总销售额的20%,通常需要近200天的时间来支付账款,这远远超过了W公司的平均收款期。如果W公司放弃超级体育中心这一客户,其销售额将减少200万美元。W公司的营运资本变动情况如下:

息税前利润 = 收入 − (销售成本 + 营业费用) = −(200 − 200×93.5%)

= −13(万美元)

税后净营业利润 = 息税前利润×(1−税率) = −13×(1−40%) = −7.8(万美元)

$$存货变动 = \frac{存货周转期 \times 营业成本变动}{365} = -\frac{90 \times 200 \times 93.5\%}{365} = -46.11(万美元)$$

$$应收账款变动 = \frac{应收账款收款期 \times 营业收入变动}{365} = -\frac{200 \times 200}{365} = -109.59(万美元)$$

$$应付账款变动 = \frac{应付账款付款期 \times 营业成本变动}{365} = -\frac{41 \times 200 \times 93.5\%}{365} = -21.01(万美元)$$

营运资本变动 = 存货变动 + 应收账款变动 − 应付账款变动 = −46.11 − 109.59 + 21.01

= −134.69(万美元)

4. 减少销量不好的产品

W公司计划对过去12个月个别产品的订货频率进行调查,从库存中剔除周转速度较慢的物品,此时销售额减少100万美元,库存周转天数降到86天。W公司的营运资本变动情况如下:

息税前利润 = 收入 − (销售成本 + 营业费用) = −(100 − 100×93.5%) = −6.5(万美元)

税后净营业利润 = 息税前利润×(1−税率) = −6.5×(1−40%) = −3.9(万美元)

$$存货变动 = \frac{存货周转期 \times 营业成本变动}{365} = -\frac{86 \times 100 \times 93.5\%}{365} = -22.03(万美元)$$

$$应收账款变动 = \frac{应收账款收款期 \times 营业收入变动}{365} = -\frac{110 \times 100}{365} = -30.14(万美元)$$

$$应付账款变动 = \frac{应付账款付款期 \times 营业成本变动}{365} = -\frac{41 \times 100 \times 93.5\%}{365} = -10.5(万美元)$$

$$营运资本变动 = 存货变动 + 应收账款变动 - 应付账款变动 = -22.03 - 30.14 + 10.5 = -41.67(万美元)$$

即测即评

请扫描右侧二维码检测本章学习效果。

思考题

1. 财务报表分析的基本方法有哪些?
2. 毛利率、销售净利率、总资产报酬率、净资产收益率、资本保值增值率的计算公式是什么?
3. 常见的资本结构类型有哪几种?
4. 财务报表变动的原因是什么?
5. 现金流管理的意义是什么?
6. 库存过多的弊端是什么?
7. 缩短现金转换周期的方法有哪些?

第六章 企业估值

学习目标:
1. 了解企业估值的内涵及发展。
2. 掌握投前估值和投后估值的区别和计算。
3. 掌握企业估值的意义。
4. 理解企业估值的主要影响因素。
5. 掌握企业估值的常用方法。

学习了前一章关于企业财务的有关知识后,我们再结合现实生活中的一些经验学习本章内容:企业估值。在正式介绍企业估值有关内容前,关于企业估值的概念有三点值得注意。第一,企业的价值是由市场决定的。无论是初创企业还是成熟企业,一家企业的最终价值是买卖双方都同意的价格,即协商后的价格。第二,企业估值的过程并非是完全精准的。对一家企业的估值受到现实中各种因素的影响,其价值并不是根据某一个公式或是某一种方法就能够准确确定的。第三,企业估值不但不是十分精准的,甚至可能是主观的。除了可利用的财务数据,企业估值还涉及一些无法准确量化的因素,如企业发展阶段、管理团队能力、所处行业、被出售的原因以及一些宏观经济因素等。

第一节 企业估值的内涵与发展

企业估值是投融资、交易的前提,对于企业和投资者来说都十分重要。当投资者将资金注入企业时,其所占有的权益首先取决于企业的价值。企业估值是专业而复杂的问题,经历了很长一段时间的发展,并仍处于演变之中。

一、企业估值的内涵

企业估值,又称企业价值评估,一般是指将企业作为一个有机整体,依据其占有的全部资产状况和整体获利能力,结合企业所处的宏观经济环境及行业背景,对企业的内在价值进行综合评估。

对企业估值的认识存在两种观点。一种观点认为企业估值是由诸多客观因素决定的,包括企业的技术能力、创新水平、设备水平、管理人员素质、所处行业的发展状况等,企业自身诸多方面的因素共同决定了评估企业所得的价值。另一种观点认为企业估值是依据人们主观判断得出的。企业的估值并不是确定不变的,而是反映了评估者使用特定评估方法得到的对处于特定情境下的企业的市场观点,随着评估时点的不同,企业所处环境和自身情况会发生变化,企业的估值会随之发生变化。另外,使用不同的评估方法时,价值实现方式可能有所不同,这也会造成企业估值的不同。

综上,企业估值是由诸多客观因素和评估者的主观因素共同决定的。理想的企业估值能够反映企业的真实价值,但由于主观因素的存在,企业的价值可能被高估或低估。

二、企业估值的发展

企业估值的思想起源于欧文·费雪(Ivring Fisher)的财务预算理论,他在1906年发表的 *The Nature of Capital and Income* 中论述了资本、收入和价值的相关问题。他认为企业当前的价值本质上是未来预期收益的折现,人们可以借助利率来连接收入和资本,从而实现对企业当前价值的评估。他在 *The Rate of Interest, Its Nature Determination, and Relation to Economic Phenomenon* 中对利息的本质和决定因素进行了分析,并结合收入与价值的关系形成了完整的估值框架。随后他又在1930年的 *Interest Theory* 中提出了在确定性条件下的估值方法,认为企业的当前价值是未来现金流的折现,这是现代企业估值的基石。

约翰·伯尔·威廉姆斯(John Burr Willianms)于1938年在 *The Theory of Investment Value* 中提出了"现金流折现"理论,对费雪的理论进行了进一步完善。他认为企业在剩余经营期间内可以产生的现金流折现就是企业当前的内在价值,当股息不变时,企业股票的现值就是永久年金的现值。这一理论经过麦伦·戈登(Myron J. Gordon)于1962年的研究得以发展和推广,他假设股利以固定的增长率增长,从而形成了戈登模型。

米勒(Miller)和莫迪利安尼(Modigliani)于1958年、1961年和1963年相继发表论著,对资本成本、投资理论及企业价值之间的相关性进行了探究,形成了莫迪利安尼—米勒(MM)理论。这一理论系统地将投资过程中的或有事项风险纳入估值的考虑范围,并提出了国家税收政策影响下的估值模型。该理论推进了企业估值研究的发展,标志着现代意义上估值理论的产生。

费希尔·布莱克(Fischer Black)和迈伦·斯科尔斯(Myron Scholes)于1973年开创性地设计出了期权定价模型。该模型可以对企业潜在的、随时可能变成现实的获利机遇进行评估,进一步发展了现代企业估值理论。

阿尔弗雷德·拉帕波特(Alfred Rappaport)于1986年在 *Creating Shareholder Value: A Guide for Managers and Investors* 中提出了自由现金流量的概念,把自由现金流量定义为企业在满足所有以相关的资金成本折现后净现值为正的所有项目所需资金后剩余的现金流量,并由此构建拉帕波特估值模型。该模型被广泛应用于企业估值实务。

贝内特·斯图尔特(Bennett Stewart)于1991年提出了经济附加值方法(EVA)。他认为EVA是指企业经过调整后的营业净利润与全部投入资本之间的差额。这一方法以股东价值最大化为基础,是现代企业评估的重要方法之一。

从企业估值发展的历程,我们可以看到企业估值的实务与理论紧密相连。随着现代企业金融理论的发展,新的企业估值方法和模型不断产生。但是形形色色的估值方法所遵从的基本思想仍然保持一致,即企业未来的收入是企业价值的源泉。

在价值多元化的21世纪,企业估值仍在不断发展,并呈现出了新的态势。随着人类物质生活越来越丰富,价值的呈现形式和评价维度也逐渐多样化,这导致无形资产的价值难以评估,对于有形资产的价值也存在着主观上不同的衡量标准,因此企业估值变得更加复杂。另外,随着金融资产价格的上升,评估企业价值时易存在大量泡沫,可能出现企业的市场价格与企业内在价值背离的现象,导致企业的价值被高估。所以,为了更好地适应新的估值现状,估值方法也需与时俱进,从而实现对企业价值的尽量准确的评估。

第二节 投前估值与投后估值

风险投资家往往会在谈判开始时询问创业家他们企业的价值,当得到创业家的答案后,他们通常会紧跟着提一个问题:这种估值是投前估值还是投后估值? 即确定双方进行企业估值的统一标准。

一、投前估值与投后估值的定义

投前估值指投资者投资初创企业前的初创企业估值。投后估值指投资者投资初创企业后的初创企业估值,其值为投前估值加上投资者的股权投资价值,见公式(6-1)。

$$投后估值 = 投前估值 + 投资额 \tag{6-1}$$

> **算例 6-1**
> 假设一家企业用收入倍数法得到 A 轮融资的投前估值为 1 200 万元,该企业正在寻求 300 万元的私募股权投资,那么该企业的投后估值为多少?
> 由投前估值和投后估值的定义可知,投前估值为 1 200 万元,投资者的股权投资为 300 万元,因此企业的投后估值为 1 500(1 200+300=1 500)万元。

二、区分投前估值与投后估值的意义

区分投前估值与投后估值的重要意义有两点:第一,确保投资者与创业家对企业估值的看法一致;第二,投后估值确定了投资者能获得多少股权。在算例 6-1 中,该企业 A 轮融资的投资者将获得 20% $\left(\frac{300}{1\,500}=20\%\right)$ 的企业股权。

在不同的融资轮次中,如果未发生价值增值或者改变估值方法的情况,则上一轮融资的投后估值往往是下一轮融资的投前估值,见公式(6-2)。

$$上一轮融资的投后估值 = 下一轮融资的投前估值 \tag{6-2}$$

> **算例 6-2**
> 在算例 6-1 中,该企业 A 轮融资的投后估值为 1 500 万元,如果该企业希望在 B 轮融资中融资 300 万元,那么 B 轮融资的投前估值与投后估值分别为多少?
> 因 B 轮融资的投前估值等于 A 轮融资的投后估值,所以 B 轮融资的投前估值为 1 500 万元,B 轮融资的投后估值为 1 800(1 500+300=1 800)万元。

在算例 6-1 和算例 6-2 中,可以发现存在股权稀释的现象。该企业 B 轮融资的投资者可以获得 16.7% 的股份。A 轮融资的投资者原本拥有 20% 的股份,在 B 轮融资后只拥有原来股份的 83.3%,即 16.7% 的股份,股权被稀释。

$$A \text{轮融资的投资者的股权比例} = \frac{300}{1\,500} = 20\%$$

$$B \text{轮融资的投资者的股权比例} = \frac{300}{1\,800} = 16.7\%$$

所以,B 轮融资后 A 轮融资的投资者的股权比例为 20%×(1−16.7%) = 16.7%。

归纳总结后,我们得出 B 轮融资后的 A 轮融资的投资者股权比例为:

$$\frac{A \text{轮投资额}}{A \text{轮投后估值}} \times \left(1 - \frac{B \text{轮投资额}}{B \text{轮投后估值}}\right)$$

第三节 企业估值的意义

投资者将资金注入企业时,应该占有的权益首先取决于企业的价值。进行合理的估值对初创企业来说十分重要。其意义体现在以下方面。

一、确定企业的市场价值

初创企业通过企业估值能够确定企业的市场价值。一方面能够使外界了解初创企业的价值,展示企业的发展实力,树立企业的良好形象,从而扩大企业的影响力;另一方面能使企业对自身的价值有进一步的了解,企业管理人员可以更好地发掘企业存在的优势以及不足,提高企业管理的效率,做出正确的管理及发展决策,从而提高企业价值,增加企业财富。

二、确定需要放弃的股权价值

进行企业估值不仅能够帮助初创企业确定为合伙协议而放弃的股权价值,还能够确定为吸引投资者投资而放弃的股权价值。其中,后者更值得我们关注,因为这涉及后续一系列的现金流分配、企业控制权等问题。

作为创业家,在现实中确定为吸引资本而放弃的股权价值有两种情况:第一,企业价值未知时,确定筹集资金金额并放弃持有股权的比例;第二,企业价值已知时,确定筹集资金金额并放弃持有股权的比例。

一些经验不足的创业家常常会经历第一种情形,他们往往会在不知不觉中确定自己企业的价值。他们会在决定需要的资本数量的同时,声明希望保留的所有权水平,这样的行为将自动赋予企业隐含价值。常见的一种情况是许多创业家追求的最低持股比例是 51%,他们认为这是维持对企业的控制所需要的最低持股数量。这样随意地放弃 49% 的股权的结果是导致企业的估值过低,未来可继续出售给投资者的股份过少。

如果一位创业家希望筹集 10 万元,并表示他希望保留企业 90% 的股份,那么融资后的估值将是 100 万元。这 100 万元并不是创业家计算的结果,而是他在声明了自己希望筹集的资金金额和保留的股份份额后赋予企业的价值。

有一定经验的创业家往往会经历第二种情形,在采取任何筹资行动前,他们将使用本章稍后介绍的方法计算企业价值。创业家需要筹集的资金一般是确定的,于是创业家就可以积极寻求投资者,告诉投资者他们可以在这轮融资中获得的股权份额。

例如,如果某企业的投后估值为200万元,而创业家正在筹集20万元,那么投资者将获得该企业10%的股份。这里200万元的企业估值是由创业家计算得到的,而不是被赋予的。

对于某轮融资中获得的企业股权份额,投资者往往有着与创业家不同的确定方法。大多数投资者遵循的计算公式见公式(6-3)。

$$股权份额 = 投资额 \times \frac{(1+第1年投资回报率) \times (1+第2年投资回报率) \times \cdots}{投资期末的企业未来价值} \quad (6-3)$$

算例6-3

假设一名创业家为价值500万元的企业寻求40万元的股权融资,一位希望在4年内以30%年回报率套现的投资者的股权份额可以利用公式(6-3)来计算。

$$\frac{400\,000 \times (1+0.3) \times (1+0.3) \times (1+0.3) \times (1+0.3)}{5\,000\,000} = \frac{400\,000 \times 2.86}{5\,000\,000} = 23\%$$

由此可知,该投资者将获得该企业23%的股权。

第四节 企业估值的主要影响因素

正如本章引言部分所提到的,企业价值受到许多因素的影响,既有定量的因素,也有定性的因素。在对一家企业进行估值时,创业家应该充分识别并分析这些重要的影响因素。按照影响因素来源不同,可以将其分为企业内部影响因素和企业外部影响因素。其中,企业内部因素包括管理团队质量、现金流状况、有形资产与无形资产、企业所处的发展阶段、是否为上市企业、出售原因等,企业外部因素包括估值视角、投资者定位、是否出于投机动机、是否采用拍卖形式、所处行业、经济形势等。

一、管理团队质量

管理团队质量不仅可以决定初创企业是否能够吸引投资者投资,还能显著影响该企业在谈判过程中的估值。管理团队质量主要由团队中每个成员的经验年限和个人的成功失败率来衡量。如果两家初创企业的管理层中一家是有创业经验的团队,而另一家是没有创业经验的团队,那么两家企业在寻找相同数额的投资资本时,其估值就会显著不同,有创业经验的企业的估值将会显著高于没有创业经验的企业。究其原因,主要在于两家企业的风险不同,有创业经验的企业风险较小,因此投资者会给予更高的估值。该理论同样适用于管理团队更换的情形,若创业家在出售企业后需要更换管理团队,那么买方投资者就不得不在之后支付培训或更换管理团队的费用,同时更换管理团队成员也带来了更大的风险,因此企业估值会比未更换管理团队的企业更低。

二、现金流状况

一家企业的估值在很大程度上是由其目前和未来的现金流决定的。正向现金流对于企业来说是非常宝贵的,创业家可以用其奖励员工、奖励股东或者投资于其他企业,以期在未来创造更多的财富。换句话说,正向现金流给企业带来了盈利机会。正因如此,现金流法成为一个非常重要的估值方法。

对于初创企业来说,由于没有历史的财务数据,通常要基于对未来现金流的预期进行估值。对企业未来的发展前景越乐观,未来现金流预计越大,企业估值越高。从融资行为的主体来看,创业家通常对企业未来的预期更为乐观,因此会给予企业更高的估值;投资者则对企业未来的预期较为谨慎,因此估值相对较低。

三、有形资产与无形资产

企业的有形资产和无形资产也会影响企业的价值。制造业企业的大部分价值通常在于有形资产,这些资产(如机器、设备和存货)的年限和使用状况将直接影响企业的价值。如果一个企业的设备由于过度使用或缺乏维护而处于较差的状态,那么这家企业的价值就会低于拥有更新的设备或者设备维护得更好的同类企业。

在对企业价值进行评估时,不仅要考虑企业的有形资产,无形资产如企业的客户、专利和声誉等,也是重要的影响因素。对企业来说,不可替代的核心竞争力才是企业脱颖而出的关键,而核心能力是对企业内部有实际价值的无形资产的潜能进行挖掘。无形资产对于企业估值的影响同有形资产相似,如果一家企业的无形资产价值较低,如企业名誉受损,那么该企业的价值就会低于同行业中声誉良好的企业。

四、企业所处的发展阶段

企业所处的发展阶段越早,其价值越低。例如,处于种子期的企业往往比处于成长期的企业价值要低。这是因为处于发展阶段越早的企业风险越大,这些企业没有经营历史,只有很少的营业收入,依赖自有资本成长,并且多数可能夭折。而发展较晚的企业经过了一段时间的经营,现金流的风险显著降低。因此,创业家在寻求外部股权融资之前,最好尽可能多地开发产品并发展企业。但是现实中许多创业家的做法正好相反,他们在企业处于早期阶段且估值较低时,获得大量的股权融资,这将导致企业在后续融资时没有太多的股份可出售给投资者。

五、是否为上市企业

当一家上市企业和一家非上市企业处于同一行业,且成立年限、产品服务、收入水平等完全相同时,非上市企业的估值往往会低于上市企业。根据历史数据,非上市企业的估值会比同样情况下上市企业的估值低 15%~25%。主要原因有两点:第一,上市企业必须遵守监管机构的信息披露规定,对企业过去和现在的财务状况信息进行披露,从而使投资者对于上市企业的情况了解更多、利用更多的信息做出投资决策、降低信息的不对称性,从而降低了风险,因此估值相对较高;非上市企业不必遵守监管机构的信息披露规定,投资者获得的企业相关信息相对较少,信息不对称程度较高,这相应地提高了风险,降低了企业的估值。第二,非上市企业融资难度更大,这使其不得不压低估值。上市企业可以在公开市场上进行股票交易,从而有利于企业筹集资金。而非上市企业进行股权融资由于缺少相应的活跃度较高的交易市场,只能向创业家的家人、朋友以及一些机构投资者出售股票从而筹集资金。因此,为了获得融资,非上市企业不得不略微降低其估值。

六、出售原因

被出售企业的价值与出售背后的原因直接相关。在创业家不是因为个人原因或者商业压力而出售企业的情况下，企业一般具有最大价值。在个人原因方面，例如为解决创业家离婚财产分配问题而出售的企业价值，将低于并非因为此类原因而出售的企业；创业家的家庭成员身患疾病或死亡、创业家之间的内部冲突等也会对企业价值造成类似的负向影响。在商业压力方面，例如由于现金短缺导致资不抵债从而被出售的一家企业，其价值将远远低于没有财务问题的同一类企业的价值。由于这些个人原因和商业压力会对企业估值造成负面影响，所以创业家通常避免披露出售企业背后的真正原因。因此，对于任何打算收购一家企业的创业家来说，在对该企业估值和提出收购要约之前，必须进行彻底的尽职调查，以确定企业被出售的原因，从而对企业进行合理的估值和报价。

七、估值视角

风险投资交易的核心问题是企业的价值，它将决定着企业家拥有多少股份。企业的价值取决于评估者坐在谈判桌的哪一边，如果评估者是创业家，他会希望获得尽可能高的估值，以最大限度筹集资金，并放弃尽可能少的股权；如果评估者是投资者，他会希望获得一个较低的估值，因为这样可以获得尽可能多的股权。一位风险投资家曾说：评估一家企业的关键，是让投资者能够获得他想要的回报，同时让创业家感到满意。显然，这位风险投资家寻求的是一种为投资者和创业家创造"双赢"局面的估值，这也侧面反映出企业的估值实际上是买卖双方博弈协商后的产物。

八、投资者定位

企业的价值也受到投资者定位的影响。通常情况下，战略投资者比财务投资者愿意给予企业更高的估值。财务投资者以获利为目的，想要通过投资取得经济上的回报。战略投资者除了获取财务回报以外更看重战略目的，致力于长期投资合作，而不仅仅着眼于短期的财务回报。财务投资者渴望以最小的代价获得企业的控制权，从而实现自身的盈利策略，赚取更高的收益，所以他们希望企业的估值尽量低。而战略投资者大多尊重企业原有的经营理念与模式，致力于增强企业的核心竞争力和创新能力，不过多追求控制权和盈利回报，所以他们会给企业相对更高的估值。然而，也可能出现例外的情况，在资金充裕的情况下，财务投资者也可能给予企业比战略投资者更高的估值。

九、是否出于投机动机

在进行企业的价值评估时，交易行为是出于投资动机还是投机动机是有区别的。相较投资行为而言，投机行为将显著推高企业的估值。投资和投机的相同点在于都需要识别企业的价值，不同点在于价值投资希望以合理的价格买入，通过长期持有以赚取企业成长带来的收益，而价值投机则是利用市场的情绪，靠短期市场评估的价值赚取收益。最典型的例子是21世纪初美国资本市场的互联网泡沫，当时在美国纳斯达克市场掀起了一股以互联网产业为引领的投资热潮，投资者对互联网行业的热情达到了前所未有的高度。在巨额的风险投资中,大多数资本竞相流向了互联网产业,使得那些不存在历史财务数据、经营情况一般的互联网企业,可以比处于相同行业、拥有相同销售模式、经营状况更稳定优质的非互联网企业获得更高的估值。可见在这种投机动机驱使交易行为的情况下,互联网企业会获得更高的估值。

十、是否采用拍卖形式

理论上说,当通过拍卖程序出售一家企业时,其价值最终取决于市场的承受能力。在这一过程中通常会有多个潜在买家相互竞价,有利于实现企业的最大价值,最终评估得到的企业价值往往会略高于预期。例如乐视网以 13.64 万元起拍其企业的各种商标,经过 1 376 次出价,最终被嘉睿汇鑫以 1.31 亿元的价格买下,成交价格远高于预期。近年来受网络拍卖电商平台兴起、企业设立方面"放管服"政策不断深化、公共资源交易中心建设的影响,我国拍卖企业的数量呈现逐年增长的态势,经拍卖过程获得企业估值的现象也更为常见。但在拍卖过程中得到的企业价值并非一定会高于预期水平,如果企业自身经营不善、盈利能力减弱,也会出现股权折价拍卖的现象。

十一、所处行业

一家企业所处的行业对其估值也有重要影响。处于不同行业的两家企业,即使在营业收入、利润和增长速度等方面状况相似,其估值也可能存在显著的差异。第一,不同行业具有不同的吸引力和发展潜力,一家处于发展潜力巨大、正在快速增长行业的企业,往往比处于增长速度相对较慢行业的企业有着更高的估值。例如在前几年,处于互联网行业和电子商务行业的企业,其估值总是高于同等状况下处于其他行业的企业。第二,行业的周期性也会影响企业估值。强周期性行业的利润波动幅度较大,企业价值不确定性较强,所以在估值上存在一定的折价,而弱周期性企业的利润是保持稳步增长态势,企业的价值逐步增加,所以会在估值上呈现出溢价。第三,行业的竞争格局也会给企业估值造成不同的影响。寡头垄断的行业竞争格局对企业的发展非常有利,企业的价值会得到有效的提升,比如单寡头竞争格局的海天味业,双寡头竞争格局的伊利股份和蒙牛乳业,这些企业的投资价值巨大。相反,当行业处于自由竞争格局时,企业的价值相较而言会受到压制。

十二、经济形势

企业面临的国内外宏观经济形势将对其估值造成重要影响。一方面,宏观经济形势会影响企业的收益增长率。当宏观经济增长时,企业的产品市场需求会增加,为企业带来较高的收益增长率,从而使企业获得较高的估值;反之,当宏观经济衰退时,企业估值较低。另一方面,经济形势还会通过影响企业资金的可得性对其估值造成影响。如果当前宏观经济形势整体向上,那么投资者手中可用于投资的资金会增加,杠杆也会增加,从而推高了企业的估值;如果当前宏观经济形势处于下行阶段,那么投资者手中可供投资的资金受到限制,同时杠杆也受到限制,企业为获得融资会不得不降低其估值。

第五节 企业估值的常用方法

评估一家企业价值的方法有很多,而且不同的评估者会选用不同的估值方法。估值方法可能因行业、评估者等因素而存在差异,但没有任何一种估值方法是最优的,每一种方法都有其优点和局限性。

对于创业家来说,采用哪种估值方法是由经验决定的,通过尝试使用不同的方法最后决定哪种最合适的确很重要。在实务中,只有经过充分的尝试之后,人们才会倾向于选择某一种方法,认为该方法在特定情况下的效果更佳。如果没有这种宝贵的经验,创业家最好使用至少两种不同的估值方法来确定企业的估值范围。可以将估值方法分为倍数法、资产价值法、自由现金流法、期权法四类,其中在实务中最受欢迎的是倍数法。

一、倍数法

倍数法是指用企业的某一指标乘以特定的倍数来评估企业价值的方法。该方法由于简单易懂、易于操作,在实务中被广泛应用于各个行业的企业估值。其公式如下:

$$企业价值 = 企业指标 \times 倍数 \tag{6-4}$$

对于公式(6-4)中的倍数,主要由企业所处的行业决定,不同的行业有着不同的倍数计算规则,具体规则可以查阅相关文献或是行业协会的信息。某一行业的倍数并非静态的,随着时间的推移与行业前景的改变,倍数将不断发生变化。在具体应用过程中,除了考虑行业的影响,还需要根据企业自身的状况对倍数进行调整。

根据选取的企业指标不同,可以将倍数法分为以下几类:现金流倍数法、自由现金流倍数法、市盈率倍数法、市销率倍数法、毛利率倍数法、独立月访客倍数法。

(一)现金流倍数法

现金流倍数法是指选取企业税息折旧及摊销前收益(EBITDA)作为企业指标的倍数法。这种方法适用于产生了大量折旧摊销的企业,如化工、有色金属等行业的企业,通常这样的企业资本密集,或收购了巨额商誉,可能出现净利润亏损但毛利和主营业务利润为正的情况。

息税折旧及摊销前收益衡量的是在不考虑资本支出和债务利息下的利润,企业的折旧、摊销、债务以及税费会因为交易而发生变化,它将那些影响企业利润的事项排除在外,所以虽然息税前折旧摊销收益在严格意义上不是现金流,却是现金流较好的代理值或近似值。使用现金流倍数法计算企业估值的具体公式如下:

$$企业价值 = 息税折旧及摊销前收益 \times 倍数 \tag{6-5}$$

其中:

$$息税折旧及摊销前收益 = 净利润 + 所得税 + 利息 + 折旧 + 摊销$$

或者

$$息税折旧及摊销前收益 = 扣除利息和税金前收益 + 折旧 + 摊销$$

通常来说,该方法中的倍数在 3~10 倍,但也会随着各种因素的变化而发生变化。买方市场、卖方市场、销售增长、行业增长潜力、企业盈利能力以及投资者退出方式等因素都将对该倍数造成显著影响。例如,管理能力提高将会使得倍数增加,风险增加将会使得倍数减少。

这种方法的局限性在于忽略了创业家工资对于息税折旧及摊销前收益的影响,从而将高估企业的价值。原因在于创业家有权获得与市场价格相当的工资,且这笔工资应在利润表上作为合法费用处理。如果创业家的工资不被识别出来,那么企业的息税折旧及摊销前收益就会被人为夸大,导致企业估值过高。这样的结果对于买方和投资者来说都是不利的,对于买方来说会支付更高的价格,对于投资者来说会获得较少的股权。因此,实务中一般会采用调整后的现金流倍数法。对息税折旧及摊销前收益的调整公式如下:

调整后息税折旧及摊销前收益=息税折旧及摊销前收益+卖方工资水平-买方工资水平

(6-6)

📖 算例6-4

如果在一个通常使用倍数值为7的行业中,一家企业的息税折旧及摊销前收益为50万元,那么人们就会假设其估值为350万元。但如果对卖方的财务报表进一步分析,假设发现该企业对所有者所支付的工资水平只有5万元,而相同规模的企业在同一行业向其所有者支付的工资水平是12.5万元,如果买方也打算以市场价格12.5万元的工资水平支付给自己,那么使用倍数值为7、采用现金流倍数法对企业进行估值时的企业价值为297.5万元。计算过程如下:

$$(500\,000+50\,000-125\,000)\times 7=2\,975\,000(元)$$
$$3\,500\,000-2\,975\,000=525\,000(元)$$

若不进行调整的话,企业的估值将偏高,高出了52.5万元,也就将企业的估值高估了 $17.65\%\left(\dfrac{525\,000}{2\,975\,000}\right)$。

(二)自由现金流倍数法

对于需要对新设备进行重大投资以维持增长的企业,例如制造业企业,通常会使用企业自由现金流(Free Cash Flow)的倍数,而不仅仅是息税折旧及摊销前收益。自由现金流是指企业满足了营业和再投资的需求后,能够自由支配的资金。这是一个更保守的现金描述,会产生较低的企业估值。使用自由现金流对企业进行估值的计算公式如下:

$$企业自由现金流=息税折旧及摊销前收益-资本支出 \tag{6-7}$$
$$企业价值=企业自由现金流\times 倍数 \tag{6-8}$$

📖 算例6-5

英特尔是半导体行业和计算创新领域的全球领先厂商。2019年英特尔企业的息税折旧及摊销前收益为3 314 500万美元,资本支出为1 621 300万美元。根据行业估算,采用自由现金流倍数为12倍,英特尔企业2019年的估值约为2 000亿美元。

$$企业自由现金流=3\,314\,500-1\,621\,300=1\,693\,200(万美元)$$
$$企业价值=1\,693\,200\times 12=20\,318\,400(万美元)$$

(三)市盈率倍数法

市盈率倍数法是指选取企业市盈率作为指标的倍数法。该方法通常用于评估上市企业的价值,也适用于周期性较弱的行业,如公共服务、医药等行业。市盈率(P/E)也称本益比,主要是指企业股票价格与每股收益之间的比值,或是企业市值与年度股东应占溢利的比值。市盈率能够反映上市企业股票的时间维度以及未来的发展前景。市盈率的计算公式如下:

$$市盈率 = \frac{市值}{净利润} = \frac{每股市价}{每股收益} \quad (6-9)$$

$$每股收益 = \frac{税后利润}{流通股数量} \quad (6-10)$$

算例6-6

假设一家企业的股价为每股25元,发行了40万股,过去12个月的税后利润为100万元,其市盈率为:

$$市盈率 = \frac{每股市价}{每股收益} = \frac{每股市价}{\frac{税后利润}{流通股数量}} = \frac{25}{\frac{1\,000\,000}{400\,000}} = \frac{25}{2.5} = 10$$

从公式可以看出,一家上市企业的市盈率主要受到股票价格和每股收益的影响。对于同一行业收益相近的企业来说,影响市盈率的主要因素是企业股价,企业股价越高,市盈率就越高。除此之外,企业的资产周转率、企业所得税率等因素也会对市盈率造成影响。如资产周转率越高,企业运营资产的能力越强,发展潜力越大,股息增长率越高,市盈率就越高。企业所得税率越高,企业负债经营的优势越明显,投资者要求的投资回报率越低,市盈率就越高。

市盈率的高低可以反映市场的预期。如果一家企业的市盈率高于行业平均水平,可以反映出该企业增长迅速,投资者对该企业未来的业绩增长持积极看法,并期望获得相对可靠的收益。相反,如果一家企业的市盈率低于行业平均水平,则反映出该企业处于低增长状态,其收益不稳定并且预期的未来财务风险较高。尽管市盈率倍数法通常用来给上市企业进行估值,但实务中也用其给非上市企业估值。用市盈率来评估一家非上市企业的理想方法是找到最具可比性的上市企业,因此该方法也被称为比价法。最重要的标准是寻找一家产品或服务完全相同或尽可能接近的同一行业企业,此时企业的市盈率会比较接近,其他重要的标准还包括被比较企业的营收规模、盈利能力、成长历史和发展潜力,以及企业成立期限等。选取在这些层面上较为相近的企业进行比较时,使用市盈率倍数法对非上市企业进行估值才可能做到尽量准确。

在运用市盈率倍数法给非上市企业估值后,需要对估值结果进行15%~25%的折价处理。原因在于在收入、利润、现金流、增长潜力和成立期限完全相同的情况下,上市企业的价值总是比非上市企业的价值高出15%~25%。

市盈率倍数法是当前市场所有比率估价法中使用最广泛的,因为它在评估并购企业价值时有许多优点。简单明了是其最大的优点:第一,它能够将股票价格与当前企业的盈利状况联系在一起,是一个直观的统计数据;第二,对大多数股票来说,市盈率易于计算并很容易得到,这使得企业股价之间的比较变得十分简单;第三,它可作为企业的一些其他特征,如风险性与成长性等的代表。

该模型也有一定的缺点:每股盈利的计算可能存在人为操纵的因素,如企业的管理层可能迫于市场的压力而粉饰经营业绩,从而影响到股价的确定;市盈率通常采用行业平均市盈率,或者静态市盈率,常常是同行业股票过去若干年的平均市盈率,与某企业特定的市盈率水平存在差异;企业收益的波动常会引起市盈率在不同时期出现戏剧性的变动,尤其对于周期性企业而言,宏观经济变动导致市盈率变化,使得评估出的企业价值缺乏可信度;如果企业的净利润为负数,那么股票的每股收益为负数,市盈率的计算结果也会相应地为负数,这种情况下,企业的价值将无法计算。由此可见,市盈率这项指标体现出了单一化的特点,因此在具体评估过程中,需要与其他指标结合使用。

(四)市销率倍数法

市销率(P/S)倍数法是指选取企业销售额作为指标的倍数法,即一家企业的价值应该是其年度主营业务收入的多少倍,也称为销售额倍数法。在风险投资行业使用倍数法估值时,市销率倍数法远比市盈率倍数法常见,这是因为很多企业还处在发展初期,可能还没有盈利。在净利润为负的情况下,显然不能用市盈率倍数法估值。

市销率倍数法适用于食品、广播电台、服务等行业,且企业的销售增长前景和投资者的乐观情绪在决定使用的倍数值上起着主要作用,不同行业使用的倍数不同。例如,在食品行业,企业的售价通常是收入的1~2倍,但对于销售额增长率的预期会对倍数高低有所影响。广播电台行业也广泛使用该方法估值,小型市场电台常用的估值倍数是收入的2~2.5倍,中型市场电台的估值是收入的3~3.5倍,大型市场电台的估值是收入的4倍。另外,服务行业也常用这种估值方法,它们的估值通常是收入的1~3倍。

使用市销率倍数法进行企业估值的计算公式如下:

$$市销率 = \frac{每股市价}{每股营业收入} \quad (6-11)$$

$$企业价值 = 营业收入 \times 市销率 \quad (6-12)$$

📖 算例 6-7

2016年京东全年的营业收入为2 602亿元,市销率倍数为1.46倍,则企业估值为3 799亿元。

$$企业价值 = 2\,602 \times 1.46 = 3\,799(亿元)$$

市销率倍数法的优点是:销售收入稳定,波动性小;营业收入不受企业折旧、存货、非经常性收支的影响,不像利润那样易于操控;收入不会出现负值,不会出现没有意义的情况,即使净利润为负也可使用。所以,市销率倍数法可以和市盈率倍数法形成良好的补充。市销率经常被用来评估亏损企业的股票,因为此时不能以市盈率来进行估值。在几乎所有网络企业都亏损的时代,人们常用市销率来评价网络企业的价值。

市销率倍数法的缺点是:它无法反映企业的成本控制能力,即使成本上升、利润下降,只要不影响销售收入,市销率依然不变,并且这种方法忽略了企业是否真正盈利,将重点完全放在收入上。因此,这种估值方法最适合那些专注于通过收购来扩大市场份额的创业家。其理念是不断拓展新客户,并依靠自己的技能和经验使每个新客户成为现金流的贡献者。

📖 算例 6-8

表 6-1 为钱仪和与王金鹏在《高科技公司估值方法综述》中对高科技行业估值倍数的估

算结果[1],包括营业收入倍数和息税折旧及摊销前收益倍数,市销率倍数和现金流倍数。可以看到营业收入倍数值和息税折旧及摊销前收益倍数值在不同的细分行业中存在差异,对企业运用倍数法进行估值时,需要考虑企业所在行业,以对企业进行合理估值。

表 6-1　高科技行业估值倍数

SIC 代码	行业名称	营业收入倍数	息税折旧及摊销前收益倍数
3571	电子计算机	1.09	26.57
3572	计算机存储设备	1.80	11.71
3576	计算机通信设备	2.80	19.61
3577	其他计算机外围设备	4.24	32.84
3669	其他通讯外围设备	2.89	25.35
3670	电子零件及配件	2.26	13.73
3672	印刷线路板	0.45	8.19
3674	半导体设备	3.88	20.09
3679	其他电子元件	2.64	19.19
3690	杂项电机、设备及用品	2.88	12.27
3711	机动车和乘用车车身	1.28	12.36
3714	汽车零配件	0.84	11.88
3724	飞机发动机和发动机零件	2.00	23.39
3728	飞机零件及辅助设备	1.40	24.08
3826	实验室分析仪器	7.22	26.02
3829	测控装置	3.53	24.01
3841	外科和医疗仪器及设备	5.96	24.18
3845	电子医疗和电疗设备	4.51	30.48

📖 **算例 6-9**

A 集团收购德国 K 企业

2017 年 1 月,A 集团发布公告称,企业完成要约收购德国 K 企业的交割工作,并已全部支付完毕本次要约收购涉及的款项。在本次收购中,A 集团要约收购 32 235 418 股,收购单价为 115 欧元/股。收购交割完成后,企业通过境外全资子企业合计持有 K 集团 3 760 57 万股股份,约占 K 集团已发行股本的 94.55%。

从交易双方来看,收购方 A 集团是一家集消费电器、暖通空调、机器人与自动化系统、智能供应链、芯片产业、电梯产业于一体的科技集团,在世界范围内拥有约 200 家子企业。被收购方 K 集团是工程技术服务及柔性自动化解决方案的供应商。K 机器人板块处于市场领先地位,在汽车工业机器人行业位列全球市场前三、欧洲第一。

---

[1]　钱仪和、王金鹏:《高科技公司估值方法综述》,《企业改革与管理》2021 年第 14 期,第 6—7 页。

此次收购的要约价格为115欧元/股,对应股权价值为45.7亿欧元。截至2016年3月31日,K集团净负债为5 500万欧元,少数股东权益为-70万欧元,因此对应的企业价值为45.2亿欧元。K集团以2016年3月31日为基准日的前12个月的息税折旧及摊销前收益为2.5亿欧元,收入为28.8亿欧元。因此,本次交易的企业价值/息税折旧及摊销前收益即现金流倍数为18.08倍,企业价值/销售额即市销率倍数为1.57倍。

(五)毛利率倍数法

毛利率倍数法是指选取企业毛利率作为指标的倍数法。销售额有时候并不能反映企业真实的盈利水平,而剔除成本后的毛利率能够更真实地反映企业的盈利能力。毛利率倍数法的核心思想是根据产品的溢价能力、领先程度、盈利能力等对企业进行实际的估值。对于高科技企业而言,它与传统行业中的企业不同,其固定资产规模并不大,现金流相对而言不稳定,使用毛利率倍数法更为贴合。使用这种倍数法估值时,通常来说,毛利润乘以的倍数一般不大于2。

📖 算例6-10

运用毛利率倍数法,为一家收入为5 000万元、毛利率为30%的企业进行估值,其上限为3 000万元。计算过程如下:

$$5\ 000 \times 0.3 = 1\ 500(万元)$$
$$1\ 500 \times 2 = 3\ 000(万元)$$

(六)独立月访客倍数法

独立月访客倍数法是指选取企业网站独立月访客数作为指标的倍数法。独立访客就是独立IP访客。按照国际惯例,独立访客数记录标准一般可为一个月,即一个月内若某访客从同一个IP地址来访问某网站n次,则访问次数计作n,独立访客数则计作1。该估值方法主要运用于互联网企业中。使用这一指标可以衡量网络推广程度,这对于互联网企业来讲是重要的价值衡量指标,因而可以选取独立月访客数作为倍数法估值的指标。

📖 算例6-11

2008年,NBC环球同意以35亿美元的价格收购Weather Channel。在购买时,Weather Channel的网站每月有3 700万独立访客,这使其成为排名前15的网站。将这个购买价格换算,则会得到每个独立访问者价值94.6美元。

$$\frac{3\ 500\ 000\ 000}{37\ 000\ 000} = 94.6(美元)$$

📖 案例6-12

互联网企业独立月访客倍数应用

在互联网企业中,访客量和注册用户数量对于估值是重要的观测指标。例如短视频平台快手在2017年3月完成3.5亿美元的融资,该轮投资由腾讯领投。这是继百度以后,快手引入的第二位互联网巨头。该轮融资完成后,快手估值30亿美元。此次融资结束后,相比10

个月以前,快手的估值翻了6倍,这主要源于快手在日活与注册用户数方面实现的增长。

作为短视频行业的先锋,快手从过去的工具型应用转型为短视频应用以来,一直保持着行业领先地位。根据快手官方数据,2017年3月快手日活跃用户为5 000万人,总用户量达到4亿人;根据第三方互联网行业研究机构比达咨询(BDR)发布的《2017年第2季度中国短视频App产品市场研究报告》,快手月活跃用户达7 937万人;到了2017年11月,快手再次披露数据,其日活跃用户数量翻倍,超过了1亿人,总用户量也超过了7亿人。

对于互联网企业而言,其网站的访客量、活跃用户数、注册用户数等衡量使用人数的指标,对于其自身价值来说是重要体现。此类指标的数量增长,说明企业的营业能力较强,企业的内在价值得到提升,企业的估值实际上也会相应有所增长。

资料来源:《"快手"正进行新一轮10亿美元融资、腾讯、红杉继续跟进》,创业家,2018年1月25日。

二、资产价值法

资产价值法是通过对目标企业的所有资产及负债进行逐项估值的方法来评估企业价值,即企业价值等于其资产与负债所产生费用或者收益的总和。该方法主要是按照所估值企业的账面价值进行估计,但这些账面价值必须根据市场价值进行调整以与市场相结合。资产价值法适用于重资产的传统行业,如钢铁、煤炭等行业。

使用资产价值法的前提是假设企业持续经营或清算。当假定企业持续经营时,资产评估的是其使用价值;当企业发生清算时,还需要将涉及的成本如拍卖成本等考虑进去,从清算后的净所得中扣除清算成本。资产价值法可以细分为以下几种方法:

(1) 账面价值法。它是根据企业账面记载的净资产价格来反映企业价值的一种方法,账面价值是历史价值减去折旧以后的价值。这种估价方法的好处是简便,但其与资本的性质不一致。

(2) 市场价值法。它是根据市场上相同或相近资产的价格来确定企业的资产价格,进而确定目标企业价值的一种方法。其应用的前提是假设在一个完全市场上相似的资产一定会有相似的价格。

(3) 重置成本法。它是以按照现时的条件,重新建造或购置该项资产所需的全面支出扣除该项资产的有形与无形损耗后的余值,作为该项资产价值的评估方法。这种方法主要考虑了资产成本变化所产生的资产价格变动情况,能比较准确地反映资产的实际成本。

(4) 公平价值法。它是将企业所有的资产在未来持续经营情况下所产生的预期收益,按照一定的折现率折算成现值,以此确定其资产价值的方法。由于它将企业的未来收益与企业资产的当前价值联系起来,反映了资产的本质特征,因此是一种比较合理且应用较为普遍的方法。

(5) 清算价值法。它是企业因破产或歇业清算时,将资产迅速变现为可获得的价格,以此确定企业价值的评估方法。该方法适用于目标企业作为一个整体已丧失经营能力和增值能力,迫切需要将其资产转让变现的情况。

以上五种资产价值法的侧重点各有差异,适用范围也各不相同。如果评估价值的目的在于判断企业未来收益的潜力,那么重置成本是重要的衡量标准;如果评估价值的目的在于获得某项特殊的资产,那么清算价值或者市场价值可能更为恰当。

需要注意的是,企业资产的价值对企业的整体估值具有重要意义,但对于有着大量无形资产的企业来说,使用资产价值法的意义不大,因为企业无形资产的价值难以确定。

由于企业无形资产价值在资产价值法下不易确定,所以这一方法不是确定企业价值的最有效方法。在无形资产价值无法确定的情况下,通过企业总资产价值之和计算出的企业价值(未计算无形资产价值)可能低于市场公允价值。股权所有者能够控制一家企业,但如果企业存在大量债务,债权人就会参与到获取资产价值的过程当中,这时股东是否能得到全部的资产价值还需要估值人员进行确定。从上述基于资产的方法的实际应用来看,此种方法适用于处于成熟期或衰退期的企业,对于处于初创期且高风险的科技创新企业并不适用。另外,在企业破产清算或重组中,资产价值法是最实用的,在这种情况下,关于企业价值的谈判通常从其资产的折旧价值开始。

三、自由现金流法

创业期的企业很难产生稳定的现金流和收益,且发展具有高度不确定性,因此不适宜使用传统的现金流折现法进行估值,自由现金流法是最常用的企业估值模型。

自由现金流模型,也称为现金流折现或现金流资本化模型。理论上尤其适用于那些具有稳定现金流或现金流可预测度较高的行业,如电力、白酒等行业。它将企业在未来所能产生的现金流根据合理的折现率进行折现,得到该企业的价值。具体公式如下:

$$企业价值=明确价值期的企业价值现值+持续价值期的企业价值现值 \quad (6-13)$$

(一)明确价值期的企业价值现值计算

明确价值期的企业价值现值计算需要遵循如下步骤:

(1)确定明确价值期的时间区间,通常是 5 年。

(2)预测企业 5 年内的息税前利润(EBIT)。这里需要假设企业完全没有杠杆,即它的资本结构中没有债务。

(3)确定企业的税率,这将被用来计算扣税的调整金额。

(4)确定明确价值期内每年的折旧费用。通常用以下 3 种方法计算:① 假设没有折旧费用,因为新资产的资本支出和相应的折旧会相互抵消。如果作了这样的假设,那么新资产的资本支出也应该为零。② 假设未来的折旧费用占固定资产、销售额或增量销售额的百分比恒定相同。③ 采用企业实际折旧法,从资本支出中预测企业新资产的价值,并计算每个预测年度的实际折旧费用。

(5)确定每年需要新增的营运资本。所需的营运资金与企业按预期速度增长所需的净投资是相同的。

(6)确定资本支出金额。资本支出有两个目的:一个是对现有设备进行维修,以保持企业目前的增长势头;另一个是购买企业未来增长所需的新设备。该金额可以根据企业历史数据推断。

(7)确定企业的预期增长率。

(8)确定贴现率,即企业从资金供给者处获得资本所需要的成本。该指标一般用加权平均资本成本(WACC)表示。

(9)计算明确价值期的自由现金流。公式如下:

$$明确价值期的自由现金流=(税后净营业利润+折旧及摊销)-(资本支出+营运资本增加) \quad (6-14)$$

(10) 计算明确价值期自由现金流的现值。公式如下：

$$\text{明确价值期自由现金流的现值} = \frac{\text{第1年的自由现金流}}{1+\text{贴现率}} + \frac{\text{第2年的自由现金流}}{(1+\text{贴现率})^2} + \cdots$$

$$\frac{\text{第}n\text{年的自由现金流}}{(1+\text{贴现率})^n} \tag{6-15}$$

（二）持续价值期的企业价值现值计算

假设该企业的价值在明确价值期结束后以一个固定的速度增长，那么就可以得到持续价值期的企业价值现值。公式如下：

$$\text{持续价值期的企业价值现值} = \frac{\dfrac{\text{明确价值期结束后第1年的自由现金流}}{(\text{贴现率}-\text{固定的增长率})}}{(1+\text{贴现率})^{\text{时期数}}} \tag{6-16}$$

📖 算例 6-13

假设有一家企业明确价值期的息税前利润、营运资本增加与资本支出情况如表 6-2 所示，不考虑企业折旧，适用税率为 52%。企业的加权平均资本成本为 13%，持续价值期内以固定 10% 的速度增长。运用自由现金流模型为其估值的步骤如下。

表 6-2　企业息税前利润、营运资本增加与资本支出情况　（单位：千元）

年份	2000	2001	2002	2003	2004
息税前利润	1 398	1 604	1 789	1 993	2 217
营运资本增加	56	144	158	175	191
资本支出	16	20	20	21	24

根据明确价值期自由现金流计算公式 (6-14) 计算得到的结果见表 6-3。

表 6-3　明确价值期自由现金流　（单位：千元）

年份	2000	2001	2002	2003	2004
息税前利润	1 398	1 604	1 789	1 993	2 217
-税收	727	834	930	1 036	1 153
+折旧	—	—	—	—	—
-营运资本增加	56	144	158	175	191
-资本支出	16	20	20	21	24
=自由现金流	599	606	681	761	849

$$\text{明确价值期的企业价值现值} = \frac{599\,000}{(1+0.13)} + \frac{606\,000}{(1+0.13)^2} + \frac{681\,000}{(1+0.13)^3} + \frac{761\,000}{(1+0.13)^4} + \frac{849\,000}{(1+0.13)^5}$$

$$= 2\,404\,181(\text{元})$$

> 若预计第 6 年企业的自由现金流为 960 300 元,则通过计算可得:
>
> $$\text{持续价值期的企业价值现值} = \frac{960\,300/(0.13-0.10)}{(1+0.13)^5}$$
> $$= 17\,373\,746(元)$$
>
> 企业价值 = 明确价值期的企业价值现值 + 持续价值期的企业价值现值
> $$= 2\,404\,181 + 17\,373\,746 = 19\,779\,927(元)$$

自由现金流模型的局限性在于其过于理想化,因而充满了不确定性。模型中不确定性的三个最大来源为自由现金流、贴现率和增长率。对于这三个指标,没人能给出准确的答案,都是基于推测得到的。

自由现金流具体还可分为企业自由现金流(FCFF)和股权自由现金流(FCFE)。前者是企业股东及债权人可供分配的最大自由现金额,后者是企业股权所有者可分配的最大自由现金额。股权自由现金流是在企业自由现金流的基础上减去供债权人分配的现金。也可以根据实际需求使用企业自由现金流或股权自由现金流对企业进行估值。

1. 企业自由现金流模型

企业自由现金流(Free Cash Flow to the Firm)模型是指利用企业自由现金流对整个企业进行估价。这种估值方法首先需要统计企业现金流总量,并在其基础上核减企业运营成本及各类投资支出,计算出剩余的自由现金流总数。随后,选取企业的 WACC 作为折现率进行企业价值的计算工作。该模型的计算公式如下:

$$V = \sum_{t=1}^{n} \frac{FCFF_t}{(1+WACC)^t} \tag{6-17}$$

式中:V 是企业价值;$FCFF_t$ 是在 t 时刻的自由现金流量;$WACC$ 是加权平均资本成本。

2. 股权自由现金流模型

股权自由现金流(Free Cash Flow to Equity)模型的来源是现金流贴现定价模型。该模型的计算公式如下:

$$V = \sum_{t=1}^{n} \frac{FCFE_t}{(1+k)^t} \tag{6-18}$$

式中:V 是企业股权价值;$FCFE_t$ 是在 t 时刻的股权现金流量;k 是股权资本成本。

股权自由现金流量的计算公式如下:

$$\begin{aligned}\text{股权自由现金流量} &= \text{企业自由现金流量} - \text{债权人现金流量} \\ &= \text{税后净营业利润} + \text{折旧和摊销} - \text{营运资本增加额} - \\ &\quad \text{资本性支出} - \text{税后利息费用} + \text{债务净增加}\end{aligned} \tag{6-19}$$

(三)自由现金流法的改进

前面小节所介绍的自由现金流未考虑现金流的风险。为了能够准确评估企业自由现金流,本书考虑了两种主要方法:在评估风险资产时使用较高的贴现率来贴现预期现金流,以及在评估安全资产时使用较低的贴现率。关于考虑风险的现金流计算,这里主要介绍贴现率调整法和确定性等价法。

第一种处理有风险的现金流方式是适当提高贴现率,即贴现率调整法。在这种情况下,资产的风险和回报将使用金融学中的模型,如资本资产定价模型(CAPM)和当今的多因素模型来确定。使用CAPM计算得到的收益率就是任何给定风险的投资的预期回报率或任何给定资产的风险调整利率。

除了调整自由现金流法中的贴现率,还可以调整风险的预期现金流量,即确定性等价法。为了说明这种方法,需要了解两种情况:一是用风险调整利率对有风险的现金流进行贴现;二是用无风险利率对确定性等价的现金流进行贴现,从而求出使两种情况下现值相等的确定性等价现金流。公式如下:

$$PV=\frac{C_t}{(1+r)^t}=\frac{CEQ}{(1+r_f)^t} \tag{6-20}$$

式中:PV 为企业价值;C_t 为有风险的现金流;CEQ 为确定性等价的现金流;r 为风险调整利率;r_f 为无风险利率。

(四)经济附加值法

经济附加值法是近年来在国外比较流行的用于评价企业经营管理状况和管理水平的重要指标,而且被引入价值评估领域,用于评估企业的价值。经济附加值(Economic Value Added,EVA),又称经济利润、经济增加值,是一定时期的企业税后营业净利润(NOPAT)与投入资本的资金成本的差额。

经济附加值是基于税后营业净利润和产生这些利润所需资本投入的总成本的一种企业绩效财务评价方法。公司每年创造的经济附加值等于税后净营业利润与全部资本成本之间的差额。其中资本成本包括债务资本的成本,也包括股本资本的成本。目前,以可口可乐为代表的一些世界著名跨国公司大都使用EVA指标评价企业业绩。

基于EVA的企业价值评估方法与现行公认的企业自由现金流量折现法,二者不仅在评估结果上是一致的,而且具有与企业价值相关联又便于对价值实效计算考核的双重优点。经济附加值法适用于处于成长期及以后的企业,初创期企业、人力资本和信息资本等无形资产占主导的企业,以及周期性、波动性较大的企业,应慎重选用该方法。

从算术角度说,EVA等于税后经营利润减去债务和股本成本,是所有成本被扣除后的剩余收入(Residual Income)。这一指标设计的基本思路是理性的投资者都希望自己投资的资产收益会超过资本的机会成本,也就是获得增量收益,否则他会将已投入的资本转移至其他方面。EVA是指企业税后营业净利润与全部投入资本成本之间的差额。如果这一差额是正数,说明企业创造了价值;反之,则表示企业发生了价值损失。计算公式如下:

$$经济附加值=税后净营业利润-资本成本 \tag{6-21}$$
$$经济附加值=税后营业净利润-平均资本占用×加权平均资本成本 \tag{6-22}$$
$$企业价值=投资资本+未来各年EVA的现值 \tag{6-23}$$

> **算例6-14**
> **基于EVA算法的宁德时代企业价值评估**
> 宁德时代是独角兽企业的典型代表,是国内率先进入国际顶尖车企供应链的锂离子动力电池制造厂商。根据王君彦和龙素英的研究《基于EVA的独角兽企业价值评估研究——以

宁德时代为例》①，通过对宁德时代2016—2019年的历史财务指标进行分析，并将企业未来的发展阶段划分为高速增长期（2020—2024年）和稳定增长期（2025年及以后），预测宁德时代EVA的计算见表6-4和表6-5。

表6-4 宁德时代高速增长期的EVA现值

指标	2020年	2021年	2022年	2023年	2024年
税后净营业利润（万元）	1 411 591.43	2 063 328.26	3 012 908.82	4 396 447.70	6 412 263.84
资本总额（万元）	2 968 759.91	3 146 848.81	3 406 324.34	3 784 380.19	4 335 207.55
加权平均资本成本（%）	8.69	8.69	8.69	8.69	8.69
EVA值	1 153 745.47	1 789 867 10	2 716 899.24	4 067 585.06	6 035 534.31
折现系数	0.919 6	0.845 7	0.777 8	0.715 2	0.657 8
EVA现值	1 061 019.97	1 513 728.13	2 113 071.42	2 909 315.60	3 969 935.61

表6-5 宁德时代稳定增长期的EVA现值　　　　　　　　（单位：万元）

年份	2025年EVA	折现系数	永续增长率	EVA现值
2025年	4 168 432.39	0.657 8	5%	73 315 369.64

则运用EVA法计算宁德时代2020年至2024年的企业价值为84 882 440.37万元。

四、期权法

为了修正传统估值方法在上市企业估值应用中的局限性，学者们在估值中引入了期权理论。期权法是充分考虑企业在未来经营中存在的投资机会或拥有的选择权价值，进而评估企业价值的一种方法。它是20世纪70年代后在期权估价理论的基础上发展起来的。

期权法最适用于成长型企业，因为这类企业当前的价值可能不是很理想，但其未来的增长潜力非常大。如果目标企业未来的发展前景良好，则可以为其潜在机会赋予较高的价值，从而使企业获得较高的估值。另外，对于开采矿山和开发新软件这种风险比较大的项目而言，往往期权价值也很大，所以期权法在自然资源类和高新技术类企业中的应用较为广泛。这类企业所拥有的资产基本上都可以看作期权，所以企业本身也可以通过期权模型来估值。

实物期权法以相关法律、法规以及资产评估规则为依据，对资产上的实物期权价值展开评估。具体的应用过程为：该评估法首先识别企业目前的资产中被赋予了期权交易性质的资产；其次，应用实物期权法对企业的资产展开具体的评估；最后，需要将获得的评估结果与传统评估方法评估之后所获得的静态净现值相加。

为准确地描述实物期权法，重要的是要找到一个能在不确定性条件下对这些期权恰当定价

---

① 王君彦、龙素英：《基于EVA的独角兽企业价值评估研究——以宁德时代为例》，《经营与管理》2022年第1期，第102—107页。

的模型,换言之,要在给定不确定因素和可用的实物期权的条件下使价值最大化。布莱克和斯科尔斯创立的 Black-Scholes 期权定价模型(B-S 模型)是实物期权法的基础,而二项式期权定价模型对离散时间的期权做出简单的估价,方便了实物期权模型的构造。本书对以上两种基本模型介绍如下。

(一) 二项式期权定价模型

二项式期权定价模型是一种对离散时间期权的定价方法,其基本假设是在给定的时间间隔内,资产价格的变动只有上涨或者下跌这两种可能的方向。在这种假定下,资产价格变动的过程可以用图 6-1 表示。其中,S_0 为资产当前的市价,在给定的时间间隔内,价格上升为 S_u 的概率为 p,下降为 S_d 的概率为 $1-p$。

二项式期权定价模型的定价依据是在第一次买进期权时,能建立起一个零风险套期保值交易,具体是通过组合标的资产和无风险借贷来构造等价投资组合,假定购入 H 股标的资产并借入一笔 B 元贷款的投资组合与待估期权是等价的。此时投资组合的成本就相当于期权的价值。

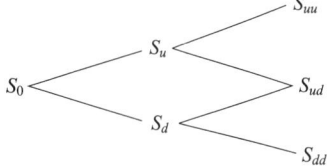

图 6-1 二项式期权定价模型的资产价格变动路径

$$期权价值 = (标的资产的当前价值 \times H) - B \quad (6-24)$$

将公式 (6-24) 与图 6-1 中所示的资产价格变动路径相结合,即可推导出二项式期权定价模型。设 S_0 为标的资产当前的市价,u 为标的资产价格上行乘数,d 为标的资产价格下行乘数,r 为无风险利率,C_0 为期权的当前价值,C_u 为标的资产价格上行时的期权价值,C_d 为标的资产价格下行时的期权价值。

$$
\begin{array}{cccc}
 & t=1 & 期权价值 & 等价投资组合 \\
t=0 & S_u & C_u & S_u \times H - (1+r)B = C_u \\
S_0 & & & \\
 & S_d & C_d & S_d \times H - (1+r)B = C_d \\
\end{array}
$$

解得:

$$H = \frac{C_u - C_d}{S_u - S_d} = \frac{C_u - C_d}{S_0(u-d)}, \quad B = \frac{dC_u - uC_d}{(u-d)(1+r)}$$

代入公式 (6-24),得期权价值为:

$$C_0 = S_0 H - B = \left(\frac{1+r-d}{u-d}\right)\frac{C_u}{1+r} + \left(\frac{u-1-r}{u-d}\right)\frac{C_d}{1+r} \quad (6-25)$$

令 $p = \frac{1+r-d}{u-d}, q = \frac{u-1-r}{u-d}$,且有 $p+q=1$,可得:

$$C_0 = p\frac{C_u}{1+r} + (1-p)\frac{C_d}{1+r} \quad (6-26)$$

📖 算例 6-15

某待估期权的执行价格为 100 元,期限为 12 个月,标的资产的当前市价为 100 元,无风险利率为 11%,假定标的资产的价格服从二项式过程变动。

```
                            期权价值    等价投资组合
       t = 1
          ╱ 150         50      150H − 1.11B = 50
t = 0  100
          ╲ 50          0       50H − 1.11B = 0
```

根据公式(6-25)直接计算,则可得到期权价值为:

$$C_0 = \left(\frac{1+11\% - 1/2}{3/2 - 1/2}\right) \times \frac{50}{1+11\%} + \left(\frac{3/2 - 1 - 11\%}{3/2 - 1/2}\right) \times \frac{0}{1+11\%} = 27.48(元)$$

对于上述模型,增加分期数可以得到更准确的估值结果,其中标的资产价格上行乘数 u 和标的资产价格下行乘数 d 与分期数的关系如下:

$$u = e^{\sigma\sqrt{\Delta t}} \tag{6-27}$$

$$d = 1/u \tag{6-28}$$

式中:e 为自然常数;σ 为标的资产收益率的标准差;t 为每期长度,通常以年表示。由此可得无论初始标的资产价格如何,u、d 和 p 都是常数,即与 S 无关,仅与 t、σ 和 r 有关。

(二) B-S 模型

二项式期权定价模型是计算期权价值的一种近似方法,期数无限增加就得到了 B-S 模型。这一模型可以用于给价格服从对数正态分布的标的资产的期权定价。

这一模型的应用较为广泛,为规范期权市场的定价机制发挥了重大作用。根据无风险套利技术的期权定价模型,投资者可以在买进一定数额股票的同时,卖出一定数额的以此股票为基础资产的看涨期权,从而构建一个无风险组合。这一组合的报酬率是无风险报酬率,该投资组合的收益是完全独立于股票价格的变化的。

B-S 模型有如下几个假设:

(1) 期权期内,买方期权标的股票不发放股利,也不做其他分配。
(2) 股票或期权的买卖没有交易成本。
(3) 短期的无风险利率是已知的,并且在期权寿命期内保持不变。
(4) 任何证券购买者都能以短期的无风险利率借得任何数量的资金。
(5) 允许卖空,卖空者将立即得到按卖空现时价格计算的资金。
(6) 期权为欧式期权,看涨期权只能在到期日执行。
(7) 所有证券交易都是连续发生的,股票价格服从随机游走。
(8) 股票价格服从对数正态分布。

该模型用公式表示如下:

$$C_0 = S_0 N(d_1) - X e^{-rt} N(d_2) \text{ 或 } C_0 = S_0 N(d_1) - PV(X) N(d_2) \tag{6-29}$$

$$d_1 = \frac{\ln(S_0/X) + [r + (\sigma^2/2)]t}{\sigma\sqrt{t}} \text{ 或 } d_1 = \frac{\ln(S_0/PV(X))}{\sigma\sqrt{t}} + \frac{\sigma\sqrt{t}}{2} \tag{6-30}$$

$$d_2 = d_1 - \sigma\sqrt{t} \tag{6-31}$$

式中:C_0 为看涨期权的价值;S_0 为标的资产的当前价值;$N(d)$ 为标准正态分布中离差小于 d 的概率;X 为期权的执行价格;r 为无风险利率;t 为距期权到期日的时间(年);σ^2 为标的资产收益

率的方差。

> **算例 6-16**
> 某标的资产目前价格为 50 元,约定的执行价格为 50 元,距离期权到期日的时间为 6 个月,无风险利率为 5%,标的资产收益率的标准差为 0.6。
>
> $$d_1 = \frac{\ln(S_0/X) + [r_e + (\sigma^2/2)]t}{\sigma\sqrt{t}}$$
>
> $$= \frac{\ln(50/50) + [5\% + (0.36/2)] \times 0.5}{0.6\sqrt{0.5}}$$
>
> $$= 0.27$$
>
> $$d_2 = d_1 - \sigma\sqrt{t} = 0.27 - 0.6\sqrt{0.5} = -0.15$$
>
> 查附表得:
>
> $$N(d_1) = 0.6064$$
>
> $$N(d_2) = 1 - N(0.15) = 1 - 0.5596 = 0.4404$$
>
> $$C_0 = S_0 N(d_1) - Xe^{-rt} N(d_2) = 50 \times 0.6064 - 50e^{-0.05 \times 0.5} \times 0.4404 = 8.84(元)$$

B-S 模型延续了偏微分方程的思想,其优点在于结构简单,针对连续欧式期权有精确的定价公式。其缺点也十分明显,即对可提前行权的美式期权,难以求出确切的表达式,而且数学推导和求解过程在金融界较难被接受和掌握。

二项式期权定价模型和 B-S 模型,本质上是两种相互补充的方法。随着要考虑的价格变动数目的增加,二项式期权定价模型的分布函数就越来越趋向于正态分布,逐渐向 B-S 模型逼近。实际运用中,二项式期权定价模型推导比较简单,简化了期权定价的计算并增加了直观性,更适合说明期权定价的基本概念,因此它现在已成为全世界各大证券交易所的主要定价标准之一。

(三) 实物期权

投资于实物领域,可以增加投资者的选择权,并且这种未来的选择权是有价值的,这种价值就是实物期权。实物期权是金融期权在实物投资领域的拓展。依托于上述两种期权估值模型,投资者也可以实现对资产或项目实物期权的估值,并最终实现对企业的估值。

1. 实物期权的基本概念和特征

斯图尔特·麦尔斯(Stewart Myers)在 1977 年首先提出"实物期权"这一概念。他指出,一个投资方案产生的现金流量所创造的利润,不仅来自企业对其所拥有资产的使用,还有其对未来投资机会的选择,在这一过程中,企业可以取得一个在未来以一定价格取得或出售一项实物资产或投资计划的权利,即"企业完全价值=企业现金流价值+企业选择权价值"。所以实物资产的价值评估与评估一般期权类似,又因其标的物为实物资产,故称之为实物期权。

实物期权是在金融期权理论的基础上发展起来的。布莱克和斯科尔斯的研究指出,金融期权是处理金融市场上交易性金融资产的一类金融衍生工具,而实物期权是处理一些具有不确定性投资结果的非金融资产的一种投资决策工具。因此,实物期权是相对金融期权来说的,与金融期权相似但并不相同。从本质上看,实物期权有着与金融期权相类似的特征,它们都赋予期权的购买者在未来某一特定时刻或者该时刻之前,以约定价格买进或卖出一定数量的标的资产的权利。但是两者的标的资产是不同的,实物期权的标的资产不是股票、债券、期货或货币等金融资产,而是某个具体投资项目所对应的设备、土地等实物资产。绝大多数实物期权更像是美式期权,它可以在期权有效期内的任何时刻执行。

与金融期权相比,实物期权一般具有如下特征:

(1) 非交易性。这是实物期权与金融期权的本质区别。实物期权的标的物一般不存在广泛的交易市场,因此,实物期权本身也就不大可能进行市场交易,难以获得公允定价。

(2) 非独占性。许多实物期权不具备所有权的独占性,即它可能被多个竞争者共同拥有,因而是可以共享的。但是,对于共享实物期权来说,其价值不仅取决于影响期权价值的一般参数,而且与参与竞争者可能的策略选择有关,这种非独占性可能导致控制权溢价。

(3) 先占性。先占性是由实物期权的非独占性特征导致的。这是指抢先执行实物期权可获得先发制人的效应,结果表现为取得战略主动权对实物期权展开定价,从而实现实物期权的最大价值。

(4) 复合性。各种实物期权存在着一定的相关性,这种相关性不仅表现在同一项目内部各子项目之间的前后相关,而且表现在多个投资项目之间的相互关联。因此,实物期权也是关于并购价值评估和并购战略决策的重要思想和评估方法,是一种并购战略决策和金融估值分析相结合的战略框架模型。

2. 实物期权的类型

在投资项目的周期内,企业拥有灵活选择权,这些选择权就是"实物期权"。因此,实物期权法在存在大量不确定性以及竞争情况变化多端的情况下非常适用于评价将来的投资收益价值。依据实物期权的特性,企业拥有的灵活选择权分类如下。

(1) 推迟投资期权。指项目的持有者有权推迟对项目的投资。投资者通常在投资项目面临较高的不确定性时行使推迟投资期权,以解决现在时刻投资项目所面临的不确定性,尽量避免当前的市场风险。由于投资的不可撤销性,投资前必须小心谨慎,因为决策失误将会导致巨大的损失。投资者可以将投资延迟到取得大量的信息或者市场风险能够得到有效控制之后。如房地产开发商投资于土地,往往先建立土地储备,后续再根据市场状况决定新项目的规模。

(2) 扩张投资期权。指投资者有权增加项目的投资规模。如果项目在未来的时间内投资效益较好,行使此期权则会使投资者抓住未来的增长机会,因而对于企业来说具有战略性的意义。如制造业小规模推出新产品,抢先占领市场,以后根据市场的反应再决定是否扩充规模。

(3) 收缩投资期权。指投资者有权缩减项目的投资规模,是与扩张投资期权相对的实物期权。如果投资者在发现其承担的项目超过自身的承担能力时行使此期权,则会减少可能面临的损失,该类期权对企业的战略规划同样有重要意义。

(4) 放弃期权。指投资者在实行某个项目后有权放弃对项目的继续投资。如果市场环境突然变坏或者项目的收益不能弥补投入的成本,那么投资者会行使此期权以避免更大的损失。这可能涉及出售该项目的资产或把这些资产用到企业的其他领域。当将某项目的资产在外部市场上出售时,该项目的市场价值就是放弃期权的价值;当将这些资产用到企业别的领域时,其机会成本就是放弃期权的价值。

（5）转换期权。指在未来的时间内，项目的持有者有权在多种决策之间进行转换。如投资者在从事技术创新时，可设计能够使用的多种方式，如利用人工智能、大数据、云计算等技术进行的方案，根据变化选择合适的方式，以降低成本。转换期权关闭一个产品的生产相当于执行一个美式卖权，而转换期权启动另一个产品的生产相当于执行一个美式买权。转换期权赋予企业在不同市场情况下高度的灵活性，因而提升了企业的价值。

（6）增长期权。指如果项目投资者获得初始的投资成功之后，在未来的时间内，投资者有权获得新的投资机会。一般分为三种情况：第一，扩大规模增长期权。如项目运作后，如果市场情况比起初期望的要好，投资者可以进一步扩大投资或加速对资源的利用。第二，转换增长期权。第一代产品或技术的介入为新一代产品或技术提供了条件，是看涨期权和看跌期权的组合，企业一方面可以放弃、收缩现有的投资活动，另一方面可以通过其他方式实施扩张。第三，范围拓展增长期权。即在一个行业或一种商业模式上的投资，可以使企业方便地进入新的行业或商业模式。

（7）复合期权。复合期权是期权的期权。如分阶段投资中，每个阶段以上一个阶段的期权为依托，投资者在每个阶段都可以选择投入资金使项目继续进行，或者放弃项目从而变卖获得收入。

📖 算例 6-17

假设一家生物技术企业正在研发一种可望治疗癌细胞的药物，且目前没有任何可以产生现金流的资产。该企业已经申请了专利，并拥有 20 年的专利权，该专利产品期望的现金流入量为 4.5 亿元，方差为 0.4。开发该产品的成本预计为 3 亿元，同期 20 年国债利率为 8%。

根据题中条件可知：$S_0=4.5$ 亿元，$X=3$ 亿元，$t=20$ 年，$r=8\%$，$\sigma^2=0.4$

代入 B-S 模型计算得到：

$$d_1 = \frac{\ln(S_0/X)+t[r+(\sigma^2/2)]}{\sigma\sqrt{t}}$$

$$= \frac{\ln(4.5/3)+[8\%+(0.4/2)]\times 20}{\sqrt{20\times 0.4}}$$

$$= 2.12$$

$$d_2 = d_1-\sigma\sqrt{t}=2.12-\sqrt{20\times 0.4}=-0.71$$

查附表得：

$$N(d_1)=0.9772$$

$$N(d_2)=1-N(0.71)=1-0.7580=0.2420$$

$$C_0=S_0 N(d_1)-Xe^{-rt}N(d_2)=4.5\times 0.9772-3e^{-0.08\times 20}\times 0.2420=4.25(亿元)$$

该企业的价值即为 4.25 亿元。

实物期权法提供了一种全新的估值理念，除了对单个实物期权估价，企业估值中一般以实物期权组合形式出现，而实物期权组合的价值并不等于组合中单个实物期权的和，即期权的不可加性是评估并购实物期权组合价值的一个难点。

算例 6-18

市盈率倍数法下的××电器股份有限公司价值评估

××电器股份有限公司是国内首家以低压电器为主营业务的 A 股上市公司。2004 年公司荣获"全国质量管理奖";2010 年××电器在 A 股上市;2012 年收购上海某集团,拓展控制系统业务;2016 年正式收购同属于××的新能源开发有限公司 100%的股权,注入光伏发电资产及业务。

由于××电器为上市企业,评估其价值时通常选用市盈率倍数法(PE)。对该企业进行盈利预测与估值的过程如下。

首先,对公司盈利预测做出关键假设:

(1) 光伏电站开发。公司光伏电站开发结构基本成熟,故单瓦开发价格沿用 2021 年价格(15.09 元/W),2022 年第一季度开发 2GW,上半年 2.7GW,2022 年全年目标 8GW,2021 年公司光伏电站开发 4.75GW。对照往年装机量,预计 2022 年全年电站开发营业收入同比增长 68%左右。

(2) 光伏电站运营。公司正在进行持续轻资产业务,根据公司发布的公告和已有的公开消息,公司轻资产的行动开始于 2021 年中下旬,2022 年上半年已完成超过 800MW 的电站出售,2022 年全年出售目标为光伏装机 4.5GW 左右。预计公司 2022 年年底光伏电站运维规模 12.14GW,按照 0.41 元/kWh 的结算电量,预计 2022 年光伏电站运营的收入约为 50.42 亿元。

(3) 光伏组件业务。目前组件业务仍有扩产,根据组件紧缺的态势和 2021 年的高增长率判断,组件的销量和营收仍会创下新高,但根据公司在组件业务方面的历史盈利情况,预计该板块业务的净利将为负。预计 2022 年公司光伏组件业务同比增长 10%左右。

(4) 低压电器业务。营业收入规模稳中有进,2022 年第一季度毛利率下降 1%~2%,第三季度降本增效措施已初见成效,预计 2023—2024 年毛利率回升。预计 2022 年低压电器收入规模增长不超过 2.3%。

其次,根据以上收入预测假设,结合公司历史财务状况得出公司未来各盈利预测假设值和测算结果,见表 6-6 和表 6-7。

表 6-6 公司盈利预测假设

	会计年度	2021A	2022E	2023E	2024E
光伏业务	主营业务收入(百万元)	18 197	24 601	20 530	26 351
	同比增长率	28.76%	35.19%	-16.55%	28.35%
	毛利率	19.55	18.87%	25.13%	25.09%
光伏电站开发	主营业务收入(百万元)	7 165	12 073	14 085	18 109
	同比增长率	154.56%	68.50%	16.67%	28.57%
	毛利率	12.64%	12.64%	12.64%	12.64%
光伏电站运营	主营业务收入(百万元)	4 213	5 042	6 446	8 243
	同比增长率	24.50%	19.67%	27.84%	27.88%
	毛利率	52.44%	52.44%	52.44%	52.44%

续表

	会计年度	2021A	2022E	2023E	2024E
光伏电池组件	主营业务收入(百万元)	6 819	7 486		
	同比增长率	-14.05%	9.79%		
	毛利率	6.49%	6.30%		
低压电器业务	主营业务收入(百万元)	19 654	20 097	20 900	21 945
	同比增长率	6.69%	2.25%	4.00%	5.00%
	毛利率	28.94%	26.13%	27.00%	27.00%
其他业务	主营业务收入(百万元)	1 013	1 722	1 895	2 084
	同比增长率	44.97%	69.99%	10.00%	10.00%
	毛利率	34.71%	30.99%	37.26%	42.96%
营业费用/主营业务收入		4.50%	4.32%	4.50%	4.50%
管理费用/主营业务收入		4.00%	3.60%	4.00%	4.00%
财务费用/主营业务收入		3.85%	3.22%	3.76%	3.59%
实际税率		13.30%	17.77%	15.00%	15.00%

表 6-7 公司盈利预测结果

会计年度	2021A	2022E	2023E	2024E
营业收入(百万元)	38 865	46 420	43 325	50 381
增长率	16.9%	19.4%	-6.7%	16.3%
营业利润(百万元)	4 713	5 469	7 110	8 574
增长率	-40.3%	16.0%	30.0%	20.6%
归母净利润(百万元)	3 401	4 131	5 678	6 922
增长率	-47.1%	21.5%	37.4%	21.9%
最新摊薄每股收益(元)	1.58	1.92	2.64	3.22
每股净资产(元)	14.89	16.41	19.06	22.27
动态市盈率(倍)	18.0	14.8	10.8	8.9
市净率(倍)	1.9	1.7	1.5	1.3

注：总市值和总股数参考公司 2022 年-××-×× 收盘数据。

再次，根据正泰电器主营业务的分类，在低压电器方面选取 A 公司和 B 公司作为估值的可比公司，在光伏板块方面选取 C 公司和 D 公司作为估值的可比公司。上述公司的净利润和 P/E 预测值见表 6-8。

最后，由于公司低压电器业务和光伏业务均为公司主营业务，所以分为光伏业务、低压电器和其他业务三个板块给予盈利预测和估值。

光伏业务方面，公司光伏业务在组件剥离之后盈利修复，加上用户市场景气，预计 2022 年、2023 年、2024 年净利润为 23.31 亿元、35.53 亿元、45.54 亿元。结合市场同样从事组件制造和光伏 EPC 业务的 A 公司和 B 公司的市场估值，给予 2022 年、2023 年、2024 年 35 倍、23 倍、17 倍 P/E，对应市值 816 亿元、817 亿元、774 亿元。

表 6-8 可比公司估值对比

所属行业	公司名称	总市值（亿元）	归母净利润（亿元）				P/E			
			2021A	2022E	2023E	2024E	2021A	2022E	2023E	2024E
低压电器	A	385.06	10.63	13.32	17.09	21.81	52.32	28.90	22.54	17.66
	B	149.82	4.19	4.72	6.40	8.49	43.39	31.78	23.43	17.64
	C	137.77	3.61	4.25	5.98	7.82	68.39	32.43	23.02	17.62
光伏板块	D	1 532.48	18.04	36.74	64.96	85.96	90.44	41.71	23.59	17.83
	××公司	612.74	34.0	45.4	59.2	67.9	18.0	13.5	10.4	9.0

注：A、B、C、D 公司盈利预测均使用 Wind 一致预期。

低压电器业务方面，公司盈利修复初见成效，盈利能力进一步回升，预计 2022 年、2023 年、2024 年净利润为 19.30 亿元、21.32 亿元、22.38 亿元。结合市场同样从事低压电器制造业务的 C 公司和 D 公司的市场估值，给予 2022 年、2023 年、2024 年 30 倍、20 倍、17 倍 P/E，对应市值 579 亿元、426 亿元、380 亿元。

其他业务方面，公司 2022 年、2023 年、2024 年净利润预测为 2.34 亿元、3.58 亿元、4.95 亿元，给予 2022 年、2023 年、2024 年 15 倍、12 倍、10 倍 P/E，对应市值 35 亿元、43 亿元、50 亿元。

综上将各版块业务的估值加总，得到公司 2022、2023、2024 年合理市值为 1 430 亿元、1 286 亿元、1 204 亿元，对应股价为 60.5 元、54.4 元、50.9 元。

即 测 即 评

请扫描右侧二维码检测本章学习效果。

思 考 题

1. 企业估值的意义是什么？
2. 企业估值的主要影响因素有哪些？
3. 企业估值的常用方法有哪些？
4. 资产价值法包含哪些？
5. 什么是经济附加值？
6. 实物期权的类型有哪些？

第七章 创业融资

学习目标：
1. 理解创业融资的概念、意义及难点。
2. 理解不同的融资理论。
3. 掌握创业融资时资金不同来源的优缺点。
4. 了解创业融资选择的影响因素。

创业企业的成功通常离不开以下三大支撑要素：一是创业者及其团队具备相应的潜质；二是创业项目把握商机准确，具有较高的可行性；三是拥有项目运营资源，其中基础性资源是创业资本。创业融资是成功创业的动力源和发动机，在创业初期的融资多是为了生存，而成长到一定阶段的企业融资则更多是为了发展。

融资对于创业企业而言，不仅是资金的支持，同时也是风险的分担和多重资源的获取。首先，创业融资可以一定程度上缓解创业企业的财务压力和现金流问题。其次，创业融资的投资方常常是行业中的前辈或者成功的创业家，他们具备挑选项目眼光，也具备较强的培植项目能力，可以为创业企业提供更多关于公司管理、商业模式、战略方向的经验及思考，对创业公司是无价之宝。另外，这些投资人通常还拥有资金以外的资源，包括但不限于政府、媒体、人才、市场渠道及下一轮融资的渠道等。以天使投资人为例，为了扶持早期项目，天使投资人往往愿意向创业者提供这些资源，事实上很多创业者在选择投资方的时候就是以这些资源为依据的。可见，创业融资对于创业企业的发展具有极其重要的意义。

通过学习创业融资，可以对企业融资这一重要环节有更深入系统的了解，同时为后续股权融资和债务融资的学习奠定坚实的基础。

第一节 创业融资概述

资金缺乏是创业过程中最常见的问题之一。创业家不断申明，融资是他们面对的最大挑战。例如，资金永远不够并且筹资过程太长。无论是借贷还是出让股权，融资总是非常困难。那么，为什么融资如此困难？最合理的解释是资本提供者承受着创业的主要风险。创业企业的存活率很低，数据表明，约有60%的创业企业会在开始的前4年失败，因此，作为资本提供者的投资者，必须慎重考虑创业项目成功的可能性,并判断创业家的信用可靠性。

创业项目的开展需要不同资源的投入以确保企业的生存和发展,比如资金资源、人才资源、信息资源和科技资源等。其中,资金资源是企业生产的重要动力,与创业绩效之间存在显著的积极影响,因此了解融资的知识是学习创业金融的必经之路。

一、融资的概念

(一) 融资的含义

融资,即资金的融通。企业融资通常基于两个原因:其一是满足企业持续的生产经营活动的需要;其二是企业在实施财务战略、开展对外投资、进行资本运作、调整资本结构等过程中,需要筹措和运用资金。

(二) 融资的动机

具体而言,企业融资的动机有以下四点:

(1) 生存融资,分为两种情况:一是企业初创时期融得启动资金以求生存和发展;二是企业面临经营困境或危机时获得资金渡过难关。

(2) 周转融资,指企业为获得确保正常运营的周转流动资金而进行的融资,如企业的商业信用、银行的短期信贷、商业票据的贴现等。

(3) 扩张融资,指成长期的企业为实现快速扩张,所实施的需要大量资金支持的融资财务战略。

(4) 偿债融资,指企业为了偿还债务而产生的筹资动机。分为两种:一是调整性偿债融资,即企业虽有足够能力支付到期旧债,但为了进一步优化资本结构仍然会发起新债;二是恶化性偿债融资,即企业已没有能力偿付到期债务,所以被迫以新债还旧债,这种情况下企业的财务状况通常并不乐观。

(三) 融资的分类

从不同的角度,可以对企业的融资方式做出不同的分类。

(1) 按储蓄与投资的关系,可以分为内源融资(Internal Financing)和外源融资(External Financing)。前者是指同一经济体内储蓄向投资的转化,如企业自有资金或者留存收益转增股本等;后者是指不同经济体之间储蓄向投资的转化,如银行贷款、企业间商业信用、发行股票、发行债券等。

(2) 按资金供求双方的交易选择方式,即是否通过金融机构媒介,可以分为直接融资(Direct Financing)和间接融资(Indirect Financing)。前者如发行股票、债券;后者如从银行或非银行金融机构借款、融资租赁等。

(3) 按金融工具的法律性质不同,可以分为权益性融资(Equity Financing,又称股权融资)和债权性融资(Debt Financing,又称债务融资)。其中,债务融资又可以分为直接债权融资(企业直接发行债券、票据等)和间接债权融资(通过银行等金融中介获得贷款)。

创业融资研究的主体是创业企业的融资行为。与一般企业或大公司相比,创业企业由于其本身通常所具有的不成熟性、不稳定性和发展不确定性等特点,以及自身发展条件的约束,在生存和发展方面,一般面临着更大的风险。在融资问题上,由于资产规模小、资信水平低、信息不透明等劣势,创业企业与一般中小微企业一样,面临着融资的"麦克米伦缺口"[①]。

创业融资本质上是一个资源配置的过程,其基本目的在于满足创业企业生存和发展的需要,但对于处在不同的成长发展阶段且具有不同性质和不同类型的创业企业而言,它们对资金的需求也体现出不同的规模、结构、成本和风险特征,这也决定了创业企业需要根据自身特点和所处环境选择不同的融资方式和渠道。

二、融资的意义

(一)融资能够帮助创业企业获得稳定的资金来源

企业融资不仅能够满足资金可得性的需要,还能够使企业拥有较为稳定的资金来源。投资机构或者投资者在对创业企业进行投资时,一般是期望得到更加长远和更大规模的回报,因此,他们经过仔细分析与评估之后才会选择合适的企业进行投资。而当投资关系确定后,投资者与被投资企业就成为一个利益共同体,投资者为了让自己的投入发挥作用并赚取回报,通常不仅不会轻易撤资,反而会持续投入更多资金,尽自己所能帮助企业渡过难关。

(二)融资能够帮助创业企业弥补日常经营资金的缺口

大部分创业企业在运营过程中都会面临资金匮乏的问题,例如已有资金几乎全部投入于企业成立和运作初期,接下来的经营运转以及一系列问题面临因资金短缺而不能启动的窘境,或者企业出现大量因资金周转困难而被迫暂停项目的情况。此时,融资活动就能够帮助企业获得资金,维持企业正常生产经营,使其平稳度过资金匮乏期。同时,创业企业还可利用融资激活整个产业链,实现产业布局调整、发展。

(三)融资能够帮助创业企业发展壮大,提升企业在市场经济中的综合竞争力

刚刚起步、实力尚弱的初创型企业更需要面对优胜劣汰、适者生存的残酷法则,只有不断发展壮大才是其赖以生存的不二法门。然而,企业要想发展壮大,必然需要扩大经营、开拓市场、获取资源、创新尝试,而这些努力无一不需要大量资金的支持。融资能够为创业企业提供资金支撑,帮助其从各方面进行实力提升,从而在与同行的竞争中占据优势、获得成功。

(四)融资能够帮助创业企业成长扩张,并反作用于融资效率提升

如果创业企业在获得融资之后能够持续快速发展自身,其就有可能在规模扩张之时获得投资机构第二轮甚至更多轮的投资,这样不仅能够有效提高企业的融资效率,还可以使企业更快满足资本市场的融资条件门槛,在整个企业成长过程中得到稳定资金支持,一直到自身羽翼渐丰。

三、创业融资的难点

各种融资渠道和方式都有其适用性和可得性。一般来讲,成本越高的融资方式,其分散企业风险的能力越强。例如,外源性的股权融资,融资成本是最高的,但企业的经营风险也被极大分散;内源性的融资,其成本虽低,但风险却只能由企业自己承担。因而,融资方式的确定,一方面是企业根据自己的诉求做出的最优选择;另一方面,是企业别无他法做出的被动选择。对于创业企业,尤其是处于初创期的企业而言,在选择融资渠道和方式时,需要多方位地考虑适用性和可

---

① 麦克米伦缺口(Macmillan Gap)是指现代中小企业由于普遍存在着金融资源短缺,特别是长期融资由于金融资源供给不足而形成的巨大资金配置缺口。

得性。这是因为:

(1) 企业自身条件存在固有限制。创业企业一般属于中小微企业,在初创期则属于小微企业,因此具有中小微企业的一般性特点,如资产规模小、信息透明度差、管理水平低、资信水平不高、财务制度不健全等。并且创新型企业具有一般企业不具备的其他特征,如企业创新开发的新技术、研发的新产品以及尝试的新商业模式都有待市场检验,所以存在着更大的风险性。

(2) 信息不对称问题使创业企业的融资渠道受限。首先,银行信贷作为一种主要的间接融资渠道,往往会因为担心"逆向选择"和"道德风险"而实施信贷配给。由于融资双方存在信息不对称,银行无法切实了解企业情况,只能更多地依赖于企业规模等因素对其还款能力进行判断。其次,信息透明度低,信息披露成本过高,在某种程度上也使得创业企业直接融资的渠道受阻。

(3) 融资环境有待完善。其一,与西方发达国家相比,我国资本市场发展相对滞后,企业发行股票的门槛很高,上市条件苛刻。诚然,目前我国正在构建一个多层次的资本市场,包括1990年设立的以大中型企业为主的主板市场、2009年在深交所推出的创业板、起步于2006年并于2013年年底扩容的新三板市场,以及2021年9月3日注册成立的北交所等。其中,新三板通常是中小微创业企业融资的重要平台,并且北京证券交易所的设立可以给中小微企业带来更多融资便利,符合条件的中小微企业可以通过资本市场筹集发展资金,弥补企业发展资金不足的问题。但总体而言,我国中小微企业上市融资所占的比例仍然过小,以大中型企业为主的主板市场仍然是我国资本市场的核心。其二,企业发行债券的门槛也很高。《中华人民共和国证券法》《中华人民共和国公司法》等的相关规定使大多中小微企业望而却步。其三,在政策性融资方面,虽然政策性融资具有成本低、风险小等优点,但存在适用面窄、可融金额小、申请环节多、手续繁杂等局限性。政策性资金一般集中于具有自主知识产权,符合国家产业政策,能带动当地就业,节能环保,有利于公共利益等特征的项目。可见,政策性扶持资金更看重的是社会效益,适用面较窄,融资可得性不高。

因此,伴随着我国政策制度的改革和资本市场的进一步开放,创业企业在融资方面虽然获得了一定程度的支持,但受到历史因素和社会因素的诸多限制,仍存在融资难点。因此,疏通融资渠道,大力发展实体经济,响应国家"双创"号召,是经济发展和社会繁荣的必经之路。

四、重视增值投资者

对于创业企业融资而言,不仅筹集资金非常重要,从谁那里获得资金也很重要,最理想的情况是从"增值投资者"处融资。所谓增值投资者,就是在提供资金支持的同时还能带来额外价值的一群投资人,他们通常具有良好的声誉,能帮助创业者吸引顾客、招揽员工,同时还可能使企业获得更多其他资金。

美国的 eBay 公司创始人就是从著名的风险投资机构——基准投资公司(Benchmark Capital)处获得的资金,实际上当时该公司已经不需要这笔钱,但仍然接受了这笔投资。eBay 公司当时从基准投资公司获取这500万美元的原因主要有两点:首先,基准投资的优良声誉能提高 eBay 公司的自身信誉,该项融资的成功可以向外界表明 eBay 公司具有被认可的良好信用;其次,基准投资公司在公开市场上有丰富的经验,能够帮助 eBay 公司操作首次公开发行。

第二节 融资理论基础

创业企业大多属于中小微企业或者小微企业,相较于已经上市的公司而言,无论是其股权融资还是债务融资,均较为受限。因此,若想更好地实现创业企业的融资,还需要依靠理论基础分析创业企业的资本结构和融资决策。

一、创业金融成长周期理论

20世纪70年代,美国经济学家韦斯顿(Weston)和布里格姆(Brigham)指出,企业在不同的发展阶段,其融资的来源有所不同,就此提出了企业金融生命周期假说(Financial Life Cycle of Firms,FLCF),包括创立期、成长阶段Ⅰ期、成长阶段Ⅱ期、成长阶段Ⅲ期、成熟期和衰退期六个阶段。该假说指出,企业在创立期的主要资金来源是创业者的自有资金;之后,随着企业不断成长和融资渠道逐渐拓宽,除了内源性的留存收益等,还会逐渐增加银行短期和长期的商业贷款;在成长阶段Ⅲ期和成熟期,企业可以在证券市场进行融资;在衰退期,企业可以通过并购、股票回购及清盘等方式实现金融资源的退出。

FLCF认为,在企业不同的发展阶段,其不同的销售额、利润等显性变量决定了其融资能力和融资方式的选择。假说动态地解释了企业长期的融资变化规律,却忽略了企业信息等隐性因素的影响。1998年,美国经济学家伯杰(Berger)和尤德尔(Udell)对FLCF进行了修正,提出了企业金融成长周期理论(Financial Growth Cycle of Firms,FGCF)。该理论认为:企业在成长周期的不同阶段,由于信息约束条件、企业规模和资金需求的不同,往往需要多样化的金融体系来应对不同成长阶段的融资需求。

对于创业企业,由于其处于创立期,各项经营活动处于启动阶段,因而谈不上大规模的资产,也没有完备的财务审计信息记录,企业的信用评级相对较低,此时获得外源融资的可能性很小,所以内源融资成为主要的融资来源。伴随着创业企业的进一步发展,当其步入成长期、有较好的成长业绩、企业可以对外提供的信息逐步完善、具备了一定的商业信用后,此时就可以较多地尝试短期贷款等债权融资和风险投资;在进入稳定增长的成熟期后,企业成为一个有一定规模的中型企业,有较为完备的业务记录和财务管理制度,开始具备进入公开市场发行有价证券的资产规模和信息条件。至于在公开权益市场募集长期资金,需要企业发展到相当程度才可以实现。

二、"双缺口"理论

中小微企业融资难是世界性难题。它不是我国独有的问题,也不是现在才有的问题,中小微企业融资困难的问题早已凸显。20世纪30年代,深陷经济危机的英国政府指派以麦克米伦(Macmillan)爵士为首的金融产业委员会调查英国的金融业和工商业。1931年,他在提交的报告中指出,英国中小微企业普遍存在着融资的"金融缺口"(Financial Gap),尤其是长期资本的供给存在短缺。具体表现在,企业初始出资人的资金几近用尽,但企业的规模又未发展到足以在公开市场上融资的程度,于是企业处于左右为难的尴尬境地。

麦克米伦随后的实证研究进一步表明,中小微企业在发展过程中面临着资本缺口(Equity Gap)和债务缺口(Debt Gap)的"融资双缺口",即中小微企业无论在股权融资还是在债权融资方面都面临着正常需求无法满足的困境。世界银行的调查报告证实,许多国家的中小微企业都普遍存在着这样的缺口。因此,后人也常用"麦克米伦缺口"一词来表示现代中小微企业融资资源供给不足的情形。

为了解决这个问题,西方国家依据后续兴起的理论,组织设立了许多意在服务于中小微企业的中小金融机构,力图以完善金融体系的方法弥补"麦克米伦缺口"。然而直到今天,世界范围内的中小微企业长期资金供给不足的现象并未得到根本性的改观。

中国自实施市场经济体制以来,中小微企业(包括创业企业)的融资也面临着同样的问题。由于各种原因,大多数商业银行和其他金融机构一般只愿意向中小微企业提供周转性质的流动资金及固定资产的更新资金,很少提供支持中小微企业长期发展的信贷服务。初创中小微企业融资渠道更为狭窄,其发展主要依靠自身积累等内源渠道。在面临资金困境时,中小微企业常常不得不求助于民间借贷渠道,如影子银行等非正规金融机构,这些渠道在很多中小微企业融资中都发挥着重要作用,但民间信用的欠缺和金融监管的缺失,也致使金融风险无处不在。

三、信贷配给理论

信贷配给(Credit Rationing)是指处于一定利率水平的信贷市场在出现了借贷资金供小于求的情况时,贷款人贷出资金并不完全依靠利率机制来调节供求,而是通过控制贷款规模影响投资规模。

1981年,美国经济学家斯蒂格利茨(Stiglitz)和韦兹(Weiss)提出的信贷配给理论指出,银行在面对资金的超额需求时,为了降低风险,避免逆向选择的出现,不采取提高利率的方式,而是以低于均衡利率水平的利率实施信贷配给,以达到市场均衡。信贷配给理论解释了中小微企业更难获得信贷支持的原因:中小微企业由于缺乏抵押资产、信息透明度不高、经营风险大等种种原因,即使愿意付出高利率也难以从银行获得贷款。

信贷配给包括两种情况:一种是信贷规模配给(Loan-Size Rationing),指所有申请贷款的企业都能获得贷款,但只是申请额度存在比例;另一种是信贷数量配给(Number-of-Loans Rationing),即贷款人满足一部分申请人的全部贷款额度,而拒绝另一部分人的要求,即使后者愿意支付更高的利率也不能如愿。一般来说,由于逆向选择和道德风险的作用,信贷数量配给在信贷市场中更为普遍。

四、优序融资理论

优序融资理论(Pecking Order Theory,POT)放宽了莫迪利安尼—米勒定理完全信息的假定,以不对称信息理论为基础,并考虑交易成本的存在,认为股权融资会传递企业经营的负面信息,而且外部融资要多支付各种成本,因而POT认为企业融资一般会遵循内源融资、债务融资、股权融资这样的先后顺序。

梅叶斯(Myers)和马吉洛夫(Majluf)的研究表明:内源融资由于其主要来源是企业内部自然形成的现金流,等于净利润加上折旧减去股利;内源融资不需要与投资者签订契约,所受限制少,且无须支付各种费用,因而优序融资理论认为内源融资应该是公司融资方式的首选。其次是债务融资,因为其信息不对称带来的成本问题基本可以忽略,所以债务融资是企业在无法获得足够内源融资时的最佳选择。对于股权融资而言,由于外部投资者和内部管理人之间存在信息不对称问题,外部投资者很难了解企业内部的实际状况和经营前景,因此当企业宣布发行股票时,投资者会调低对现有股票和新发股票的估价,引发股票价格下降、企业市场价值降低,因而优序融资理论认为企业一般是在最后不得已的情况下才会选择股权融资。综上,企业优序融资一般最先选择内源融资,其次是债务融资,最后选择股权融资。

第三节 创业融资的主要来源

创业企业在不同的阶段采用的融资方式也有所不同,这主要是由融资需求、融资条件的差异引起的。从融资渠道划分,可以将融资分为内源融资和外源融资。从融资方式划分,可以分为股权融资和债务融资。表7-1对其优缺点进行了对比分析。

表7-1 创业企业的融资渠道和方式比较

	渠道和方式	优点	缺点
融资渠道	内源融资	无融资成本(如自有资金、留存收益等,无须支付股息和利息)或融资成本低廉,不发生直接的融资费用;自主性强	融资规模和数量有限
	外源融资	融资规模大,有利于增强企业的资信和实力	需负担融资成本,且受融资条件和环境的限制约束
融资方式	债权融资	控制权不受影响,融资成本相对较低,并且因财务杠杆能获得减税效益	存在定期还本付息的压力,财务风险较大,且资金用途受限
	股权融资	资金可永久使用,无定期偿付的财务压力,财务风险小,有助于企业治理结构的优化	控制权分散,或存在失去控制权的风险,相较于债务融资其融资成本更高

一、内源融资

内源性的股权融资,即用企业的股权换取内部资金。主要的方式有:企业原始股东追加本金,增资配股;或现有股东放弃或减少分红权益,将红利转为资本公积金继续投入企业经营;或企业实施员工股权激励计划等。

内源性的债务融资,即企业在内部拆借或挪用资金,将原则上用于固定资产更新的折旧资金,挪用于其他新项目;或者向内部股东借贷资金,还本付息。

二、外源融资

外源性的股权融资,即用企业的股权交换外部资金。通过在证券交易所或报价系统挂牌交易,发行新股公募资金;或者引进天使投资、风险投资和私募基金等,获得资金。外源性的债务融资,即用企业的信用借贷外部资金。企业通过对外发行公司债券,或以票据贴现、银行信用、商业信用等方式获得长期或短期的资金借贷。

对于创业企业而言,几个合伙人拿出一定资金作为公司的注册资本,在商定好股权比例、公司名称、主营业务后就可以去工商局登记注册公司。2014年3月,我国取消注册资本下限,这意味着创办公司的门槛大大降低。尽管自有资金在早期能够发挥一定作用,但由于创业家和合伙人的自有资金通常有限,所以终究是不能够作为一个持久性的融资渠道对企业发展起到长久的保障作用,企业的长期生存还是需要依靠外部融资。

政府层面对于创业企业融资的影响主要表现为:政府会对高科技创业企业给予一定的政策倾斜,如我国多地通过设立中小微企业发展基金、商业孵化器等来帮助中小微企业渡过创业的资金难关。天使投资是投资人对创业企业进行的早期投资,天使投资人通过主观判断或根据其经历选择投资对象,对企业进行的考核程序也相对简单,能够较快做出决策,可以很好地解决企业的燃眉之急;天使投资人利用自身专业背景和相关资源也能在投资后帮助创业企业成长。私募股权投资的对象往往是发展较为成熟、具有稳定盈利能力、规模趋于完善的公司,其投资风险小。私募股权的投资手法是通过收购目标企业的股权获得控制权,对企业进行一定改造后持有一段时间再出售。私募股权投资机构十分注重投后管理,能够为初创企业提供较为完善的顾问服务和发展建议。

第四节 创业融资选择的影响因素

企业的融资选择会因需求和供应条件不同而发生变化。理想情况下,创业家有对于企业经营的资金需求,而投资者也愿意投入资金以获得价值增值,这对创业家和投资者来说是双赢。在做任何决定时,创业家的目标都是使企业的投资收益回报最大化,从而增加企业价值。在此过程中,融资选择是一个至关重要的决策,它决定着企业的生存与发展。影响融资选择的因素主要包括:企业的发展阶段、企业的融资条件、企业的税收问题、盈利能力和现金流、企业资产价值、融资成本、创业家与资金提供者的关系、所需融资的时间范围等。

一、企业的发展阶段

企业所处的发展阶段或时代是企业融资要考虑的重要因素之一。早期的企业以债务筹集资金可能会非常困难。这是因为从生命周期的角度来看,当一家企业过于年轻时,其历史财务数据较少,且业务经营可持续性风险较高,不足以为债权人(如银行)提供较好的信用保证;当这家企业发展到一定阶段、有确定的可持续业务时,它相对能够更容易地获得债务融资。

因此,早期或较年轻的企业通常不得不依靠自我融资或从朋友和家人那里融资。此外,天使投资家和风险投资家通常愿意为初创或者早期成长阶段的年轻企业提供股权投资。与风险投资家相比,天使投资家更有可能在企业的早期阶段进行投资。然而,天使投资家提供的资金很可能比典型的风险投资家投入的资金要少。

并且,在创业企业发展初期,由于业务风险较大且历史可参考数据较少,企业估值往往偏低,此时创业家可能会推迟融资,等到企业前景不确定性得到一定程度解决、企业估值回到较为合理的水平时再进行融资。因此,企业所处的发展阶段是创业家选择融资方式时需要考虑的重要因素。

二、企业的融资条件

创业家还必须考虑融资附带的条件,这是因为这些条件限制了企业资金使用范围的灵活性。资金提供者可能限制企业的战略选择,比如要求参与和讨论关键决策等。债权人通常可以在与企业的融资合同中订立若干限制性条款,这些措施包括限制企业未来举债的能力、限制管理层薪酬水平和限制向股东支付股息等。此外,风险投资家可能希望后续在企业需要筹集资金时可以被优先选择,比如要求公司进行配股发行等。

与长期融资来源相比,短期融资可能受到的限制较少。这是因为长远融资出现问题的可能性更大,因此资金提供者会希望通过设置限制来保护自己不受创业家的一些投机行为的影响。

三、企业的税收问题

融资方式的选择可能涉及税收问题。众所周知,通常情况下债务利息是免税的,因此可以为企业产生一个税收盾牌,税盾的现值增加了企业的价值。企业向股东发放股利不能抵税,这是因为这个过程被认为是对利润的分配,而不是对利润的支出。在债务方面,由于利息被认为是开展业务的有效成本,所以税务机关允许它们从税前利润中扣除。在股权方面,投资者或股东可以选择何时出售股票以实现资本收益。纳税义务的现值随着时间的推移而降低,因此延迟缴纳资本利得税对投资者来说是一种税收收益。这意味着,债务利息可以减少企业的税收负担,从而可能鼓励企业更多地进行债务融资而不是股权融资。

四、盈利能力和现金流

有些融资方式需要定期偿付,发生资金流出,因此企业必须创造足够的利润和保证稳定的现金流来支付这些款项。由于有些融资方式需要频繁地支付现金,而有些融资方式只需要较少地支付现金,甚至有些可能不需要现金流出,所以创业家在做融资选择时,必须考虑到使用特定融资方式的现金流后果。

另外,创业家可能还会发现,通过构建融资安排来减轻其现金流的压力是一种不错的选择。创业家可以通过谈判暂停第一年的贷款利息支付,也就是说,在第一年,企业不必为这笔融资支付相关利息,这也留给企业更加充足的周转空间。另外,创业家还可以通过协商获得一笔短期贷款,只需支付利息,剩余本金或者余额到期时再一起偿还。由于在这种形式下,必须支付的款项从相对较小的利息急剧增加到大量膨胀的余额,因此也被称为气球贷款。为了实现这样的选择,创业家必须有信心,认为企业可以产生大量的留存收益,在到期日有能力支付大量余额。

同样重要的是,大部分有盈利能力的企业通常被认为会较少依赖债务融资,因为它们可以保留利润,并把这些钱投入到业务中。只有当留存收益不足以为企业经营提供资金时,该公司才会举债。一般来说,如果企业举债也不足以满足融资需求时,其还会筹集外部股本,这个过程也被称为优序融资。对于初创企业这类中小微企业而言,因为它们获得外部股权的渠道较少,所以通常情况下,它们会首先依靠内部资金或留存收益,然后再进行债务融资。

五、企业资产价值

企业资产价值在决定融资选择时也很重要。一般来说,拥有较大资产基础的中小微企业更容易向各种融资机构借款,这是因为庞大的资产基础可以为资金提供者提供良好的抵押品。因此,与有形资产规模较小的中小微企业相比,有形资产规模较大的中小微企业更容易进行债务融资。同时,高资产价值的公司也被普遍认为经营更多样化,经营风险更低,这也增加了它们获取债务融资的能力。

然而,对于拥有庞大无形资产基础的公司,比如制药公司、视频游戏开发商和软件开发商等,它们通常是积极从事研究和开发的公司,我们会发现这类公司在借款或筹集债务融资时更加困难,主要是因为无形资产的价值可能是主观确定的,难以准确计量和提供抵押保证。

六、融资成本

创业家还必须考虑筹集所需资金的融资成本,其中包括显性成本,如聘请专家顾问(如律师、会计师、审计师等)的成本,以及申请和处理的费用。也包括隐性成本,比如谈判和安排交易所花费的时间、精力等。如果该公司决定以公开募股的方式获得融资,那么它将不得不进行首次公开募股(IPO),而 IPO 的成本有时会很高,占筹资额的 15%~20%。因此,相对于年轻企业或者初创企业而言,成熟的企业更有可能通过 IPO 获得融资。

另外,还有一类在企业经营中非常重要的资金来源,即贸易信贷。创业家通常会认为贸易信贷相对于其他可利用融资的成本过高,如果可以通过低成本获得替代性融资,那么就没有必要采取贸易信贷。然而,企业在筹集所需资金时一般都不得不承担这些成本。

在筹集到资金之后,企业可能仍然需要花费一些费用让投资者了解企业的情况,而这一过程中所需的成本通常会因融资类型不同而有所不同。筹集公共股本意味着企业必须定期向不同的股东发送年度报告、编制印刷报告以及持续使企业保持上市公司要求,这确实需要较为高昂的费用。此外,根据股东结构不同,让投资者知情的成本也可能不同,多样化的股东结构可能由于代理问题等涉及更多的成本。因此,除了融资的初始成本,创业家还必须考虑让投资者知情的持续成本。

七、创业家与资金提供者的关系

另一个重要因素是创业家与资金提供者的关系,这种关系可能决定企业能否筹集到所需的资金,与潜在的资金提供者建立良好的关系可以增加企业获得所需资金的可能性。银行是基于关系的组织,它们主要是通过更好地了解客户,并收集相关企业信息,来更好地做出贷款决策。因此,创业家和资金提供者之间持续的健康关系很重要。此外,创业家可能还会根据与朋友、家人的关系筹集资金,而不是根据估计协商投资本身的价值。

当企业陷入财务困境时,创业家与资金提供者的关系可能会破裂,从而难以筹集到所需的资金。陷入财务困境的企业很可能已经丧失了投资人的好感,在这种情况下许多融资方式都将受到限制,筹集资金可能更加困难。

创业家还必须考虑到资金提供者可能在多大程度上参与企业事务。一些资金提供者,如风险投资家和天使投资人,通常对他们投资的企业相当投入,甚至采取亲力亲为的方式,因为他们通常有能力为企业增加价值。有些投资者可能不希望参与其中,因为他们的参与可能破坏企业的稳定,从而降低价值,使创业家失去重点。债务融资的提供者,例如银行,只要它们能收到利息且确认企业未陷入财务困境,它们通常对参与企业的活动不感兴趣。

八、所需融资的时间范围

最后,创业家必须考虑融资安排的快慢以及融资对企业的紧迫性,即所需融资的时间范围。通常,当企业必须迅速筹集资金时,它可能会发现可供选择的资金很少,因为一些可利用的资金来源需要时间来实现。因此,由于急需资金,企业可能被迫以相对较高的成本借入资金。当急需资金而不能从利润或创业家个人资源中筹集资金时,利用过去与家人、朋友和供应商的关系可能是有益的。另一种获得资金的方式是出售和回租房产。企业也可以将应收账款交由保理公司进行保理,或者在延迟应付账款结算的同时加快应收账款的催收。这些策略可以使企业在短期内获得一些资金。然而,大多数获得资金的方法通常需要一些时间。风险投资家等投资者在决定投入时间和资源之前,还需要一些时间来评估所提议的投资。银行在批准贷款安排之前,也需要时间进行尽职调查。因此,创业者需要提前计划好未来的融资需求。筹资需要的规划应考虑到所需筹资的数额以及需要筹资的时间。融资需要可以是短期的、中期的或长期的。对财务需求进行规划可确保企业以适当的成本借款,并能使融资需求与所作投资的性质相匹配。

> **案例 7-1**

直播电商服务平台"魔筷科技"完成数亿元 C 轮融资

魔筷科技成立于 2015 年,核心团队来自阿里巴巴,在电商领域有着丰富经验,旗下魔筷星选为网红电商综合服务平台。目前,魔筷科技的业务涵盖电商交易 SaaS、供应链服务、云客服等。SaaS 平台供应商将应用软件统一部署在自己的服务器上,客户可以根据工作实际需求,通过互联网向厂商定购所需的应用软件服务,按定购的服务多少和时间长短向厂商支付费用,并通过互联网获得 SaaS 平台供应商提供的服务。

魔筷科技 2018 年先后获得快手和唯品会战略投资,同年打通快手 App,次年上线供应链服务平台。2020 年 4 月 3 日,网红电商服务平台魔筷科技完成数亿元 C 轮融资,此轮融资由众源资本领投,高榕资本跟投。此前魔筷科技已经获得来自快手、唯品会、腾讯的多轮战略投资。如表 7-2 所示。

表 7-2 魔筷科技的融资历程

时间	轮次	金额	投资方
2020 年 4 月	C 轮	数亿元人民币	众源资本、高榕资本
2020 年 2 月	战略投资	金额未知	腾讯投资
2019 年 6 月	B+轮	金额未知	钟鼎资本、微影资本
2018 年 9 月	战略投资	金额未知	唯品会
2018 年 1 月	B 轮	金额未知	快手
2015 年 11 月	A 轮	1 000 万元人民币	道生资本、同道齐创、泛远国际
2015 年 3 月	天使轮	数百万元人民币	米仓资本

资料来源:《网红电商服务平台"魔筷科技"完成数亿元 C 轮融资,曾获快手、腾讯投资》,36氪,2020 年 10 月 28 日。

即 测 即 评

请扫描右侧二维码检测本章学习效果。

思 考 题

1. 融资的动机是什么？
2. 融资的意义是什么？
3. 简述优序融资理论。
4. 内源融资和外源融资的优缺点是什么？
5. 创业融资选择的影响因素有哪些？

第八章 债务融资

学习目标：
1. 理解债务融资的类型及优缺点。
2. 了解债务融资的来源。
3. 了解民间借贷的含义、特征及现状。
4. 掌握供应链融资的内涵及融资模式。
5. 理解金融科技在债务融资中的作用。

  小规模成长型企业的创业家不像大多数《财富》中所列的"世界500强"企业家那样，可以很容易地获得各种各样低成本的资金来源。在全球范围内，只有少数超大型企业可以通过使用资产担保证券、A级商业票据评级等方式以低于基准利率的标准获得资金；大部分中小微企业的创业家持续关注对供应商和员工履行现金流的义务，并与债权人和股东维持稳定的财务关系。对于初创企业而言，出于企业生存和发展的考虑，它们所面临的筹资困难形势会更加严峻，即便在企业盈利和扩张时也会存在。债务融资作为一种重要融资手段，对于保障企业生产经营活动正常进行、促进企业持续发展意义重大。

  债务融资是指企业以借款的方式进行融资，在借款到期后向债权人偿还本金，同时承担相应利息的一种融资方式。这种融资方式主要用于解决企业资金短缺的问题，而无法用于国际收支中资本项（包括各国间股票、债券、证券等交易，以及一国政府、居民或企业在国外的存款）的开支。一般来说，债务融资的方式有银行融资、民间借贷、信用担保、融资租赁、票据贴现融资等。就目前而言，银行一直是初创企业最大的资金来源，银行贷款也是债务融资最为重要和常见的一种融资方式。但对于大多初创企业而言，想要获得大量的银行贷款并不现实，因为银行会十分重视资金的安全性，对借款人的一系列财务指标都有严格的考量，而初创企业由于缺乏充足的历史财务数据且资产规模通常不大，所以要取得银行信贷融资也存在一定难度，尤其在企业面临危机时，其各项财务指标更加难以满足银行的要求，所以希望仅凭借银行借款来渡过难关并不现实。因此，了解和掌握多种不同的债务融资方式并对其进行分析是十分必要的。

第一节 债务融资概述

一、债务融资的类型

(一)根据贷款人的权利顺序分类

根据贷款人对借款人的权利或优先权的顺序,可以将债务融资分为优先债务融资和次级债务融资。持有优先债务的债权人拥有优先于所有其他债权人和股东的权利,即他们将先于其他债权人和股东得到偿付。如果公司破产清算,优先债务持有人有权首先获得通过出售公司资产而拿到的"补偿"。

次级债务,也被称为夹层债务,是相对于优先债务的次级债务,但其顺序排名仍然高于股权融资。在优先债务持有人获得全部偿还后,持有次级债务的债权人将获得剩余资产。这两种类型的债务通常用于营运资本、资本支出和收购的融资。由于处于从属地位,次级债务的融资成本一般比优先债务的融资成本更高。

(二)以借款期限长度分类

超过12个月分期摊销的债务被视为长期债务(LTD)。它可以是优先的,也可以是次级的,在资产负债表的长期负债部分可以被找到,如房地产和机器设备贷款一般都属于长期债务。作为对比,短期债务(STD)是指在未来12个月内到期的债务。短期债务一般用于对流动资金和对当期到期的长期债务进行融资,可以在资产负债表的流动负债部分找到。短期债务的成本通常比长期债务的成本更高。

在创业过程中的企业为了资金流稳定和经营需要,通常会更加倾向于选择长期债务,以使得企业在具备一定盈利偿还能力时再进行清偿,而非通过短期债务造成大量负债、使企业陷入资金僵局。

二、债务融资的优缺点分析

下面对于债务融资的优缺点进行总结归纳,如表8-1所示。

表 8-1 债务融资的优缺点

优点	缺点
(1)创业家可以保留全部所有权	(1)需要个人担保
(2)融资成本相对较低	(2)企业面临破产的可能
(3)贷款偿还可以预测	(3)融资金额受限于企业资产的价值
(4)可以享受税收优惠	(4)无论企业盈利如何,都须定期支付款项
(5)贷款机构可能对融资企业具有增值作用	

三、长期债务融资

(一)长期债务结构设计

长期债务结构通常是在5~7年摊销,利息和本金每个月到期偿还。对于没有经验的创业家,建议在签订合同时就争取获得更宽松的还款条件。这样做的目的在于为还贷压力保留一些喘息空间,使得创业家可以将全部注意力集中在企业的运营上,而不是成为偿还债务的奴隶。

合理的债务还款结构可以为创业家创造许多有利条件,使得企业在初创阶段可以拥有大量现金来巩固财务基础。但关于长期债务结构设计的建议,通常资金提供方不会主动提出,所以需要创业家在谈判期间提出相应要求。

(二) 长期债务合同的建议

长期债务融资是企业融资的常用手段之一。在制定和使用长期债务合同时有以下六点建议:

(1) 总是使用允许偿还的最长年限,尽量在协议中加入不预付罚金的条款。

(2) 采用固定利率而不是浮动利率,以便于融资人知道未来还款金额的大小。

(3) 预计贷款申请将被拒绝后,应当审核申报材料继续申请贷款。

(4) 获得贷款后,应当让投资者了解企业的真实经营状况。每月或每季度及时向投资者发送相关财务报表,并且建议每季度发一份企业经营状况报告。

(5) 条件允许的情况下,可以每年邀请贷款人进行企业访问。根据贷款文件的规定,这些建议中的一些可能是实际需要的。

(6) 如果企业与投资者之间出现矛盾,可以重新谈判。

第二节 债务融资的来源

债务融资的主要来源是自有资金、家人和朋友、天使投资人、银行信贷、融资租赁、基金融资、政府引导基金等。下面将对各个来源进行详细说明。

一、自有资金

在创业初期,大部分资金来自创业家本身,包括个人存款、信用卡、房产净值信用贷款,以及诸如个人计算机、传真机、家庭办公设备、家具和手机等其他资产。《全球创业观察(GEM):2020—2021年全球创业报告(英文版)》显示,全球有62%的创业资金来自创业家自己,出现这种情况的主要原因是初创企业没有可用来偿还债务的现金流历史数据,导致银行和其他机构的债务提供者不愿意提供贷款。

使用创业家自己的资本通常被称为"自力更生"。例如,1933年大萧条时期,欧内斯特·嘉露(Ernest Gallo)和胡里奥·嘉露(Julio Gallo)就是在加州莫德斯托租来的一个仓库里开始经营葡萄酒生意,通过在当地图书馆查阅资料并对这个行业进行研究之后,他们决定用自己仅有的一点资本开始创业,而且成功说服当地农民为他们提供葡萄,并推迟付款,直到葡萄酒售出后再支付。他们还租用了90天期限的压榨和发酵设备。如今,由这两位白手起家的创业家创办的公司在全球的年销售额已超过9亿美元。

二、家人和朋友

企业创办初期,创业家们往往还会选择向家人、朋友寻求资金。从这一来源筹集债务资本的好处是多方面的:首先筹资相对来说会更容易、速度更快,家人和朋友在早期可能出于情感原因而非商业因素自愿投资创业家的项目,并且常常不要求正式的偿还计划和具体的利息费用。

然而,这些资金也并非是免费的,向家人和朋友融资也存在一定缺陷。首先,这些投资者通常不是增值投资者。其次,他们大部分也并非成熟的投资者,可能存在既不了解投资形式也不清楚投资风险的问题。他们可能并没有真正认清一个事实,即这样的投资可能发生损失,甚至没有任何资本回报。另外,当创业家取得阶段性成功或盈利时,另一问题会尤为突出,即许多家庭成员和朋友可能不满足于仅还本付息的现状,而是希望能分享企业的增值价值。从本质上而言,他们希望自己的债务可以被视为股权,如果不是,他们会觉得自己被亲人或朋友欺骗。而且,由于家人和朋友的经济条件限制、偿还期望不同以及借贷方式单一,通常只能为创业家们提供有限的资金资助,这些都使创业家们渴望尽快地从其他渠道获得外部资金。

最后,建议尽可能不要从家人和朋友那里筹集债务资本。如果无法避免,请遵循以下建议:

(1) 只从那些能够承受损失的人那里筹集资金。不要从没有个人储蓄、仅靠固定工作收入生活的人那里获取资金。并且必须让家庭成员明白,他们会面临无法偿还的风险。

(2) 拟一份详细的借款协议,明确标明利息、支付金额和预计支付日期。并且该协议应赋予投资者将全部投资转换为公司股票的权利,从而在必要时给予投资者股权。

三、天使投资人

天使投资人(Business Angel)指拥有一定净资产,并且对具有发展潜力的初创企业进行早期投资的个人或者机构。不同于家人或朋友,在投资之前,天使投资人通常与创业家并无直接关系甚至不认识,并且大多是依靠自己实现大量财富,掌握较为丰富的商业和财务经验,对投资风险比较了解,因此能够相对轻松地承受投资的损失。曾获得天使投资的著名公司有福特汽车公司(Ford Motor Company)和亚马逊(Amazon)。

天使投资由于门槛比风险投资低许多而备受创业家的青睐,从而成为创业融资的重要渠道。天使投资往往是创业家从向亲朋好友借钱,转向风险投资前的一个选择。近年来,为了吸引更好的交易机会,出现了越来越多的由不同天使投资人组成的天使投资集团,为天使投资产生的税收、法律和其他问题提供基础设施和相关支持,并且提供更正式的支持系统。1999 年,美国只有不到 100 个天使投资集团,但到 2006 年,已有近 250 个正式的天使投资集团。

相较于银行等金融机构的债务融资,天使投资的债务融资具有以下特点:

(1) 天使投资的还款期限更灵活。如天使投资可提供 10 年期贷款,而银行的商业贷款最长期限通常是 7 年。

(2) 天使投资有自己的贷款规则,不同于银行贷款的严格审核门槛。

(3) 天使投资的债务融资成本通常高于银行等机构的融资成本。如每月向融资方收取 2% 的费用,也就相当于 24% 的年利率。这一利率不仅高于银行通常向最优质的客户收取的 2%~3% 的优惠利率,也高于一些信用卡收取的 18% 的利率。

(4) 银行通常不能合法干预客户日常的经营或战略,而天使投资通常会希望能参与其中,这可能也会对企业的经营管理带来一定影响。

四、银行信贷

银行融资,即银行信贷,是以银行为中介的资金融通活动,是我国广大中小微企业在间接融资中获得资金的主要形式。银行融资的短期贷款利率分为 6 个月以内和 6~12 个月两个层次，短期贷款执行合同利率，不分段计息；中长期贷款分为 1~3 年、3~5 年、5 年以上三个层次，中长期贷款的利率分段计息。

银行融资具有以下三个特征：

(1) 银行融资形式灵活、种类多样。银行可以为投融资双方提供不同数量、不同方式的融资选择。

(2) 银行融资的信用有积累效应。银行融资的信用可以积少成多、续短为长，可以通过银行贷款并按时偿还贷款本息从而获得信用积累。

(3) 银行融资一般授信前要经过可行性调研。通常银行会在相关专家对调研资料进行可行性评估之后，再做出是否提供贷款资金的决策，以此减少纠纷和降低信用风险。

但同时银行信贷也有缺点。一是抵押和担保：在金融监管严格、银行风险意识强的现实条件下，抵押和担保要求非常严格，这在一定程度上限定了企业的融资金额。二是压力大：信贷资金有较大还本付息的压力，短期借贷更为明显，对企业资金安排要求较高。随着近年来融资需求缺口不断扩大，传统的银行信贷融资已不适合许多中小微企业，因此除了传统的融资方式外，银行还提供相关的多种衍生服务，包括票据贴现融资、信用证融资等。

目前，我国银行贷款保持稳步增长，并且新发放的企业贷款利率处于较低水平。中国人民银行发布的《2022 年一季度金融机构贷款投向统计报告》显示：金融机构人民币各项贷款余额 201.01 万亿元，同比增长 11.4%；一季度人民币贷款增加 8.34 万亿元，同比多增 6 636 亿元。其中，分期限看，短期贷款及票据融资余额 47.37 万亿元，同比增长 11.5%，增速比上年年末高 5.3 个百分点；一季度增加 3.2 万亿元，同比多增 2.28 万亿元。中长期贷款余额 79.14 万亿元，同比增长 12.2%，增速比上年年末低 1.8 个百分点；一季度增加 3.96 万亿元，同比少增 5 144 亿元。分用途看，固定资产贷款余额 54.95 万亿元，同比增长 9.5%，增速比上年年末低 0.6 个百分点；经营性贷款余额 52.73 万亿元，同比增长 9.6%，增速比上年年末低 0.2 个百分点。

> **案例 8-1**
>
> **银行信贷审批**
>
> 　　某服装公司主要经营服装加工出口业务，规模属于小型，品牌开发和竞争能力相对有限，主要产品为混纺针织服装，外销市场主要为欧洲地区。一直以来，纺织业是我国在国际市场竞争力较强的产业之一，但也是与欧美国家发生贸易摩擦最大的行业。现这家服装公司准备向 M 银行申请 65 万元的个人投资经营贷款用于购买原材料。相关信息如下：
>
> 　　(1) 公司创始人个人资产债务情况。公司创始人作为借款人具有良好的从业经历，有一定的个人负债。借款人曾于 2005 年 6 月 24 日在 M 银行获得个人投资经营贷款 300 万元（以现有工业厂房及宿舍楼作抵押担保），期限至 2008 年 6 月 24 日，现余额约为 220 万元。另于 2001 年 7 月在 Y 银行有一笔住房按揭贷款 95 万元，期限至 2011 年 7 月，现余额约为 58 万元。信贷管理系统显示借款人的还款记录良好。借款人家庭拥有 3 处房产（其中一处为 M 银行贷款抵押物，一处为办公场所用于这笔 65 万元贷款的抵押物）和一处地块。
>
> 　　(2) 公司经营规模情况。根据申报贷款所提供的资料计算，该服装公司出口结汇中应收账款周转率较高，可见其资金回笼较有保证。公司产品 100% 外销，大部分出口结汇均在 M

银行进行,经营较为稳健,并且在纺织出口行业具有良好口碑。

(3) 借款人还款能力分析。借款人的服装公司近年月均净利润 6.8 万元,按照借款人占股比例计算,可支配净利润为 6.1 万元。目前借款人在 M 银行个人投资经营贷款的月供款为 92 511 元,加上本笔贷款后月供款合计约 11.3 万元,按服装公司财会报表的数据可知公司每月的净利润水平不能完全覆盖月供款。但实际上,服装公司将个人投资经营贷款计入了长期借款,日常还款在服装公司的成本费用中列支,因此可按期偿还 M 银行的贷款本息,并且借款人自从 M 银行贷款至今一直还款正常,无逾期现象。

(4) 公司经营风险分析。一是国际贸易风险。该服装公司产品全部出口销售,且主要市场在欧美地区,由于近年我国不断受到国际纺织品、服装配额的外来限制,且与欧美国家贸易摩擦仍会发生,因此国际贸易风险对该服装公司生产经营的影响最直接。二是经营风险。由于我国纺织品和服装出口长期存在产品附加值低、盈利率低等问题,该服装公司需要扩大生产和销售规模才能维持相当的盈利和持续发展能力,但这种扩张实际上也增加了企业的经营风险。

M 银行最终审批发放了这笔贷款,除了较有保障的资产担保和适度的增加授信,基于上述背景材料可以知道,以下一些因素可能也起到了关键作用:

① 该服装公司一直在发放此笔贷款的 M 银行做国内和国际结算业务,贷款行对该服装公司的经营情况十分了解,贸易的真实性有保障。

② 该服装公司在贷款银行的各种原始资料真实完善,各种抵押物的产权证明材料齐全。

③ 该服装公司创始人的经营较为稳健,在当地纺织出口行业的口碑很好,上游行业的关系良好,加上其家庭和睦稳定,没有其他个人的投资项目。

五、融资租赁

融资租赁是目前国际上最基本的非银行金融形式,是指出租人依据承租人的请求,与第三方订立供货合同,依据此合同,出租人购买承租人选定的设备,同时,出租人与承租人订立租赁合同,将购买的设备出租给承租人,并向承租人收取一定的租金。

融资租赁除了方式灵活的特点外,还具备融资期限长、还款压力小的特点。例如,中小微企业采取融资租赁方式所享有的还款期限可达 3 年,远超一般银行贷款期限。在还款方面,中小微企业可选择分期还款,这极大减轻了其短期资金压力,防止资金链断裂。融资租赁较适合具有良好销售渠道、市场前景广阔,但需要及时购买设备扩大生产规模的中小微企业。

融资租赁的特征归纳为以下五个方面:

(1) 租赁物由承租人决定,在租赁期间只能租给一家企业使用。

(2) 承租人负责检查制造商所提供的租赁物,出租人无须对租赁物的质量与技术做出担保。

(3) 出租人拥有租赁物的所有权,承租人在租赁期间享有使用权,并负责此期间租赁物的管理、维护和保养。

(4) 在租赁期间,出租方与承租方均无权单方面撤销合同。除非租赁物毁坏或被证明为已失去使用价值的情况下才能中止执行合同,无故毁约的一方需支付罚金。

(5) 租期结束后,承租人可以选择留购和退租,若选择留购,购买价格由租赁双方协商确定。

六、基金融资

基金融资是指从社会上的基金组织中获得资金支持。基金在广义上是指为了达成某种目的而设立的资金。它有以下两种分类方式。

（1）依据基金单位的增加或赎回，分为开放式基金与封闭式基金。开放式基金通过银行、券商等机构申购和赎回，其规模不固定；封闭式基金具有固定的存续期，通常在证券交易场所上市交易。

（2）依据形态不同，基金可分为公司型基金与契约型基金。公司型基金的特点是会成立公司并发行基金股份来筹集资金；契约型基金则是由基金管理人、基金托管人与投资人三方通过基金契约设立。

我国的证券投资基金以契约型基金为主。契约型基金模式的操作简便，不需要设立合伙实体，只是由基金管理公司发起设立契约型基金。然后，基金管理公司成为基金管理人，与其他投资人签订契约型投资合同。在这种情况下，基金管理公司是投资主体，是融资公司的股东。

在契约型基金模式下，原投资人可通过平台以买入价把受益权转让出去以解除投资协议关系、拿回资金；新投资人也可以在平台上以卖出价从原投资人手里买入受益份额进行投资，建立投资协议关系。契约型基金的灵活交易提高了融资资金的流动性。

七、政府引导基金

政府引导基金，又称创业引导基金，是指由政府出资，并吸引有关地方政府、金融、投资机构和社会资本，不以营利为目的，以股权或债权等方式投资于创业风险投资机构或新设创业风险投资基金，以支持创业企业发展的专项资金。

政府引导基金不仅向企业提供了资金支持，并且会有力推动当地的经济和建设。政府引导基金通过引导创业投资行为，支持初创期科技型中小微企业的创业和技术创新。其宗旨是：发挥财政资金杠杆放大效应，增加创业投资资本供给，克服单纯通过市场配置创业投资资本的市场失灵问题。特别是通过鼓励创业投资企业投资于种子期、起步期等创业早期的企业，弥补一般创业投资企业主要投资于成长期、成熟期和重建企业的不足。政府引导基金的运作原则是：政府引导、市场运作和科学决策、防范风险。

当然，政府引导基金也并非是无偿的，通常表现为股权或债权等形式。在债务融资方面，虽然其利率通常低于市场水平，但也需要企业在规定时间内归还借款，并实现企业的发展盈利，从而达到政府借款给企业的根本目的。

第三节 民间借贷

一、民间借贷的含义

民间借贷在中国是一种传统的融资方式，主要指在政府批准设立并进行监管的正规金融体系之外的经济主体（如个人、企业及其他经济主体）所从事的以货币为标的的价值转让及还本付息活动的总和。它是在社会经济活动发生银根紧缩时产生的民间自愿自主的借贷关系。对于创业企业而言,主要表现为企业现金流量不足以支撑正常生产经营时而发生的民间借贷。经金融监管部门批准设立的从事贷款业务的金融机构及其分支机构,进行发放贷款等相关金融业务,不属于民间借贷。

企业法人或者其他组织通过民间借贷筹募资金,用于本单位生产经营,不属于以下法律描述的行为时,民间借贷合同有效:《中华人民共和国合同法》第52条"一方以欺诈、胁迫的手段订立合同,损害国家利益;恶意串通,损害国家、集体或者第三人利益";《关于审理民间借贷案件适用法律若干问题的规定》第15条"原告以借据、收据、欠条等债权凭证为依据提起民间借贷诉讼,被告依据基础法律关系提出抗辩或者反诉,并提供证据证明债权纠纷非民间借贷行为引起的,人民法院应当依据查明的案件事实,按照基础法律关系审理"。

二、民间借贷的特征

(一)普遍性

在现代金融体系建立之前的借贷形式都是民间借贷,现有的民间借贷的各种形式(除非法集资外)发挥着重要的资金融通作用。民间借贷不同于正规金融机构,它的服务目标主要是满足居民、中小微企业、民营企业的资金需求。基于我国当前的融资环境,民间借贷将长期存在。

(二)地缘性

民间借贷是基于一定的地缘、血缘、亲缘、业缘关系而形成的。民间借贷的自发性使得民间借贷资金数额受限,其流动范围主要集中在本地区,跨地区民间借贷资金流动相对较少。

(三)非监管性

民间借贷游离于金融监管体系之外,没有与之对应的成熟金融监管制度。正规金融系统诸如银行、证券、保险等均有成熟完善的金融监管制度,正规金融系统之外的经济主体所从事的融资活动则很少受到金融监管。同时由于民间借贷不受金融监管机构的监管,宏观调控政策对民间借贷仅能进行示范性指导,因此创业企业也难以仅通过民间借贷来满足全部资金需求。

三、民间借贷的利率

由于民间借贷的监管环境相对宽松,所以对于利率的控制问题长期以来一直是人们关注的重点。民间借贷利率决定因素可以分为三类,分别为供给、需求和正规金融市场利率,其中供给因素还可以细分为资金的机会成本、贷款的管理成本、风险溢价、垄断利润、通货膨胀资金需求等。除此之外,也有研究显示,地区经济发达程度也会影响民间借贷的利率,即欠发达地区的民间借贷利率高于发达地区,这主要是因为欠发达地区民间借贷的放贷中介人更少,从而形成了更强的垄断。关于民间借贷利率的设定和利息的收付,我国也有相关规定。

(一)利率问题

对于民间借贷的利率,《中华人民共和国民法典》指出借款利率不得违反国家有关限制借款利率的规定;司法解释则具体规定为约定利率最高不得超过银行同类贷款利率的4倍。也就是说,民间借贷的利率最高不得超过同期银行贷款利率的4倍,双方可在银行同期贷款利率4倍内协商。由此,可归纳为在银行同期贷款利率4倍以内的属于合法利率,超过4倍的,属于高利贷,而高利贷的部分是不受法律保护的。

伴随我国利率市场化改革的推进,贷款市场报价利率(Loan Prime Rate,LPR)成为金融机构确定贷款利率的主要参考标准。2020年8月18日,即中国人民银行改革LPR形成机制一周年之际,最高人民法院颁布新修订的《关于审理民间借贷案件适用法律若干问题的规定》第28条规定:"借贷双方对逾期利率有约定的,从其约定,但是以不超过合同成立时一年期贷款市场报价利率四倍为限。"

(二)利息问题

法律对民间借贷的利息并无强制要求,有偿或无偿由借贷双方自行约定。如贷款人对利息有约定的,借款人应按约定支付利息;如贷款人对利息没有约定或约定不明确的,视为不支付利息。因此,贷款人要想收取利息,必须对利息做出明确的约定,否则,按无息处理。即便是无息借贷,借款人逾期不还款,贷款人也有权要求偿付逾期利息。

四、我国民间借贷的现状

基于2016—2020年官方公布的326件与民间借贷相关的民事诉讼法律案件《2020年中国民间借贷调查报告》可知,2016年、2017年、2018年、2019年、2020年我国民间借贷的总量分别约是5.4万亿元、6.1万亿元、7.3万亿元、8.6万亿元和8.2万亿元,如图8-1所示,排除疫情影响,可见其规模逐年增大,其中2017年的总量就约占银行贷款总量的10%~20%。[1] 民间借贷几乎在全国各个地区不同程度地存在着,但相对而言在温州地区最为活跃。根据温州中小企业协会会长周德文提供的数据,温州2011年企业民间借贷规模已近1200亿元,占温州贷款比例的20%左右。雷新途等人对温州地区苍南、平阳、乐清、文成、洞头、泰顺、永嘉等县市以及所属的村镇中小微企业进行了调研,获得195个平均资产规模为246.489万元的中小微企业有效样本。数据显示,民间借贷所占资产比例均值为8.48%,所占比例不高,远低于正规金融信贷比例,这说明大部分企业主要信贷来源还是体制内的正规金融机构,民间借贷大多数时间起到的是辅助作用。这些数据虽然可能受问卷调查企业本身顾虑以及其他民间借贷表外因素的影响,但从基础数据可以得知,确实存在部分中小微企业的民间借贷占资产的比例高达35.8%,表现出其对民间借贷较大的依赖。[2]

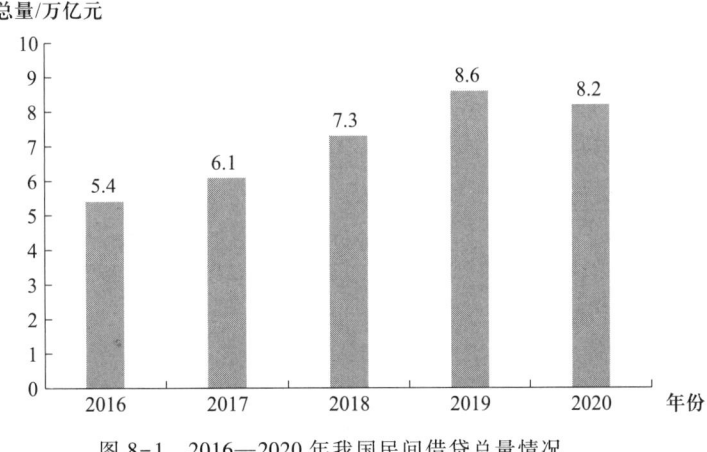

图8-1 2016—2020年我国民间借贷总量情况

---

[1] 欠条说:《2020年中国民间借贷调查报告》,2020年12月4日。
[2] 雷新途、林素燕、祝锡萍:《民间借贷缓解了中小微企业融资约束吗?——来自温州的证据》,《审计与经济研究》2015年第6期,第97—105页。

逐年增大的民间借贷贷款额基数会导致民间借贷的整体风险上升,给国家的管理增加难度。近年来,与民间借贷相关的法律纠纷案件也越来越多,因此,需要加大对民间借贷的监管力度,积极引导民间借贷向正规方向发展。

第四节 供应链融资

到目前为止所讨论的融资可以用于企业收购、启动或营运资金。伴随市场体系愈发完善,大多数企业家会发现企业的日常管理除了受自身经营决策的影响外,更多时候还会受到其他不同相关主体的影响,这种影响通常与企业营运资本和现金流缺口相关。一般来说,中小微企业的现金流缺口经常会发生在日常营运过程中,如采购、经营和销售三个阶段。在不同阶段,营运资本的流动性对企业发展、收付款进度都具有重要作用,而供应链融资已成为企业获得营运资本的一大重要来源。因此,除传统债务融资方式以外,本书还介绍了供应链融资的相关内容。

供应链融资,又称供应链金融,是把供应链上的核心企业及其相关的上下游配套企业作为一个整体,根据供应链中企业的交易关系和行业特点制定基于货权及现金流控制的整体金融解决方案的一种融资模式。供应链融资解决了上下游企业融资难、担保难的问题,而且通过打通上下游融资瓶颈,可以降低供应链融资成本,提高核心企业及配套企业的竞争力。

一、供应链融资的内涵

(一)供应链融资的定义

供应链融资是一种针对中小微企业的新型融资模式,以核心客户为依托,以真实贸易背景为前提,运用自偿性贸易融资方式,通过应收账款转让登记、第三方监管等专业手段封闭资金流或控制物权,对供应链上下游企业提供综合性金融产品和服务。它将资金流有效整合到供应链管理的过程中,既为供应链各环节企业提供贸易资金服务,又为供应链弱势企业提供新型贷款融资服务。供应链融资与传统贸易融资的区别如表 8-2 所示。

(二)供应链融资的特点

(1)供应链融资实际上是通过对有实力的核心企业进行责任捆绑,对产业链相关资金流、物流进行有效控制。供应链融资针对链条上供应商、经销商及研发机构等多家企业的融资需求,以货物销售回款自偿为风险控制基础,使银行提供融资服务,通过提供链式融资,推动整个供应链上商品交易的连续、有序进行。

表 8-2 供应链融资与传统贸易融资的区别

项目	供应链融资	传统贸易融资
基础融资	赊销、垫付	信用证、票据
风控关键点	供应链上下游关联度	贸易背景真实度
参与主体	供应链企业	商业背景
融资环节	供应链全链条融资	单环节融资
信息特征	链条化、信息连贯度高	片段化、信息连贯度低

（2）供应链融资为组合关联授信，着重分析产业链内各企业主体执行合同的履约能力，围绕产业链原材料采购、加工、生产、销售的产业链条，全过程分析供应商、制造商、经销商、零售商、最终用户等不同主体融资需求，全方位融资融信，深入挖掘产业链的价值潜力，并有效控制银行信用风险。

（3）供应链融资要求银行必须对企业所在行业运营规律进行深入了解和透彻分析，贯彻"以企业为中心"的经营理念，将各类型企业主体，如核心企业、供应商、经销商、保险公司、物流监管企业等进行合同组合，提供量体裁衣式的一揽子综合金融服务方案。

（4）在核心企业责任捆绑项下，供应链融资从核心企业入手分析整个供应链，着眼于合理运用银行产品，将银行信用有效注入上下游配套企业，满足其融资需求，适度放大其经营能力，推动整个供应链上商品交易的有序进行，以核心企业为依托，以核心企业真实履约为保障，控制产业链关联风险。

（5）供应链融资并非单一的融资产品，而是各类产品的组合序列，银行根据供应链上各主体的不同资金需求特性嵌入相应的融资产品组合，包括票据及其衍生产品、贷款融资及其关联产品、结算、托管、现金管理等非融资产品，形成产品集群效应。

（6）供应链融资重点关注贸易背景的真实性、交易的连续性、交易对手的履约能力、业务的封闭运作与贷款的自偿性。它将贷款风险控制前移至企业的生产、存储及其交易环节，以供应链整体或局部风险控制强化单一企业的风险防范。

二、供应链融资的模式

供应链融资主要发生在企业采购、运营和销售三个阶段。究其原因，主要在于：在采购阶段，一方面，具有较强实力的供应商往往会利用自身的强势地位要挟下游购买商尽快付款；另一方面，供应商的商品价格波动会给下游企业采购带来巨大资金缺口；在运营阶段，中小微企业因为库存、销售波动等原因积压大量存货，占用大量流动资金，企业资金周转困难；在销售阶段，如果面对具有较强实力的购货方，货款收回期较长，也会给企业带来流动资金短缺的风险。针对不同阶段，有不同的供应链融资模式。

（一）采购阶段：预付款融资模式

在采购阶段，企业可采用基于预付款融资的供应链融资业务模式，以使"支付现金"的时点尽量向后延迟，从而减少现金流缺口。

预付款融资可以理解为"未来存货的融资"。因为从风险控制的角度看，预付款融资的担保基础是预付款项下客户对供应商的提货权，或提货权实现后通过发货、运输等环节形成的在途存货和库存存货。

提货权融资，又称保兑仓融资，其模式如图8-2所示。指客户通过银行融资向上游支付预付款，上游收妥后即出具提货单，客户再将提货单质押给银行。之后客户以分次向银行打款方式分次提货。对一些销售状况非常好的企业，库存物资往往很少，因此融资的主要需求产生于等待上游排产及货物的在途周期。这种情况下，如果买方承运，银行一般会指定中立的物流公司控制物流环节，并形成在途库存质押；如果卖方承运，则仍是提货权质押。

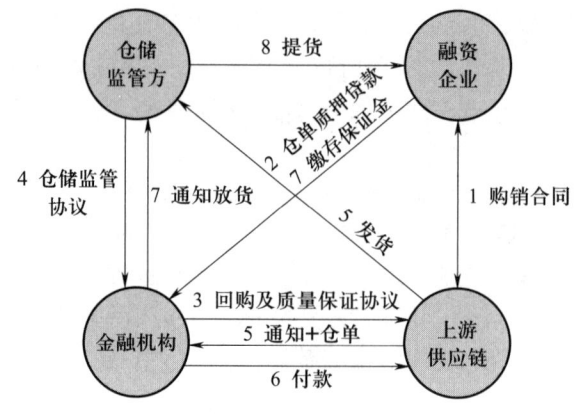

图 8-2 保兑仓融资模式

具体运作模式为:

(1) 中小微企业(融资企业)与上游供应商(供应链核心企业)签订购销合同。

(2) 中小微企业凭购销合同向金融机构申请仓单质押贷款,专门用于(向供应链核心企业)支付该项交易的货款。

(3) 金融机构审查核心企业的资信状况和回购能力,若审查通过,则与(供应链核心企业)签订回购及质量保证协议。

(4) 金融机构与物流企业(仓储监管方)签订仓储监管协议。

(5) (供应链核心企业)(销货方)在收到金融机构同意对中小微企业(购货方)融资的通知后,向金融机构指定物流企业的仓库发货,并将取得的仓单交给金融机构。

(6) 金融机构收到仓单后向核心企业拨付货款。

(7) 中小微企业缴存保证金,金融机构释放相应比例提货权,并告知物流企业可以释放相应金额货物给中小微企业。

(8) 中小微企业获得提货权,提取相应金额的货物。不断循环,直至保证金账户余额等于汇票金额、中小微企业将货物提完为止。

(二) 运营阶段:动产质押融资模式

在运营阶段,企业可采用基于动产质押的供应链融资业务模式,以弥补"支付现金"至"卖出存货"期间的现金流缺口。

供应链融资下的动产质押融资模式是指银行等金融机构接受动产作为质押,并借助核心企业的担保和物流企业的监管,向中小微企业发放贷款的融资业务模式。在这种融资模式下,金融机构会与核心企业签订担保合同或质物回购协议,约定在中小微企业违反约定时,由核心企业负责偿还或回购质押动产。融通仓融资模式如图 8-3 所示。

具体运作模式为:

(1) 中小微企业(融资企业)向金融机构(商业银行)申请动产质押贷款。

(2) 金融机构委托物流企业对中小微企业提供的动产进行价值评估。

(3) 物流企业进行价值评估,并向金融机构出具评估证明。

(4) 动产状况符合质押条件的,金融机构核定贷款额度,与中小微企业签订动产质押合同,与核心企业签订回购协议,并与物流企业签订仓储监管协议。

(5) 中小微企业将动产移交物流企业。

(6) 物流企业对中小微企业移交的动产进行验收,并通知金融机构发放贷款。

(7) 金融机构向中小微企业发放贷款。

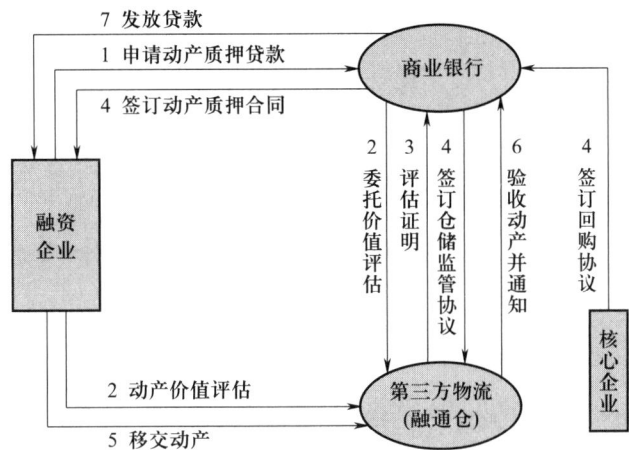

图 8-3　融通仓融资模式

(三) 销售阶段:应收账款融资模式

在销售阶段,企业应采用基于应收账款融资的供应链融资业务模式,以弥补"卖出存货"与"收到现金"期间的现金流缺口。

应收账款融资模式指的是卖方将赊销项下的未到期应收账款转让给金融机构,由金融机构为卖方提供融资的业务模式。基于供应链的应收账款融资,一般包括中小微企业(上游债权企业)、核心企业(下游债务企业)和金融机构。其模式如图8-4所示。

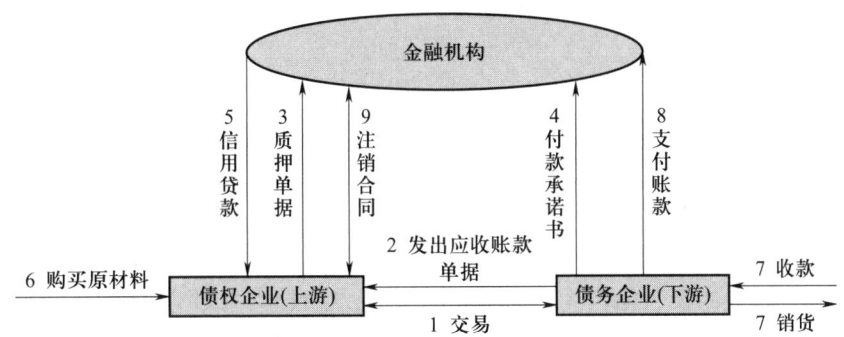

图 8-4　应收账款融资模式

在应收账款融资模式中,核心企业由于具有较好的资信实力,并且与金融机构(银行)之间存在长期稳定的信贷关系,因而在为中小微企业融资的过程中起着反担保的作用,降低了银行的贷款风险。同时,在这种约束机制的作用下,产业链上的中小微企业为了树立良好的信用形象,维系与核心企业之间长期的贸易合作关系,就会选择按期偿还银行贷款,避免了逃避银行贷款现象的发生。

这种模式帮助中小微企业克服了其资产规模和盈利水平难以达到银行贷款标准、财务状况和资信水平达不到银行授信级别的弊端,不仅利用核心大企业的资信实力帮助中小微企业获得了银行融资,还在一定程度上降低了银行的贷款风险。

具体运作模式为:

(1) 中小微企业(上游企业、销货方)与核心企业(下游企业、购货方)进行货物交易。

(2) 核心企业向中小微企业发出应收账款单据,成为货物交易关系中的债务人。

(3) 中小微企业用应收账款单据向金融机构申请质押贷款。

(4) 核心企业向金融机构出具应收账款单据证明,以及付款承诺书。

(5) 金融机构贷款给中小微企业,中小微企业成为融资企业。

(6) 中小微企业融资后,用贷款购买原材料和其他生产要素,以继续生产。

(7) 核心企业销售产品,收到货款。

(8) 核心企业将预付账款金额支付到融资企业在金融机构指定的账号。

(9) 应收账款质押合同注销。

三、供应链金融的发展阶段

伴随着数字技术的广泛应用和金融科技水平的提升,我国供应链金融也在不断发展完善,目前已逐步完成从1.0到4.0的转型升级。

(一) 供应链金融1.0阶段

1.0阶段就是所谓的线下"1+N"模式。即资金方或服务方基于核心企业1,针对中小微企业N的融资模式,依靠大型企业的信用,向上下游中小微企业提供金融服务。此阶段的融资数据相对分散,全过程线下处理,银行审批难、风险大,导致企业获得融资的效率低。

(二) 供应链金融2.0阶段

2.0阶段就是所谓的线上"1+N"模式。即系统直连资金方、服务方、核心企业和上下游的线上融资,利用供应链作为支撑点来带动资金流,让产业与金融结合更紧密。此阶段的融资数据全面线上化,数据种类增加,银行尝试多元化,融资效率有所提升,但仍难满足企业需求。

(三) 供应链金融3.0阶段

3.0阶段就是所谓的平台化"N+1+N"模式。即搭建供应链金融服务平台,突破单个供应链的限制,提供多元化的金融服务,通过政企联盟与产融互联,重新融合多平台数据。此阶段的融资数据初具规模,银行平台化,服务企业多,信息不透明,效率虽然得到进一步的提升,但仍难保证实时性。

(四) 供应链金融4.0阶段

4.0阶段就是所谓的数字化"N×N"模式。即依托数字技术,发展为线上化、智能化的金融产业链,帮助商业银行解决了最根本的交易信用问题,打破了信息不对称和物理区域壁垒。此阶段的融资数据全部标准化,银行全面线上化,支持实时审批、实时交易,企业能够快速获得融资且信息透明。

四、我国供应链金融产品简介

当前我国供应链融资正处于快速发展阶段,各大银行也根据我国国情和市场现状制定设计出许多相关的供应链金融产品。

（一）建设银行的供应链融资产品

建设银行的供应链融资产品主要有：订单融资、动产融资、仓单融资、保理融资、应收账款融资、保单融资、保兑仓融资、金银仓融资、电子商务融资等。

（1）订单融资：指企业持建设银行认可的购销合同和买方发出的真实有效的购货订单向建设银行申请的资金融通业务；供应商通过订单融资解决了前期资金短缺问题，可以提前得到资金，顺利完成订单合同。

（2）动产融资：指企业在正常经营过程中，以其自有的建设银行认可的动产作质押，并将其交由建设银行认可的仓储公司保管，向建设银行申请的授信业务。

（3）仓单融资：指企业以持有的中国建设银行认可的专业仓储公司仓单进行质押，向建设银行申请的授信业务。

（4）保理融资：实质为应收账款买断业务，为卖方企业提供应收账款的综合解决方案，包括融资、账款管理及买方信用担保等。

（5）应收账款融资：指企业以赊销产生的应收账款进行质押向建行申请融资。

（6）保单融资：指企业以其持有的中国贸易信用保单向建设银行申请融资。

（7）保兑仓融资：指供应链核心企业、经销商和建设银行三方合作，银行控制提货权，核心企业受托保管货物并承担回购责任，为经销商融资的产品。

（8）金银仓融资：指基于核心企业信用，通过订单融资、仓单融资和法人账户透支及银行承兑汇票的产品组合为经销商提供的短期融资信贷业务。

（9）电子商务融资：指建设银行专门为互联网交易的电子商务客户量身定做的"e贷通"系列产品，包括"网络联贷联保""大买家供应商融资""网络速贷通"。

（二）招商银行的供应链融资产品

招商银行上海分行供应链融资业务建立了以"政采贷""商采贷""央采贷"为代表的三大标准化产品，以产品创新带动小企业业务发展。

（1）政采贷是面向巨大的政府采购市场，仅仅依托企业的政府采购业务，并不要求企业提供实际抵质押；

（2）商采贷是利用小企业为商场超市供货时普遍具有的45~75天的回款账期，成功设计出的以房产抵押构建基础额度，辅以流水增信的标准化产品。

（3）央采贷是针对央企供货商提供的融资产品，该产品通过明确的客户分级准入条件，对应设计了不同的担保方式，并辅以闭环的资金监管和严格的逻辑性检验，用以确保订单的真实、合同的履行和回款后的资金归还等。

（三）中国银行的供应链融资产品

中国银行针对企业的需求，在供应链中寻找出核心企业，并以核心企业为出发点，为供应链环节中各方提供基于供应链流程的贸易融资服务。截至2022年，中国银行已推出包括融信达、融易达、订单融资、销易达、融货达、货利达、通易达、融通达等在内的一系列供应链融资产品。

第五节　债务融资与金融科技运用

初创型中小微企业融资难的最主要原因是银企之间存在信息不对称。银行对创业企业的经营情况难以全面了解,导致银行更重视抵押或质押物、担保、第二还款主体和责任人。而初创型中小微企业缺少抵押物、担保和风险分散机制等,很难获得充足资金。随着金融科技的快速发展,基于大数据、云计算、人工智能、区块链等一系列的技术创新,对中小微企业的融资起到了重要作用。金融与科技的完美结合,让传统的信贷模式发生了重大改变,大大提升了金融机构的信息收集和处理能力,减少了银行和企业之间的信息不对称。

关于金融科技的内涵,国际金融稳定理事会(FSB)给出了一个国际通用的标准定义:"技术带来的金融创新,它能够产生新的商业模式、应用、过程或产品,从而对金融市场、金融机构或金融服务的提供方式产生重大影响。"①在金融科技所覆盖的范围与领域方面,巴塞尔银行监管委员会区分出四个核心应用领域:"存贷款与融资服务""支付与清结算服务""投资管理服务"以及"市场基础设施服务"。② 其中,存贷款与融资服务即为本节重点学习的内容。

一、金融科技的内涵

金融科技是指通过利用各类科技手段创新传统金融行业所提供的产品和服务,提升效率并有效降低运营成本。常见的金融科技手段主要有:大数据、云计算、人工智能、区块链等一系列技术创新。

利用金融科技手段助力中小微企业融资的主要方式为:由政府主导,运用云计算、大数据、人工智能等金融科技手段,依托全国中小企业融资综合信用服务平台,将信用、科技、金融相结合,整合市场监管部门的企业信息化公共服务平台、发改部门的信用信息共享平台、金融部门的企业征信平台等各方大数据资源,融合公共、市场和企业的数据信息,建立大数据企业信用服务平台和评价体系。

二、金融科技在融资中的运用

金融科技在融资中的运用主要体现在:从吸收社会资金出发,结合政府、银行以及互联网公司,满足中小微企业的多元化融资需求。其融资环节主要包括以下几个:

首先,建立融资处理平台,并与政府、商业银行和互联网公司合作,为居民个人和民营企业提供公共私营合作制(PPP)、商家对商家(B2B)、个人对商家(P2B)等投资渠道和银行储蓄渠道,吸收社会资金,并将资金存放银行,由银行进行资金的监控和发放。

其次,信息处理平台对投融资双方的基本信息、交易信息、资金信息和信用信息进行上链处理,并将信息储存在信息数据库,实现各节点的信息共享。

最后,基于互联网公司的量化云服务平台建立信息数据库,利用云计算和大数据分析,为资金供求方提供可供实施的方案,若双方接受该方案,则签订合同,并由银行进行资金发放。此时,本次交易完成,并将信息反馈至信息处理平台,更新信息数据。

除此之外,保险、担保等中介服务机构辅助政府和银行为投融资双方提供服务,金融监管机构监管信息处理平台、融资处理平台以及中介服务机构和银行的行为,从而保障该融资模式的顺利运行。

---

① 廖岷:《全球金融科技监管的现状与未来》,《上海证券报》2016年8月19日。
② 李斌:《关于"金融科技",这或许是最好的科普文》,21世纪经济报道,2018年5月21日。

金融科技手段在融资过程中的运用,有效减少了信息不对称,大大提升了融资效率。目前市场上利用金融科技手段为初创型中小微企业获得融资的尝试越来越多,金融科技在融资中发挥的作用也愈发显著。

(1) 金融科技可以提升金融机构的信息收集和处理能力,减少银行和企业之间的信息不对称,从而优化中小微企业的信贷流程。

(2) 金融科技可以推动产品营销网络化,增加了中小微企业融资可选择的途径,中小微企业可以通过互联网手段获取融资,如众筹等。

(3) 金融科技可以促进融资审批自动化,优化初创型中小微企业融资流程、节省人力成本。传统的商业银行信贷投放流程需要经过授信、审批、放款等环节,整个流程耗费大量时间,有些中小微企业甚至还没等到资金支持就已经倒闭。因此,金融科技的出现有效缩短了审批流程,提升了信贷发放效率。

(4) 金融科技可以提升风险识别智能化程度。金融科技的发展使得金融风险识别和风险控制的逻辑和评估维度实现了代际跃升,能有效识别目标客户,控制业务风险。

(5) 金融科技可以使贷后管理更加精准化,通过对不同信贷主体采取差异化贷后管理措施,构建合规高效的智能化贷后管理体系,可以有效优化业务流程,同时减少借贷主体的违约风险。

金融科技在融资方面的应用较为广泛。一方面,部分金融科技能力较强的金融机构推出了自营的线上贷款产品,比如,工行的"融e借"和建行的"快e贷"等;另一方面,商业银行通过"助贷"和"联合贷款"的模式与拥有流量、数据、技术的科技巨头分工协作,共同为中小微企业提供贷款。疫情期间,全国工商联联合蚂蚁金服、网商银行发起的"无接触贷款"活动,即是金融科技和传统银行联合为中小微企业和个体工商户解决融资难题的典型互联网贷款案例。

案例 8-2
"粤信融":珠三角征信链应用平台

人民银行广州分行副行长林平曾表示"银企信息不对称是影响小微企业融资的重要原因之一"。商业银行因对中小微企业的经营信息、交易流水、资产状况等数据不了解,信贷风险难以有效评估,长期未能及时满足中小微企业的贷款需求。针对如何从更多的途径和来源,收集中小微企业的经营状况,提高信用风险的预测价值,银行机构想到了整合非银信用数据。

"珠三角征信链"以国产自主的 FISCO BCOS 为底链,将区块链技术与征信深度融合,建成后它将是一条贯穿征信机构、金融机构和数据源机构的信息高速公路,上面有不同的节点,分别是:

a. 广东省内金融机构节点。
b. 监管机构节点。
c. 纠纷调解机构节点。
d. 征信机构节点。
e. 外省地方征信平台节点。

基于"粤信融"征信平台和网络基础,"珠三角征信链"部署了面向广东省内金融机构和运营机构的用户服务,链上的机构可自主向征信机构发起查询订单,由征信机构接单并提供服务,至少有 8 家征信机构上"链"为中小微企业画像,整合了企业的非银信用信息;引入金融纠纷调解机构,为化解潜在金融纠纷提供调解服务;监管机构也可以通过监管节点,获取订单流程信息,进行查询监管。

除 FISCO BCOS 底链之外,值得一提的是"粤信融"征信平台。它是省级地方征信平台,帮助广东省中小微企业信用信息和融资方进行对接,是"珠三角征信链"的依托。

"粤信融"征信平台采用大数据、云计算等金融科技手段,对税务、不动产、市场监管、社保、海关、司法、科技以及水、电、气等不同数据赋予不同权重,制定评价模型,刻画市场主体的还款意愿和还款能力,实现对市场主体的信用评估。据报道,截至 2022 年 4 月,"粤信融"征信平台共采集数据 8.2 亿条,涉及 1 400 多万个市场主体,基本实现全广东覆盖。由于"粤信融"已有联通珠三角地区的专业网络,无须重新布设网络,"珠三角征信链"才得以迅速整合。

中小微企业的痛点通常在于融资慢、融资贵、申请难,而"珠三角征信链应用平台"正是为了提升金融普惠性,扩大金融服务的可得性、易得性,以大数据、云计算、区块链等多种金融科技手段,帮助小微企业融资,让它们敢贷愿贷,同时又在化解纠纷和同步监管方面,降本增效。

资料来源:知乎。作者:必哲思企业管理。

📖 案例 8-3

凯京科技:金融科技助力物流供应链

凯京科技于 2015 年 7 月成立于上海陆家嘴,以"互联网+大数据+人工智能"深耕物流行业,用金融科技打造物流新生态,为小微物流企业带来生机,为运力供应链的优化与升级注入活力。截至 2022 年 3 月,凯京科技服务的企业客户超过 20 000 家,平台司机超过 200 万人,企业的年运单金额规模突破 1 000 亿元,提供的物流金融服务突破 100 亿元。

具体来看,凯京科技利用金融科技助力物流供应链的举措如下。

1. 普及普惠金融服务

凯京科技采集物流企业内部运营数据、外部轨迹数据、自身特质数据,通过对小微物流企业"数字资产"的收集与运用,全面掌握物流企业的经营状况,提高物流行业的信息化程度,减少由于该行业信息不对称带来的供需匹配成本,很大程度上为普惠金融在物流行业的普及提供了媒介,解决了相当一部分小微物流企业的融资难、融资贵问题。如图 8-5 所示。

2. 布局 SaaS 软件服务

SaaS 指的是软件即服务,是供应商通过网络提供软件服务的一种软件交付模式。基于 SaaS 服务,凯京科技搭建了凯京物流云平台,通过移动端和 PC 端为物流市场各个主体提供运单跟踪、信用画像和车辆定位等服务,为他们提供了运单监控、资金保障和支付支持,在一定程度上解决了小微物流企业记账方式落后、信息化程度低的问题,同时保障了资金流的安全。如图 8-6 所示。

3. 研发电子回单技术

物流行业往往需要物流回单作为凭证,但面对海量运单,人工审核需要耗费大量的时间和精力,且容易出现人为失误,传统物流模式中回单审核的重复性劳动既耗时又低效。凯京科技通过大数据处理技术,对回单进行回单图片预处理,实现目标内容定位,对关键信息识别

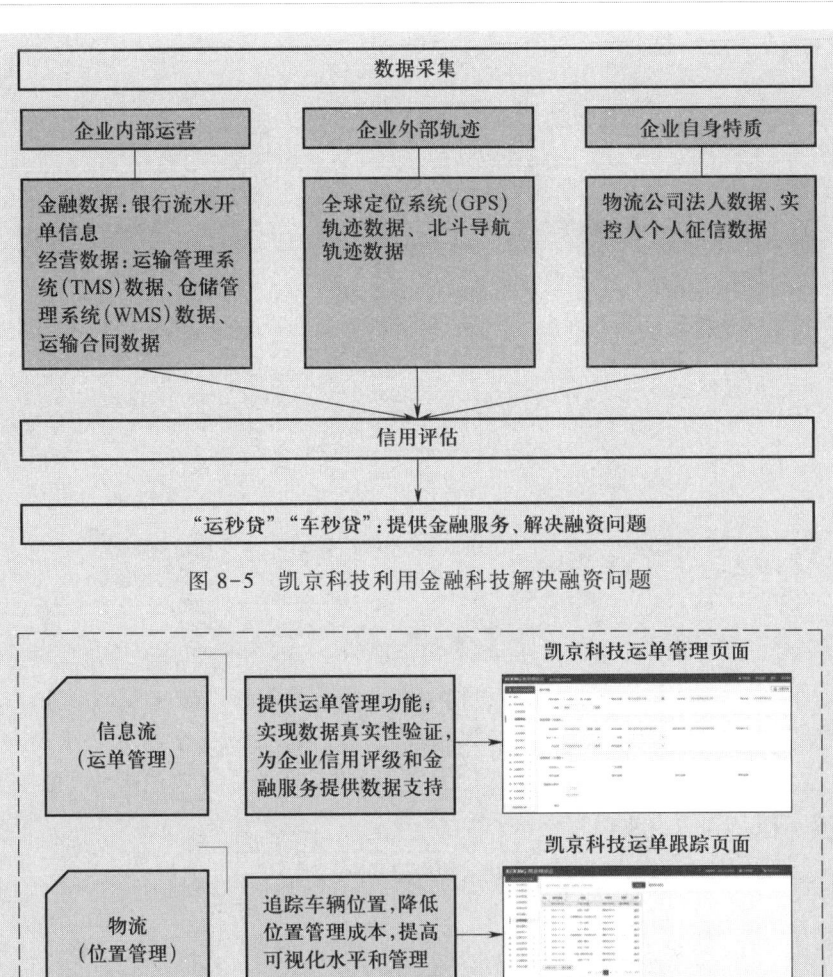

图 8-5 凯京科技利用金融科技解决融资问题

图 8-6 凯京科技布局 SaaS 服务

提取。凯京科技的电子回单识别技术能够达到 90% 的准确率,并且相对于人力 30 秒的审查速度而言,其平均识别技术为 1.5 秒,很大程度上能规避人工信息录入易错的风险,助力物流供应链全流程服务高效运营。如图 8-7 所示。

并且,凯京科技运用区块链技术实现电子回单的签收,借助区块链的不可篡改特性确保运输的真实性,使单据流、信息流和物流在运营过程中保持一致。

4. 打造斑蓝结算系统

面对物流行业挪用货款、支付不及时、结算不清晰等问题,凯京科技推出斑蓝结算系统,

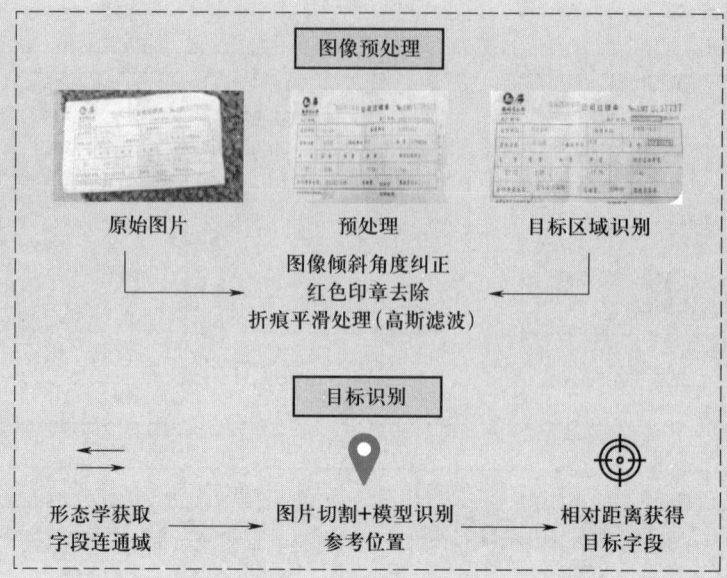

图 8-7 自动化回单识别流程

助力平台上的企业实现自动化实时在线结算与支付,为物流行业带来新的动能。斑蓝结算系统采用网商银行 API 支付接口连接发货人、物流企业、收货人,配置结算数据逻辑,自动生成网点、上下游企业结算明细,进而实现线上快速支付,致力于成为物流界的"支付宝",能解决物流企业结算难的问题。如图 8-8 所示。

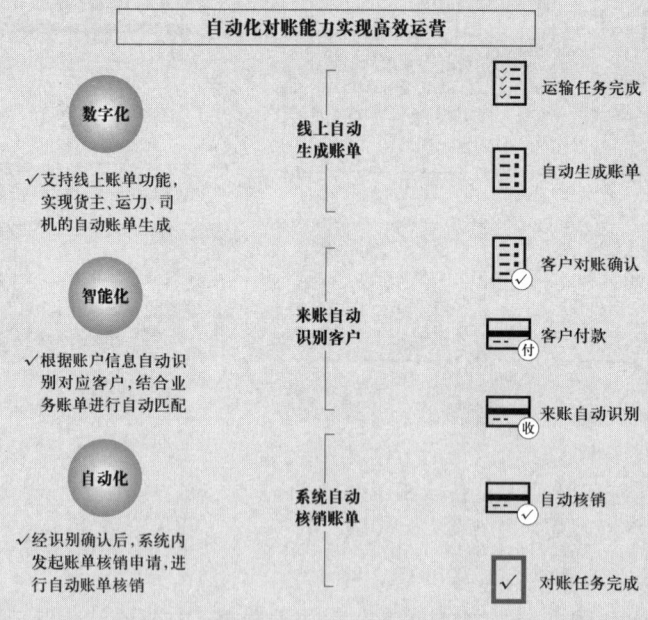

图 8-8 自动化对账流程

资料来源:金融教学指导委员会案例库,由作者团队编写。

案例 8-4

简单汇:区块链等金融科技为供应链金融赋能

1. 传统供应链金融瓶颈

传统供应链金融发展尚不完善,处于供应链长尾端的多层级中小企业,仍然无法享受到真正的供应链金融服务。究其原因,一是核心企业信用难穿透,二是供应链信息数据割裂。这两个痛点实质是一个硬币的两面,即信用难穿透的本质是信息数据割裂。

2. 简单汇的创立

简单汇2015年脱胎于中国500强企业TCL集团,是由TCL孵化而成的供应链金融服务平台。TCL作为一个大型制造业企业,由于供应链长、供应商层级复杂,在2014年、2015年就面临着上下游资金链紧张等问题。因此,简单汇自诞生起就肩负着解决长尾中小企业供血不足、降低产业生态圈内合作企业资金成本、赋能产业圈的重要使命。之后在政策的支持下,简单汇逐渐成为全国性供应链金融专业服务机构,涵盖各行业核心企业、1-N级供应商、金融机构、政府相关部门四大主体。

3. "金单"的本质

简单汇的主要业务为"金单","金单"的本质是信用的多层级流转,它的推出能解决传统的应收类供应链金融模式下融资低效、手续繁琐等难题。其应用流程如图8-9所示。

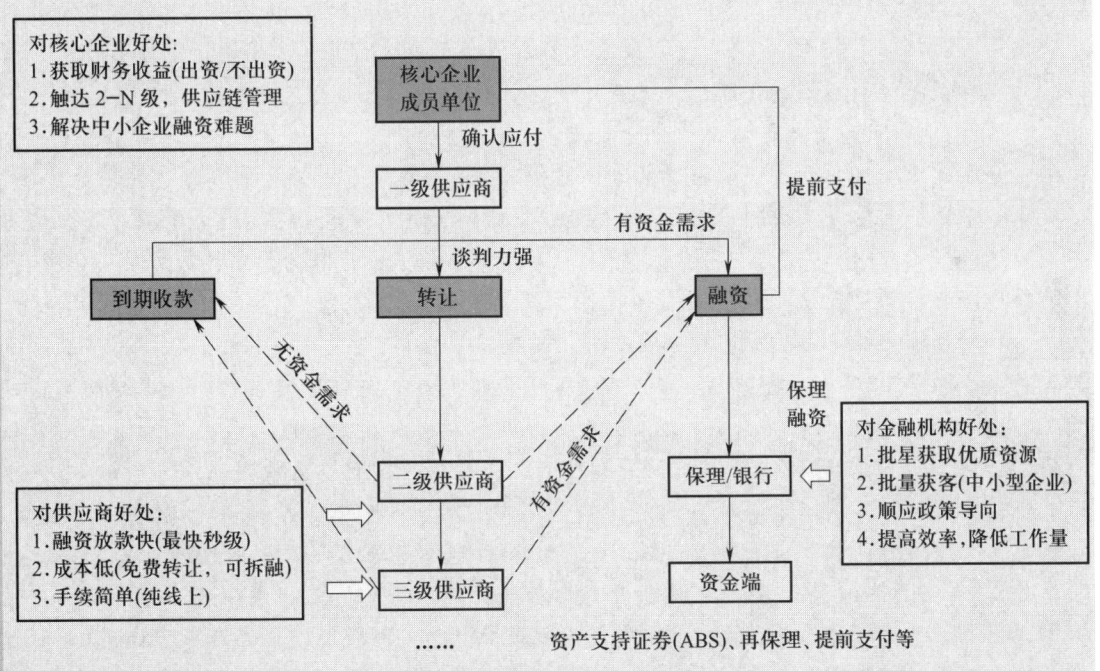

图 8-9 简单汇"金单"的应用流程

① 当简单汇平台上的核心企业与一级供应商签订采购合同后,简单汇在线确认,形成债权债务的凭证"金单","金单"受益人为该一级供应商。

② 开单人在线上对该笔应付账款进行确权,当一级供应商获得"金单"后,可以到期向简

单汇要求进行货款支付。

③ 供应商如有融资需求,可以用其持有的"金单"向平台的合作金融机构(商业银行、保理公司等)申请融资。金融机构可以进行ABS、再保理等,也可以选择持有至到期,简单汇将资金支付到金融机构账户中。

④ 在付款期之前的任何时间,一级供应商可以将"金单"作为支付采购款的凭证整单转让或拆分转让给其二级供应商,二级供应商获得分拆后的"金单"后,同样可以选择持有至到期,或进行外部融资,或将数字凭证再次转让给下级供应商。

4. 区块链等金融科技为供应链金融赋能

作为国内区块链应用研发的先驱者之一,简单汇从2017年起将区块链与供应链金融的场景相结合,降低了内外客户交易数据被篡改的风险,更好地保护了企业数据隐私安全,提高了平台透明度。

2017年8月,简单汇"区块链金单"项目上线,为"金单"交易上锁。"金单"开出后,系统利用人脸识别等生物技术验证操作人身份,依托光学字符识别(OCR)技术验证相关贸易背景资料,并通过与若干第三方数据公司、中登网等合作(将来可作为联盟链上的可信节点),将验证的数据及验证结果加密写到区块链节点并同步到联盟链,确保第一手贸易背景资料的真实性与不可篡改。后续"金单"的流转、融资、拆分与到期的操作都记录在区块链上,因此通过区块链可以验证和追溯整个业务的闭环操作。比如在资金端,出资方可以很方便地验证数据是否为第一手资料、中间有无篡改以及资料提供者的身份(通过区块链上的公钥验证身份),从而提高资料验证的效率。

同时,简单汇也依托区块链的分布式账本、非对称加密技术和共识机制,实现了信息的联通。分布式账本技术就是一个信息共享的数据库,它采用分布式云计算和区块链技术,实现在同一个区块上的用户、机构可以在他们所组成的网络里从不同的节点、不同的地理位置分享自己的资产数据。并且分布式账本技术对存储信息和交易信息的真实性都提供了保障,能有效地防止信息被篡改。

非对称加密技术用于加密和解密的并不是同一把密钥,而是由私钥和公钥一对密钥分别进行加密和解密,其中私钥能够生成公钥,而公钥并不能反向推导出私钥。当平台交易完成后,将私钥和公钥存放于平台,用于加密其交易数据。私钥存放在核心企业本地节中心数据库(简单汇系统)用于保存交易信息,同时自动将交易信息发布到区块链系统,使所有节点上的数据都是相同的副本。每个核心企业(节点)有自己专属的公钥点,用于解密交易数据。简单汇平台用户可通过登录平台查账,或通过区块链浏览器访问本地区块链数据,查看"金单"权益与交易明细信息,区块链本地交易记录与简单汇平台交易记录一致。非对称加密技术保证了信息的单向性,一经上传,在传播或读取过程中,都不可以被修改。因此,非对称加密技术极大地规避了资金方获得虚假数据的风险,在一定程度上解决了由于信息读取、传播而导致的信息不对称问题。

资料来源:第七届全国金融专业学位教学案例大赛获奖作品《TCL简单汇不简单:"双链"金融助多层级中小企业摆脱贫血》。

最后,对于创业企业融资活动整体而言,建议创业家们在进行融资之前,不妨先完成企业现金流预测的工作,因为现金流预测可以帮助创业家评估资金需求的时机和成熟程度。通过现金流预测,创业家更容易决定资金的类型,提高企业利用有限资金成长的能力,包括利用应收账款、存货、应付账款和应计费用的效率。到了可以和客户、供应商谈判的程度,创业家将开始规划未来的增长。然而,仅依靠内部现金,中小微企业很少能够承担成长所需的额外资金,因此,往往需要通过外部借款、融资租赁以及积极响应政府对初创型企业开展的帮扶项目等,来获取发展所需的资金,这常常是初创型企业家的普遍选择。早期增长常常导致更大的资金需求,并面临无法满足客户订单和无法发放员工工资的巨大风险。然而,一旦通过谈判从外部获得一定水平的资金(包括银行金融、私人放贷、租赁选择和其他金融创新),创业家就可以在企业长期的生存中有更好的选择。

即 测 即 评

请扫描右侧二维码检测本章学习效果。

思 考 题

1. 债务融资的优缺点是什么?
2. 债务融资的主要来源有哪些?
3. 民间借贷的特征有什么?
4. 供应链融资与传统贸易融资的区别是什么?

第九章 股权融资

学习目标：
1. 理解股权融资的内涵及特点。
2. 掌握不同的股权融资方式及其优缺点。
3. 了解公司股权设计的含义及基本内容。
4. 理解风险投资的含义和分类。
5. 理解风险投资与创业公司双向选择时的影响因素。
6. 了解私募股权的架构及现状。
7. 理解股权众筹的优势、意义及发展现状。

股权融资，由于具有降低企业财务风险、无须还本付息等优点，目前正受到越来越多中小微企业的青睐，成为中小微企业外部融资的主要方式之一。由于所处阶段的特殊性，创业企业短时间内难以通过公开上市募股筹集资金，更多的是以风险投资、私募股权等方式获得资本。但目前我国的风险投资资本规模相对较小，民间及企业对创业风险投资的理念较为薄弱，普遍对风险投资缺乏较为专业的认识。风险投资公司的控股权主要掌握在国有企业中，民间借贷资金虽然增长较快，但普遍规模较小，管理风险大，无法与国有企业抗衡。风险投资资金由于来源渠道单一、规模小，无法承担较大风险的资金支持和提供长期低成本资金支持，只能支撑一些风险小、投资少的短期项目，无法体现风险投资真正的意义，从而影响了风险投资机构的良性运作。

对于创业企业而言，掌握不同股权融资方式的相关知识至关重要。利用股权进行融资不仅需要清楚了解股权融资的方式途径，还应当充分认识股权设计的重要性，以此实现创业企业的长期健康可持续发展。

希望读者通过学习本章内容，可以掌握创业企业股权融资的内涵、方式和股权设计需考虑的因素等方面知识，并且结合我国创业企业融资现状，进一步地理解风险投资、私募股权以及股权众筹等常见的创业企业股权融资方式。

第一节 股权融资概述

一、股权融资的内涵

股权融资是指企业的股东愿意通过以让出部分企业所有权为企业增资的方式引进新的股

东,同时使总股本增加的融资方式。股权融资是企业融资工作的一种重要形式,在这种融资方式下所获取到的资金,企业不需要偿还本金和利息,新老股东之间共同享受企业的盈利。从股权融资的内涵来看,其可以广泛应用在多种环境下,一方面能充实企业总体营运资金,另一方面能有效拓展融资渠道。

二、股权融资的特点

企业通过股权融资获取到相应资金,所表现出的一些较为明显的特征为:

(一) 长期性

在股权融资方式下所筹集的资金表现出较强的永久性,没有期限且无须归还。

(二) 无负担性

股权融资没有固定性的股利负担,在支付股利方面主要是依靠公司的自身盈利情况。

(三) 不可逆性

在股权融资活动实际进行中,企业使用这些资金开展各项生产经营活动,并不需要偿还本金,投资者要想回收本金,需要通过流通市场进行。而企业使用股权融资的方式主要是通过公开市场发售和私募发售。

第二节 股权融资方式

一、股权质押融资

公司融资困难,很大程度上是因为信贷资格不够,无法寻求到银行等金融机构的贷款。使用股权质押融资的方式,能够有效改善这类情况,这种方式主要是公司将自身所拥有的股权作为质押标的物,用于担保自身或者他人的财务。将股权质押作为向其他企业和单位提供信贷服务的良好保证,能够一定程度上增加非上市公司的融资机会。大多数非上市公司都是中小微企业,它们以往获取外部融资是通过抵押不动产获取银行贷款的债券融资渠道来实现的。但是多数情况下,中小微企业并没有充分的实物资产作为抵押。各个地区政府为了有效解决这一难题,希望通过政策扶持帮助中小微企业获取一定的资金,提出中小微企业可以通过自身股权质押的方式,获取一定的融资。各个省市产权交易中心近些年来收到的质押登记申请和融资数额都呈现出了显著增长态势,从这个层面来看,当前股权质押融资方式取得了良好的应用效果,为非上市中小微企业获取到更多经营资金创造了条件。

股权质押融资方式在实际使用的过程中,能够使得公司内部"静态"形式的股权资产有效转化为"动态"资产,从而帮助非上市公司有效应对融资困难的问题。但是不容忽视的是,股权质押融资的使用,也存在一些不足之处,主要表现在其容易受到较多因素的制约:第一,国家、政府政策的引导性不足,并且没有权威性的规范性文件作为指导和前提保障。第二,现阶段还没有十分完善的非上市公司股权交易市场,这就导致公司之间在使用股权质押融资方式的过程中,缺乏统一性的股权定价机制,从而无法准确地评估非上市公司的实际股权价值。第三,目前很多金融机构在非上市公司股权质押融资模式中的参与度不高,所能够提供的银行贷款也不充足。

二、股权增资扩股融资

股权增资扩股融资主要是通过促进股权的整体营利性有效提升,利用增量资金实现融资。从资金来源划分,主要可分为外源和内源两种。前者借助于私募方式,将国内外的战略投资者和财务投资者引入到公司,提高公司的总体资本实力,使得公司自身发展战略能够有效整合行业资源。后者主要是通过公司自身原有股东加大投资力度,不论股东的股权比例是否发生变化,来实现增加企业自身资本金的目的。

使用股权增资扩股方式实现融资,需要从公司自身的经营性质入手进行分析:① 如果公司为有限责任类型,股权增资扩股方式的应用,多数情况下是公司自行增加注册资本,原来的股东在认缴出资的时候拥有优先权,其可以按照实缴的出资比例进行认缴出资。如果全体股东一致同意或者约定不按照出资比例实现优先认缴出资,将会由新股东出资认缴,实现增加企业资本金的目的。② 如果公司为股份有限类型,非上市公司需要向特定对象发行一定的股票,从而实现资金募集目标,通过新股东投资入股、原股东增加投资的形式扩大股权。

以股权增资扩股方式实现融资目标,表现出较多优势。第一,扩大公司经营的股本规模,增强公司的竞争实力,实现资产负债率持续降低,优化资本结构。第二,资金筹集效果较好,所得到的各项资金属于公司的自有资本,这不仅可以有效提升企业的总体融资能力和信誉度,还能帮助企业扩大生产规模。公司始终都持有这些资本,并不会因为受到外界影响而发生变化。第三,增资扩股还能有效推进企业实现改制,吸引外部股东的加入,通过借鉴这些股东的管理经验,可以推进科学治理结构的实现。

三、股权交易增值融资

股权交易增值融资是指企业经营人员,以出让一些股权的方式,在促进更多资本流入的同时,吸引更多的人才参与到企业内部经营活动之中。比如新东方创始人俞敏洪在创业之初设计股权时就意识到,如果仅初创合伙人之间就构成了完整封闭的股权系统,无法吸收新的管理人才,那么新东方很可能出现散架的情况,因此他在创业之初代持10%的股份,以此吸引新的优秀管理者加盟,这不仅能使企业获得新资金,同时也能引入新鲜血液,促进企业长期发展。因此,以股权交易增值方式融资,不受还款期限的限制,可以促进企业实现扩展性发展,并且使社会资本在市场上具备较强的流动性。

四、私募股权融资

伴随着经济全球化和移动信息技术的持续发展,股东权利出现泛化现象,企业朝着私募股权的方向发展。相对于公开发行股票来说,私募股权融资方式通过增资扩股、转让股权的方式,定向引入200人以内的特定投资者,在增加公司新股东的同时,获取更多的资金。这种方式在实际应用的过程中,只需要借助于较为简单的融资环节就能达到目的,不需要抵押、担保活动。并且,私募股权的投资者一般拥有更为积极主动的心理,能为公司提供多方面的帮助和支持,主要表现在人事、融资以及经营管理方面的咨询等,积极构建起科学性的内部投资者机制,利于公司制定出正确的经营发展战略。在私募股权融资方式下,公司可以运作的资金数量和规模有效扩大,为后续开展各项生产经营活动、增加内部资产提供了良好的前提条件,相应地创建出更为多样化的融资渠道,提升公司的内在价值。因此,私募股权融资方式的合理使用,可以有效应对和解决企业内部的部分资金问题,提升内部管理水平,增加企业的总体价值。

五、公开募股融资

公开募股融资是通过股票市场向全社会公开募集资金的一种融资方式,其中 IPO(Initial Public Offering)表示首次公开募股。一般来说,一家公司一旦完成首次公开上市,就可以申请到证券交易所或报价系统挂牌交易。这种以公开市场发售进行融资的方式是大多数民营企业梦寐以求的融资途径。企业上市一方面会为企业募集到巨额的资金;另一方面,资本市场将给企业一个市场化的定价,使民营企业的价值为市场所认可,为民营企业的股东带来巨额财富。

与其他融资方式相比,企业通过上市公开募股融资主要有以下优点:
(1)募集资金的数量巨大。
(2)原股东的股权和控制权稀释得较少。
(3)有利于提高企业的知名度。
(4)有利于利用资本市场进行后续的融资。

但由于公开市场发售要求的门槛较高,只有发展到一定阶段、有了较大规模和较好盈利的企业才有可能考虑这种融资方式。

第三节 股权设计

一、股权设计的含义

股权设计,就是通过对股权的份额、内容及行使方式进行设计来更好地行使股权,实现控制公司和维护股东权利的目的。初创企业大多在股权分配结构上比较单一,几个投资人按照出资多少分得相应的股权。但是,随着企业在经营过程中的盈利和亏损,必然会在分配环节中产生种种利益冲突。同时,在实际中存在的许多特殊的股权运行机制等不确定因素也会加剧公司运作和控制权转移的风险。当公司运作后,各种内部矛盾凸显,在矛盾中股东维护自身利益的依据就是股权比例和股东权利。所以,实践中,合理的股权设计对初创企业未来的长期发展至关重要。

企业股权设计主要包括三个部分:股权架构系统设计、股权分配机制设计和股权运行机制设计。

二、股权架构系统设计

企业的股权架构系统设计包括横向的股权结构设计和纵向的股权架构设计。

(一)股权结构设计

1. 股权结构的含义及类型

企业的股权结构也可以理解为一元层面的股权架构。股权结构是指在股份公司总股本中,不同性质的股份所占的比例及其相互关系。股权结构是公司治理结构的基础,决定着公司的组织架构。而股权结构设计实质上就是通过设计公司不同的股权结构,明确创始人、合伙人和投资人之间的多方利益关系。

从股权集中度方面来看,股权结构有以下三种类型:

(1) 股权高度集中型。绝对控股股东对公司拥有绝对控制权,其股份的占比一般超过总股本的 66.67%。

(2) 股权高度分散型。股份公司单个股东所持的股份占比均未超过总股本的 10%,无大股东容易导致企业所有权和经营权分离。

(3) 较大股东和其他股东相结合型。公司拥有较大的相对控股股东,同时还拥有其他大股东,这些股东所持股份一般占总股本的 10%~50%。

2. 股权结构设计中常见的问题

高度集中和高度分散的股权结构都不利于公司的长期发展。这是因为高度集中的股权结构容易出现一家独大的局面,而高度分散的股权结构则可能出现"内部人控制"现象①。这两种情况均属于股权结构畸形。

股权结构设计中另外一个常见的问题就是"平衡股权"结构,即公司大股东之间的股权比例非常接近,而且只有大股东或者小股东的比例非常低,比如股权均等(5∶5)等情况,均会阻碍公司的决策和长期发展。因为平衡股权很难形成有效的股东会议决议,最终导致两大问题:让股东陷入僵局和形成公司控制权与利益索取权失衡的局面。

3. 股权结构九条生命线

股权结构九条生命线如表 9-1 所示。股权九条生命线是股权结构设计中非常重要的概念,它涉及公司重大决策的控制权和股东权利。

表 9-1 股权结构九条生命线

序号	股东持股比例	控制权	说明
1	67%	绝对控制权	对所有重大事项均有一票通过权,因为股东大会部分重大决议通过需要 2/3 以上表决权
2	51%	相对控制权	对聘请独立董事、选举董事长、聘请审计机构、聘请或解聘总经理等事项具有一票通过权
3	34%	一票否决权	相当于对重大事项的一票否决权,因为股东大会重大决议需要 2/3 以上表决通过,因此又称安全控制线
4	30%	上市公司要约收购线	超过 30% 的股权收购必须以发布要约的形式进行股权收购
5	20%	重大同业竞争警示线	
6	10%	临时会议权	可提出质询、调查、起诉、清算、解散公司
7	5%	重大股权变动警示线	
8	3%	临时提案权	提前召开小会
9	1%	代位诉讼权	又称派生诉讼权,拥有间接的调查和起诉权

---

① 公司股权分散,大部分小股东存在搭便车的心理,而不愿花费心力监管经理人员的工作,仅仅想获取公司利润,因此对经理人的行为未能实现最终控制,导致"内部人控制"现象。

67%：绝对控制权。 67%代表了超过2/3的投票权，只要公司内部章程没有特殊规定，拥有超过67%的股权就意味着股份持有人可以独立做出修改公司章程，分立、合并、变更主营项目等重大事项的决策。这也是创始人的最佳生命线，适用于有限责任公司和股份有限公司。

51%：相对控制权。 51%代表了超过一半的投票权，被称为"相对控制权"，这是因为只要公司内部章程没有特殊规定，在股东按照出资比例行使表决权的情况下，拥有超过50%股份的股东可以主导一些简单事项的决策，比如聘请独立董事、选举董事及董事长、聘请审议机构、聘请会计师事务所、聘请和解聘总经理。即使后期公司要上市，经过2~3轮的融资稀释后，其还可以控制公司。这是创始人退而求其次的生命线，适用于股份有限公司，有限责任公司也可以自行约定。

34%：一票否决权。 如果创始人持股比例不足51%，则需要把股权控制在34%以上的安全控制线上。与绝对控制权相反，当创始人拥有34%的股权时，其他股东就不能达成股东大会上2/3的表决权，这样创始人即使没有绝对控制权，也拥有一票否决权。但是，一票否决权仅适用于关系公司生死存亡的重大决策，对其他需要51%以上票数通过率的事宜，则没有否决权。这是创始人的安全生命线，适用于有限责任公司、股份有限公司。

30%：上市公司要约收购线。 30%被称为"上市公司要约收购线"，顾名思义，这条线只适用于特定条件下的上市公司股权收购。根据《中华人民共和国证券法》的规定，通过证券交易所的证券交易，收购人持有一个上市公司的股份达到该公司已发行股份的30%时，如果想继续增持股份的，则应当采取要约方式进行，发出全面要约或者部分要约。收购上市公司分为协议收购和要约收购，要约收购与协议收购相比，需要经过更多的环节，操作程序繁杂，收购方要付出的收购成本也更高。本条生命线适用于上市的股份有限公司，不适用于有限责任公司。

20%：重大同业竞争警示线。 20%没有确切的法律依据，是根据行业默认规定而定的。它是指在一家公司占股超过20%的股东，不能在同行业其他公司工作或任职，因为双方构成或者可能构成直接或间接的竞业关系。本条适用于上市的股份有限公司。

10%：临时会议权。 拥有公司10%股权的股东有权提议召开股东临时会议，在董事和监事都不履行召集股东会职责时其可以自行召集和主持。本条款适用于股份有限公司。由于股份有限公司的特殊性，10%的临时会议权限带有强制性，而有限责任公司根据公司内部章程的约定，10%的临时会议权不具备实际意义。拥有10%以上表决权的股东还有诉讼解散权。本条适用于有限责任公司、股份有限公司。

5%：重大股权变动警示线。 持有一家公司5%及以上股份的股东或者实际控制人，其所持该上市公司已发行的股份比例每增加或者减少5%，应当按照规定进行报告和公告，披露权益变动书。本条适用于已经上市的股份有限公司。

3%：临时提案权。 单独或者合计持有公司3%以上股份的股东，可以在股东大会召开10日前提出临时提案并书面提交董事会。本条适用于股份有限公司，不适用于有限责任公司，因为有限责任公司兼具资合性和人合性，没有繁杂的程序性规定。

1%：代位诉讼权。 占股1%的股东在发现公司股东或者高级管理人员有挪用公司公款等侵犯公司利益的行为时，如果公司董事会没有及时起诉，其有权利自行向人民法院起诉。但其也并非可以随意实行诉讼权，在给予权利的同时，法律还规定，必须持股超过180天，且在该公司没有持股时间和持股比例限制的情况下，才能达成条件。在提起诉讼期间，给公司造成的损失需由起诉方承担赔偿责任。本条适用于股份有限公司,不适用于无股权比例要求的有限责任公司。

4. 股权结构设计图

在创业热潮日益高涨的当下,创业公司的治理问题也不断困扰着创业家,而这些问题往往与公司在创业期的股权结构设计密切相关。创业期的股权设计不仅要考虑创始人的控制权,也要为公司引入优秀人才留下充足空间。

图 9-1 为一个比较合理的创业期股权结构。从图中可以得出一个结论:创始人获得 50%～60%的股份是正常的,但联合创始人,也就是合伙人,其加起来的股份最好不要超过 30%。最后,公司还应该预留 10%～20%的期权池。

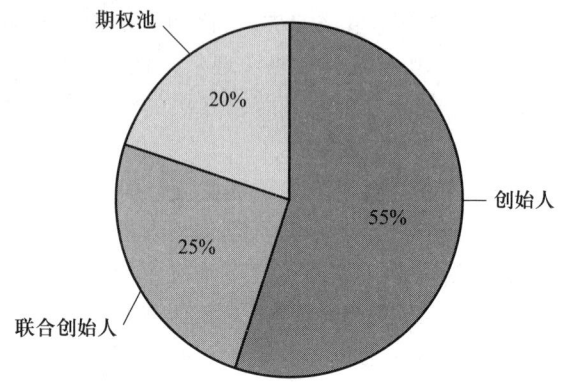

图 9-1　比较合理的创业期股权结构

5. 股权结构设计的意义

股权结构设计具有重大战略必要性,它是公司组织的顶层设计。股权结构设计的好坏,通常会在很大程度上决定企业的生死存亡。出色的股权结构设计,可以促进合伙模式、创客模式、众筹模式的落地;可以建立竞争优势,使公司获得指数级增长。然而很多创业者,或者大量非专业机构的投资者,因为缺乏基本的股权常识,所以前期的股权结构设计不合理,在公司后期发展阶段难以吸纳优秀合伙人或者机构投资人加入。

(二)股权架构设计

股权架构是指纵向上自然人股东、投资平台、母公司以及子公司之间的股权关系。股权架构分为控股层、投资层、资本层、产业层和操作层。股权架构研究,通常是企业发展到一定规模时,对股权架构进行梳理,以保持对公司整体架构的清晰认知。股权架构梳理如下:首先,确定如何设计母公司股东、母公司、子公司之间的全资、控股、参股的股权控制关系。其次,确认母公司股东是自然人持股还是控股平台持股。再次,确定如何通过股权架构设计,增加大股东对公司的控制权。最后,判断下属平台公司是子公司还是分公司。

三、股权分配机制设计

(一)创业家的控制权问题

在创业过程中,创业家有时面临的最大风险并不是公司运营问题,而是控制权归属问题。因为,在创业初期需要大量的资金投入来启动项目,大部分创业家仅仅看到投资人给公司带来的资金流量而忽视投资背后的危机,即潜移默化中控制权的转移。公司的控制权主要通过决策体现,而公司的决策常常通过两个层面完成,一个是股东大会层面,另一个是董事会层面。

1. 股东大会层面

掌控企业控制权的最佳方法是拥有控股权,因为公司最重大的事项通常是需要经过股东大会决议的,比如修订公司章程、任命新董事、分立合并以及公司清算等。所以,掌握了企业的控股权,也就掌握了公司重大事件决定权,即在实质上控制了公司。

股东大会层面控制权的掌握主要通过以下措施实现:

（1）归集表决权。将小股东的表决权汇集到创始人手中,增加创始人的表决权。例如,创始人自身可能仅保留有20%的股权,但通过授权代理等方式可获取其他小股东的表决权,从而拥有50%以上的表决权,获得实际控制权。

（2）多倍表决权。创始股东的股权虽小于50%,但公司章程可约定创始人的每一股股权拥有更多的表决权,如京东的A/B股制度,刘强东拥有的B股表决权是A股的二十倍,通过这一方式可以增加创始股东在股东会的表决权。

（3）创始人的一票否决权。创始人的否决权可以影响股东会的决策,通常适用于公司章程中规定的特大重要事件,比如公司合并、公司分立、公司解散、公司融资、公司的年度预算结算、公司并购、公司审计、高层人士任免以及董事会变更等。即使创始人的股权低于50%,不具备直接决定的权利,其也具有一票否决的权利,因此可以将其视作一种防御型策略。

2. 董事会层面

在董事会层面,决策权是由人数多少决定的。在董事会的董事席位越多,话语权越大。所以,最直接控制董事会的方式,就是取得委任董事的权利。最著名的通过控制董事会控制公司的案例是阿里巴巴集团的合伙人制度。

创业初期往往是投资人和创始人的蜜月期,大部分股东都愿意让创始人领导公司。但随着公司壮大,各位股东之间的利益冲突逐渐显现,这时,控制权就成为创始人与投资人之间博弈的关键。所以,创始人需要防患于未然,提前设计合理的股权结构,避免失去公司的控制权、最后被迫离开自己一手创建的公司。

（二）股权分配动态调整

企业发展是一个长期持续的过程,在此过程中面临着不同的外部环境和内部成长变化,因此股权分配也应当是动态调整的。

1. 股权分配动态调整的原则

（1）由创业团队领导牵头,所有创业团队成员必须参与并取得共识。

（2）游戏规则也是一个动态调整的过程,须公正透明、及时更新。

（3）随着外部资本的加入,公司核心团队成员的股份会被逐渐稀释,而风险投资者所占有的股份并不受股权动态分配机制影响。

（4）停止执行股权动态分配机制的时刻,取决于公司什么时候进入平稳发展的成熟期,而不取决于预设的股权是否分配完毕。

2. 建立股权动态分配机制的步骤

（1）确定一个初始团队领导,由其牵头组织协商和制定动态股权分配机制。

（2）注册公司,确定初始的股权比例。

（3）制定分配股权的里程碑。

（4）分解各个关键环节,制定贡献点,制定贡献值计算标准。

（5）加入回购机制以及执行的细节,形成"契约"以及"计算模型"。

（6）持续记录以及公布贡献值。

（7）每到达一个里程碑,将贡献值转变为股权,体现阶段性成果,并归零贡献值。

（三）预留未来分配空间

企业在经营发展过程中,需要吸引许多优秀的科技人才、管理人才等参与其中。正如本书前文中提到过的新东方创始人俞敏洪,他在创业之初的股权设计中就已经考虑到这一问题。如果仅初创合伙人之间就构成了完整封闭的股权系统,不预留未来分配空间,那么在企业发展达到一定规模需要吸收新的管理人才时,就容易陷入缺乏吸引力、难以引进人才和留住人才的困境。因此他在创业之初代持10%的股份,以此吸引新的优秀管理者加盟。这不仅能使企业获得资金投入,还能引入新鲜血液,促进企业长期发展。

四、股权运行机制设计

(一)股权分期成熟兑现机制

在公司经营期间,为了保证公司创始人的稳定,创始人股权分期成熟兑现是将公司发展与创始人利益绑定的有效手段。

对外创始人工商登记的股权是登记股权,对内创始人之间应当签订书面协议,约定股权分期成熟兑现。所谓创始人股权分期成熟兑现是指各创始人在一开始无法获得全部股权,需要分期成熟兑现,如若中间发生创始人离职的情形,其他创始人可以按照一个事先约定的价格回购退出创始人的股权,这样是为了防止出现创始人股东过早离职却依旧享有公司股权的局面发生。一般情况下,根据公司的不同模式,有以下四种股权分期成熟兑现方式:

(1)约定四年,每年兑现1/4。
(2)任职满二年兑现50%,三年兑现75%,四年兑现100%。
(3)逐年增加,第一年10%,第二年20%,第三年30%,第四年40%。
(4)任职满一年兑现1/4,剩下的在三年之内每个月兑现1/48。

无论何种兑现模式,前提都是创始人最少在公司任职满一年,在公司时间越长,获得股权越多,这样创始人就和公司牢牢绑定在一起。创业家们可以根据实际情况进行选择。

(二)股权回购机制

对于可能发生的创始人股东中途离职的情形,合伙人在创业之初就要提前设置股权回购机制,以免出现某个创始人退出而造成的混乱局面。例如,某位创始人股东离职,按照前面提到的创始人股权分期成熟兑现机制,大家可以书面约定,对于该创始人未成熟兑现的股权,将无偿赠与公司其余创始人股东,或者公司其余创始人股东可以以一个极低的价格购买。而对于已成熟兑现的股权,其余创始人可以按照提前约定好的回购价格进行收购。至于回购价格的确定可以参照以下三种方式。第一种,参照原来的购买价格按年利率溢价收购。比如离职创始人原来花10万元买了10%的股权,可以按照年利率10%的溢价回购。第二种,参照公司净资产或净利润收购股权。例如,按照离职创始人所持股权对应的离职时公司净资产或净利润收购股权。第三种,参照公司最近一轮融资估值的折扣价回购股权。

(三)股权退出机制

股权退出主要分为三种情况:一是合伙人主动提出离职而退出公司,属于主观退出;二是由于客观因素,合伙人不能继续工作而退出,属于客观退出;三是合伙人的能力达不到公司要求,经双方协商后退出或者由于外力而不再参加公司经营,属于中性退出。

股份公司股权退出机制包括:股权转让、公司减资以及要求公司回购、解散公司等。在我国,在股权转让的过程中,如果受让方是公司股东,那么可以直接转让;如果是公司股东以外的第三方,则需要公司其他股东过半数同意,在同等条件下,公司股东还拥有优先购买权。

案例 9-1

阿里巴巴的合伙人制度

阿里巴巴合伙人委员会必须由至少5名但不超过7名合伙人组成,目前由马云、蔡崇信、张勇、彭蕾西、景志刚和王健组成。合伙委员会负责管理合伙人选举,提名董事会的董事人选。1名或2名合伙人可被指定为合伙委员会永久合伙人,目前合伙委员会永久合伙人为马云和蔡崇信,其有权一直担任合伙人,直到其自行选择退休、死亡、丧失行为能力或被选举除名。替代的合伙委员会永久合伙人可以由退休的人指定,也可以根据情况由其余的永久合伙人指定。除永久委员会成员外,该委员会成员的任期为5年,并可以连任。在每次选举前,合伙委员会将提名合伙人的数量,其数量等于下一届合伙委员会任期内的成员人数加上另外3名提名者,减去现任的永久合伙人人数。

通过阿里巴巴合伙人制度达到控制的实质在于:根据公司章程,阿里巴巴合伙人将独享提名董事会简单多数成员的权利。其通过控制董事的产生程序,掌控董事会和公司。软银和雅虎虽然分别是阿里巴巴的第一大股东和第二大股东,但公司的控制权始终掌握在以马云、蔡崇信为核心的阿里巴巴管理层手中,究其原因主要是:

一是公司章程规定,伴随着阿里巴巴的合伙人制度,董事会的董事人员由阿里巴巴合伙人委员会提名,因此其核心团队掌控了董事会和公司。

二是若要改变公司章程规定的合伙人制度,需要召开股东大会,而章程中规定需要持股比例合计达到95%的股东在股东大会投票同意才可修改公司章程。可见,只要马云和蔡崇信合计持股超过5%,且两个人又是一致行动人,那么阿里巴巴的合伙人制度会一直延续,其对公司的控制权也会一直存在。

阿里巴巴股权结构的演变主要分为以下四个阶段:

第一阶段,雅虎成为大股东。

2005年阿里巴巴获得雅虎投资,雅虎持股40%成为第一大股东,马云和团队持股31%只是第二大股东,软银持股29%是第三大股东。

雅虎和软银合起来共持股69%,马云为了保住对公司的控制权,和雅虎签协议约定:

(1) 雅虎把5%的投票权给马云团队。

(2) 马云团队占50%的董事会席位。

(3) 马云做CEO,而且不得更换。

但是,阿里巴巴和雅虎的协议到2010年结束,到时马云的控制权将不保。

为了保住马云的控制权,阿里巴巴从2010年开始试运行阿里巴巴合伙人制度,并在2013年正式对外公布。

阿里巴巴合伙人制度规定,由阿里巴巴合伙人控制一半以上的董事,阿里巴巴合伙人通过控制董事会而控制公司。

第二阶段,美国上市,软银成为大股东。

在2010年与雅虎的控制权协议到期之后,到2014年美国上市之前,阿里巴巴回购了雅虎的部分股权。

2014年在美国上市时,软银作为第一大股东持股34.4%,雅虎持股22.6%是第二大股东,马云持股8.9%,蔡崇信持股3.6%。

第三阶段,中国香港上市,雅虎大幅减持。

从2014年在美国上市之后,各方股东都有减持,但减持最多的要数雅虎。

到2019年9月雅虎的持股已不到0.2%,因为其持股太少已经不在披露的范围,不知道后面是不是减持完毕了。

2019年11月在中国香港二次上市时,软银作为第一大股东持股25.8%,多年来软银的持股减持不多,可能是为了等蚂蚁上市,但没想到蚂蚁上市受阻了。

此时马云持股6.1%,蔡崇信持股2%。

第四阶段,马云的持股未见披露。

阿里巴巴在美国和中国香港上市,按照相关规则,管理层持股超过1%需要披露持股比例,不是管理层的股东持股超过5%需要披露。

在2020年9月之前,马云还是阿里巴巴的董事,所以他持股超过1%是需要披露的。

在2020年9月之后,马云不再担任阿里巴巴的董事,他持股超过5%才需要披露,持股低于5%就不需要披露。

根据2020年6月阿里巴巴披露的2019财年年报,当时马云的持股比例是4.8%。

2021年阿里巴巴披露财报时,马云已经不是董事,也不是高管,而且持股少于5%,所以马云的持股不再需要披露,故而马云未出现在股东名单里。

阿里巴巴多年来的股权结构汇总,见表9-2。

表9-2 阿里巴巴集团股权变动历程

阿里巴巴集团的股权变化						
时间	马云	蔡崇信	其他管理层	软银	雅虎	备注
2005年8月	31%			29%	40%	特殊约定控制权
2007年11月	31.7%			29.3%	39%,另在B2B持股	B2B上市前
2012年6月	阿里B2B从港股退市			—	减持	B2B中国香港退市
2014年9月	8.9%	3.6%	—	34.4%	22.6%	美上市前
2016年5月	7.8%	3.2%	1.5%	32.0%	15.4%	各方减持
2017年6月	7.0%	2.5%	1.1%	29.2%	15.0%	各方减持
2019年6月	6.2%	2.2%	0.9%	25.9%	9.4%	各方减持
2019年11月	6.1%	2.0%	0.9%	25.8%	0.2%	中国香港上市前
2020年6月	4.8%	1%	1%	24.9%	—	2020年报
2021年7月	马云不再任职,且所持股低于5%,无须披露	1.4%	1%	24.8%	—	2021年报

资料来源:卢庆华:《公司控制权》,机械工业出版社2021年版。

案例 9-2
京东 A/B 股制度

在 2007—2013 年的持续融资过程中,刘强东以协议的方式要求投资人将股票的投票权授予他在开曼群岛注册的两家公司,以保持其对公司的控制权。2013 年年底,出于融资需求及企业长远发展考虑,京东决定上市。一旦上市融资,由于普通股的资金介入,刘强东所持股份比例会大幅度下降,如果不进行股权结构的重新设计,刘强东在公司上市后势必会失去控制权。此时,刘强东及其管理团队想到了双重股权结构这一特殊股权模式。双重股权结构既可以很好地解决刘强东面临的融资难题,又可以通过对不同层级股票投票权的设计使得刘强东及其管理团队保持对公司的控制权。因此,京东采用了典型的双重股权结构,在招股说明书中约定了 A、B 类股票。其中,A 类股票一股一票,而 B 类股票每股享有 20 份投票权。因此凭借享有 20 份投票权的优先级股票,刘强东及其管理团队最终以 23.1% 的股权控制了公司 83.7% 的投票权。通过对表 9-3 及相关资料数据分析,我们看到老虎基金以 18.1% 的股权仅占 3.2% 的投票权,黄河投资(腾讯)以 14.3% 的股权仅占 3.7% 的投票权,高瓴资本以 13% 的股权仅占 2.3% 的投票权,俄罗斯 DST、今日资本、红杉资本合计拥有京东 18.6% 的股权,但只占 3.3% 的投票权。双重股权结构从一定程度上保证了京东的企业文化和经营发展理念的持续稳定,保持了公司的战略方向和基本服务原则,减少了公司的短期利益行为和各种冲突。

表 9-3 京东上市(IPO)前后股权与投票权对比

股东	IPO 前		IPO 后	
	股权比例	投票权比例	股权比例	投票权比例
刘强东团队	23.7%	55.9%	23.1%	83.7%
老虎基金	22.1%	18.1%	18.1%	3.2%
黄河投资(腾讯)	17.3%	14.3%	14.3%	3.7%
高瓴资本	15.8%	13.0%	13.0%	2.3%
俄罗斯 DST	11.2%	9.2%	9.2%	1.6%
今日资本	9.5%	7.8%	7.8%	1.4%
红杉资本	2%	1.6%	1.6%	0.3%

资料来源:京东集团的《招股说明书》;孟梅:《刘强东独大 京东成败系于一身》,人民网,2014 年 5 月 23 日。

案例 9-3
华为股权激励的五大发展阶段

第一阶段,创业期的员工持股。

1990 年,刚刚创立的华为需要快速扩大企业生产,占领更多的产品市场以及提高技术创新能力，因此，需要注入更多的资金，于是华为面临着融资难问题。为了及时得到筹资，华为提出了员工持股计划。当时员工购入公司股票的价格为每股1元，且公司用税后利润的15%作为红利发给员工。股票在员工进入公司一年之后，按照公司的相关规定和员工的具体情况进行发放。员工可以用自己的年度奖金购买股票，也可以自筹资金购买股票，还可以通过银行贷款方式购买。到了1993年，华为的每股净资产为5.83元，1994年为4.59元，但华为的股票认购价格一直都是每股1元，持续到2001年。

华为通过员工持股计划进行融资，不但降低了公司的现金流风险，还增强了员工的成就感，让员工利益与企业利益密切相关。华为创业期的股权激励让其公司的业绩一直持续上升。

第二阶段，经济泡沫时期的虚拟股票期权。

2000年经济泡沫时期，信息产业遭受毁灭性的创伤，在华为收到大量系统订单时，核心员工却开始离职。为解决一系列问题，华为开始了新一轮的期权改革，推出了《华为技术有限公司虚拟股票期权计划暂行管理办法》，激励对象也由全员转向核心技术员工及高级管理人员。华为的"虚拟受限股"相当于虚拟股票。激励对象仅享有一部分的分红权。华为虚拟股票的特点为高分红和低股价。员工低价购入股票，但可以获得比较高的收益。此外，华为还给员工设立了每个岗位的持股上限，即饱和配股。新员工的到来会不断稀释老员工的持股比例，这样可以为新老员工提供奋斗创新的动力，促进公司的整体发展。从实体股向虚拟股的改革是华为从全员激励向重点激励的转变，对稳定华为核心团队发挥了重要作用。

第三阶段，"非典"时期的饱和配股制。

2003年，华为再次遭受重创，产品的出口市场受到非常严重的影响。并且，华为的核心技术员工离职转向思科，其国际市场受到严重影响。为了进一步增强股权激励的效果，吸引并留住核心技术人才，华为在其内部开始呼吁中层以上的员工自愿申请降薪，并且转变兑现方式，一般员工每年的兑现比例最多为总股本的25%，核心员工最多为10%，且公司规定3年内不能兑换。若员工3年内离职，则配股无效。在此次配股计划实施之后，华为的合同销售收入逐年增长，2004年达56亿美元，2007年达160亿美元，同时，海外的合同销售收入也在同步提高。

第四阶段，经济危机时期的稳定性股权激励。

2008年，美国的次贷危机成为全球金融危机的导火索，世界经济发展受到了极大的影响。与此同时，华为员工开始大量换回所持有的股票。为了安定内心，摆正员工的心态，为公司引进更多的核心人才，华为再次进行股权激励改革，开始推行饱和配股激励计划。此次饱和配股的股票价格为4.04元/股，年利率大约为6%，激励对象为工作一年以上的员工。饱和配股规定不同的员工级别搭配不同的持股数量。2008年在同行业业绩下滑的背景下，华为公司的合同销售收入达到233亿美元，比2007年增长45.63%。

第五阶段，成熟期的虚拟股权 & TUP。

随着国家股权激励相关政策的出台，华为的虚拟股信贷计划遭到暂停，华为员工购买本企业股票的资金需要全部自筹。同时，华为希望通过股权激励来聘请更多的国外高管，进而扩大国际市场，但是虚拟受限股并不能对非本国国籍的员工进行激励。此外，虚拟受限股的长期实行导致华为的老员工丧失工作积极性,依靠股票收益混日子,而新员工即便再努力工作,他们的收入也迟迟未能提高,导致新老员工的薪资待遇不公平。

2013年华为推出TUP(Time Unit Plan)——时间单位计划。TUP属于中长期激励模式,即预先授予一个获取收益的权利,包括分红权和增值权,但收益需要在未来N年中逐步兑现,同样,其与所有权性质的股权没有关系,TUP的权利兑现后自动销毁,以五年为一个周期。TUP的实施,可以解决不同国籍员工的激励模式统一问题,同时解决了新员工激励不足的问题,也防止出现过高的离职率。

自2004年以来,华为员工通过购买虚拟股的方式为华为增资超过260亿元。更重要的是,华为的股权激励机制通过数次调整其分配方式,来维系整个公司的活力,这也是华为近20年来持续高速发展的原因之一。华为股权激励措施的发展历程如表9-4所示。

表9-4 华为股权激励措施的发展历程

时间节点	时期	措施
20世纪末	创业期	员工持股
2000—2002年	经济泡沫时期	虚拟股票期权
2003—2007年	"非典"时期	配股比例和持股年限
2008—2012年	经济危机时期	稳定性股权激励
2013年至今	公司成熟期	虚拟股权&TUP

资料来源:《[案例]华为股权激励方案全解密!建议收藏》,搜狐网,2021年11月2日。

第四节 风险投资

我国风险投资刚刚起步,存在着融资渠道单一、风险资金数量不足、相应高素质人才缺乏,以及退出机制不完善等问题。完善相关法律法规,加强专业人才梯队建设,构建全周期投资机制是目前促进我国风险投资发展的关键事项。

一、风险投资的含义

风险投资(Venture Capital,VC)是由职业金融家投入到新兴的、迅速发展的、具有巨大竞争潜力企业中的一种权益资本。从投资行为的角度来讲,风险投资是把资本投向蕴藏着失败风险的高新技术及其产品的研究开发领域,旨在促使高新技术成果尽快商品化、产业化,以取得高资本收益的一种投资过程。从运作方式来看,它是指由专业化人才管理下的投资机构向特别具有潜能的高新技术企业投入风险资本的过程,也是协调风险投资家、技术专家、投资者的关系,利益共享、风险共担的一种投资方式。

风险投资一般具有以下特征:
(1)投资对象多为处于创业期的中小微企业,而且多为高新技术企业。
(2)投资期限至少3年,投资方式一般为股权投资,通常占被投资企业30%左右的股权,而不要求控股权,也不需要任何担保或抵押。

(3) 风险投资者一般积极参与被投资企业的经营管理,提供增值服务。

(4) 当被投资企业增值后,风险投资家会撤出资本,实现增值。

二、风险投资的分类

(一) 独立风险投资

独立风险投资(Independent Venture Capital,IVC)是指"对新成立的、快速发展和发展前景良好的创业企业进行投资的专业风险投资家"。其通常拥有系统化的对行业的趋势判断、对项目源的成熟筛选、了解企业从初创到成熟的成长周期过程的能力。

(二) 企业风险投资

企业风险投资(Corporate Venture Capital,CVC)是一种特殊的金融融资方式,它能够实现由强大公司向发展中公司进行投资,并通过二者的经营合作来实现共同发展的目的。但是,它与金融机构有所不同,其自身的风险性更大,这也需要投资企业在开展投资活动时,对被投资公司的财务信息进行全面收集,并通过整理分析来实现对发展中公司的投资,这样才能确保在经济投资下,实现二者经济利润的进一步提升。由于此种模式存在着风险,会导致母公司在运营过程中出现经济危机,因此必须要通过合理化手段来实现对投资风险的规避,进而促进企业的长期发展。

(三) 政府风险投资

政府风险投资(Governmental Venture Capital,GVC)是指投资或经营主体隶属于政府的风险投资,在我国主要涉及由各级政府通过预算安排、以单独出资或与社会资本共同出资设立的、采用股权投资等市场化方式运作的风险投资。近年来,各国政府不断加大政府风险投资的力度,直接或间接地为中小微企业提供股权融资以促进技术创新。为大力促进"双创"、推动产业升级、解决市场融资失灵问题,我国 GVC 呈现井喷式增长。

以政府引导基金为例,中央政府继 2015 年设立 400 亿元国家新兴产业创业投资引导基金、600 亿元国家中小微企业发展基金后,2016 年接连设立了多只规模超千亿元的引导基金;地市级政府积极跟进,其引导基金占比从 2015 年的 36.7%增至 2016 年的 42.6%。在历经 2015 年和 2016 年的高速增长后政府引导基金设立步伐有所放缓,逐步进入存量优化精耕细作阶段。① 截至 2021 年,我国累计设立 1 988 只政府引导基金,目标规模约 12.45 万亿元,认缴规模(或首期规模)约 6.16 万亿元。2021 年新设立政府引导基金 115 只,同比上升 2.7%。②

(四) IVC 和 CVC 的区别

1. 投资性质不同

CVC 属于一种非金融性机构的投资方式,它主要的投资目的是为母公司提供更大的市场发展空间,并通过战略布局来保证母公司获取更多的利润。而 IVC 则是以金融类机构为主来实现的直接性投资,它主要的投资目的是获取高额的服务费用和满足财务上的预期回报。因此,二者在投资性质上有所不同。

---

① 孙韶华:《政府引导基金近万亿级爆发增长》,《经济参考报》2017 年 3 月 1 日。
② 数据来源于智研咨询发布的《2022—2028 年中国政府引导基金行业市场运行状况及发展预测报告》。

2. 投资机制不同

IVC 主要在运作阶段通过募集、投资、管理、整合、退出来实现对投资项目的资金供给和退出。通过在投资尽职调查过程中对被投资企业的历史沿革和未来发展规划进行全面分析，再根据其运营能力以及财务状况做出投资决策判断，IVC 在成为被投资企业的股东后深入对接资源到被投资企业，帮助企业快速成长、做大做强；最终通过被投资企业 IPO 后二级市场变现退出，或通过股权转让给第三方等方式实现退出，从而实现经济利润的获取。

CVC 则弱化了营收能力，更多考虑的是对母公司整体发展需求的满足。因此，CVC 在运行时，必须先制定有效的战略目标，这样才能保证母公司能够通过投资来为自身的长期发展做好准备，这也使得母公司在业务选择上一定会选择即将进入的领域来进行投资。

3. 投资周期不同

IVC 的主要目的是获取丰厚的经济回报，而且其具有一定的投资期限，所以它其实并不利于被投资企业的长期发展。CVC 更加强调的是对发展中公司的战略布局，并通过功能性的应用来使其母公司获得长期发展，而财务回报只是其中捎带的一个结果，因此对于创业企业的长期发展而言，利用 CVC 要优于 IVC。并且，CVC 更愿意给予被投资企业长时间的发展，并通过鼓励和技术投资来满足发展中企业的创新发展，这也使得在风险投资领域，CVC 更能够促进被投资企业的长期发展。

三、风险投资选择的影响因素

（一）投资者初筛投资目标的考虑因素

（1）创业公司想法的可行性。尽管每家企业都是从想法起步的，但无论投资是否能促进企业向前发展，大多数风险资本都依靠牵引力和全面执行力。

（2）创业公司相关风险程度。跟其他投资一样，平衡风险和收益是非常重要的。风险主要来自创始人的背景、现状和未来的预期等。

（3）创业公司管理团队。对大多数风险投资来说，团队是第一位要考虑的因素。减少该风险的最简便方法就是选择有不同技能的联合创始人。

（4）投资选择是否为最优选择。投资者面临的最大问题是担心错过了像谷歌这样的好项目，而投资了一个未来价值小得多的公司。

（5）投资时期是否为最佳时期。假如初创企业业绩连月增长，并且管理团队经营有方，此时投资者可能认为该企业还应继续成长，现在还不需风险投资资金。

（二）风险投资公司评估投资目标的主要方面

（1）整体行业趋势的评估。如整体行业发展及市场的趋势、行业体系内部的竞争对手、出品价格、盈利及竞争优势等。

（2）公司经营状况的评估。企业内部的经营情况一方面可以从企业所提供的各种报告中得知，另一方面可以通过与企业的顾客、供应商、银行信贷人以及雇员等的接触中了解。

（3）产品技术上的评估。风险投资公司很重视企业是否拥有技术专利。如果产品仍处于研发阶段，风险投资公司要调查清楚市场上存在的竞争对手的数量。总之，产品是否有其独特性且是否受到专利保护是技术评估的两大重点。

（4）企业财务的评估。风险投资公司要仔细审阅所有的财务报告，检验企业现有的资产是否与商业计划书中所描述的资产情况相一致,是否有任何没有申明的抵押资产。

(5)法律问题的评估。调查企业是否有任何法律纠纷、公司注册的合法性、专利有效期等法律问题。

四、创业公司选择风险投资公司的考虑因素

在通过风险投资获得资金时,除了风险投资公司选择创业公司,创业公司也应当考虑多方因素,选择合适的风险投资公司。这其实是一个双向选择的过程。初创企业应通过了解各风险投资公司的特点和状况来选择适合自己的投资者。

(一)风险投资公司的投资政策和投资偏好

一般风险投资公司都有自己的投资区域。这里的区域有两层含义:一是技术区域,通常只对自己熟悉的领域进行投资;二是地理区域,地理方位相互靠近的话便于控制和沟通。

(二)业界信誉和资金实力

风险投资公司的信誉关系到能否完成从创业到资本运作的过程。在资金实力方面,除了资本的多寡以外,还要看风险投资公司的股权结构,最好是多元化、基金化。

(三)运作程序和管理团队

了解对方的运作程序和管理团队可以判断风险投资者的商业经验和能力,以及是否在资本市场和自身产业方面拥有丰富经验。

第五节 私募股权

私募股权融资一词来源于一个交易:投资者和企业家之间将资金交换成公司股权的一笔私人交易。在很大程度上,这笔交易的所有条款都取决于两方的意愿和要求,这与公司通过首次公开发行筹集资金时发生的公共股权融资形成了鲜明对比。在首次公开发行时,交易的所有方面都必须符合证券交易委员会的规则,其中一条规则是上市公司必须公开其财务报表,并按季度提供给投资者。但是,这种规则在私募股权交易中并不存在,双方可以达成任何协议,即企业家不被规定向投资者发送财务报表,每月一次、一年两次,甚至一年一次都是可行的。

一、私人股本公司的法律结构

私募股权融资主要是通过私人股本公司进行的,大多数私人股本公司是以有限合伙或有限责任公司的形式组建的,这个结构比一般合伙公司更具有优势,它们将公司的寿命限制在特定的时间范围(通常为10年),这对投资者很有吸引力。此外,这个结构还消除了对分配利润的双重征税。

管理公司的专业投资者是普通合伙人,普通合伙人将其个人资本的1%~5%投资于该基金,并管理公司的所有决定。在典型的私人股本合伙企业中,外部投资者被称为有限合伙人,有限合伙人在筹资过程中,需要为新的风险基金质押或承诺一定数量的资本。通过有限合伙人与风险公司签署合伙协议,资本承诺正式确定,合伙协议详细说明了基金的条款,并在法律上约束有限合伙人提供他们所承诺的资本。

二、私人股本公司的商业计划审查

大多数私人股本公司使用筛选程序来确定它们正在考虑的交易的优先顺序。一般来说,公司的内部合伙人有责任根据公司情况制定一套投资标准来筛选新的商业计划。这些标准基于候选公司过去成功完成的交易的特点。用于筛选商业计划的几个参数是:行业、预期增长、成长阶段、特点、管理团队以及交易条款。

创业家可以通过创建一份简明、准确、令人信服的商业计划书来加速这一过程,以解决投资者的关键问题,有效地将创业家想法传递给投资者。这对企业获得项目资金至关重要。

一旦项目通过了第一轮的筛选,满足了大多数的初始标准,私人股本公司开始对预投资项目的行业、管理团队和财务项目等进行详尽的调查。尽职调查可能包括:聘请顾问来调查一项新产品的可行性;对管理团队进行详尽的综合调查,包括背景调查;进行详细的财务建模,以检验项目的合法性。

三、私人股本公司的管理团队

大多数普通合伙人将管理团队列为投资的最重要评判标准,其主要针对领导能力、经验和声誉等属性对其进行评估,包括:标志性成就、团队合作能力、职业道德、操作经验、声誉以及创业经验。

普通合伙人使用多种方法来确认创业家提供的信息,包括广泛访谈、私人侦探、背景调查和证明人调查。在调查过程中,创业家必须提供令人信服的证据,证明计划的优点和管理团队执行计划的能力。因此,管理团队必须清楚、简洁地阐述产品或服务的概念,并准备回答一系列深入的问题。此外,调查过程为风险投资者和创业家之间的契合程度提供了一个指示,其较高的契合程度对成功投资至关重要。

一些私人股本公司非常相信管理团队的力量,以至于它们在被投资公司成立之前,就会对管理团队或经理进行投资。通常情况下,这些管理团队或经理在成功地创办一家公司并从中获取利润后,便开始寻找下一个合适的时机。这些风险公司给这些经验丰富的老兵冠以"常驻创业家"的头衔,并资助他们寻找下一个机会。

四、成为理想投资对象

同样,机构投资者的私人股本是拥有优秀管理团队的创业企业的理想选择。这些创业公司被预测会经历或正在经历每年至少20%的快速增长,它们的产品应具有以下属性:① 有限的技术风险和操作风险;② 专有和与众不同的功能;③ 高于平均的毛利率;④ 短销售周期;⑤ 拥有重复销售的机会。

最后,创业公司必须具备5~7年充分增值的潜力,使投资者能够实现其最低目标回报率。同时,机构投资者还应至少有两个明显的退出机会(出售公司或上市)。企业和投资者必须事先就这一潜在退出的时机和策略达成一致。例如,一个理想的创业融资候选人是想以10%的股份筹集1 000万美元的股本,并期望在5年内以公司现值的7倍将公司出售给财富500强企业。这告诉机构投资者,他们可以在第5年退出交易,并在投资中获得7 000万美元。

同样,当一家投资组合企业发生清算事件:上市、合并、资本重组或被收购,私人股本投资者会赚到"真正"的钱。根据股本公司及其投资生命周期不同,基金的投资者通常计划在初始投资后的 3~10 年退出。除此之外,投资者还考虑货币的时间价值,即确定未来 100 万元的收益或内部回报率——今天 100 万元的价值比 5 年后的 100 万元大。

五、私募股权日益专业化

私募股权在某一特定行业或发展阶段的专业化趋势越来越明显,公司可以分为多面手和专家两类。多面手更倾向于投机取巧,他们关注各种机会,从高科技到高增长的零售业;专家往往专注于一个或两个行业,例如软件和通信。

私募股权专业化程度的提高有以下原因:

首先,在竞争日益激烈的行业中,风险投资家们正在争夺交易。如果一家公司是某个行业领域公认的专家,那么这家公司更有可能接触到这个领域的交易。

其次,由于其在该行业的专业知识,该公司能够更好地评估交易。

最后,因为创业家重视专业公司能够提供的行业知识和关系网,专业公司往往能够协商到更低的估值和更好的条件。创业家在筹集资金时需要牢记,尽管风险投资机构的投资平台很重要,考虑机构的行业专业化也同样重要。

第六节 股权众筹

一、股权众筹的含义

(一)股权众筹的概念

众筹是在 2008 年全球金融危机的背景下出现的一种新兴融资模式。其概念来源于众包(Crowdsouring)和微型金融(Micro-finance)。目前理论界普遍接受的对众筹的定义是:融资者不需要通过传统的财务投资者,直接借助互联网平台,向数量广泛的投资者寻求融资,每位投资者以相对较小的额度提供资金支持,从而获得实物或股权回报的商业模式。

伴随互联网时代的到来,众筹已逐渐成为一种被广泛接受的新兴融资方式,现阶段由众筹拓展出来的融资产品主要为"商品+股权"、商品、股权、公益、汽车以及房产等。而股权众筹就是以股权作为融资主体,由中介机构作为沟通桥梁,满足投资者和融资者的联系及沟通需求,以权益的形式让双方完成投融资活动。

股权众筹主要是由存在融资需求的一方发起,借助网络平台,创意者或者中小微企业项目筹资人在众筹网站上建立自己的页面,向出资人介绍项目情况,并设定项目融资目标和期限,筹资人必须在规定的时间内完成融资目标。若在期限内完成筹集目标金额,则融资成功,筹资人可以提取资金完成项目运营。而项目实施成果将在项目发起人与投资方之间分配,同时众筹平台也会从中抽取一定比例的服务费用作为收益,如图 9-2 所示。若在期限内未完成筹集目标金额,则本轮融资不成功,筹资者无法提取资金,而之前公众投入的资金也将通过众筹平台退回至出资人,项目发起人可以选择开始新一轮的筹资活动或者宣告项目众筹失败。

筹资者把与自身融资相关的具体信息发布于互联网平台,符合相关标准的合格投资者会对网络上发布的信息进行匹配,通过众筹平台进行对应股份的认购,完成对该创业项目的投资,并获得一定的股权。与此同时,筹资者也获得了相关的资金支持。在此过程中,对于融资企业所产生的权益,由双方共同分配。

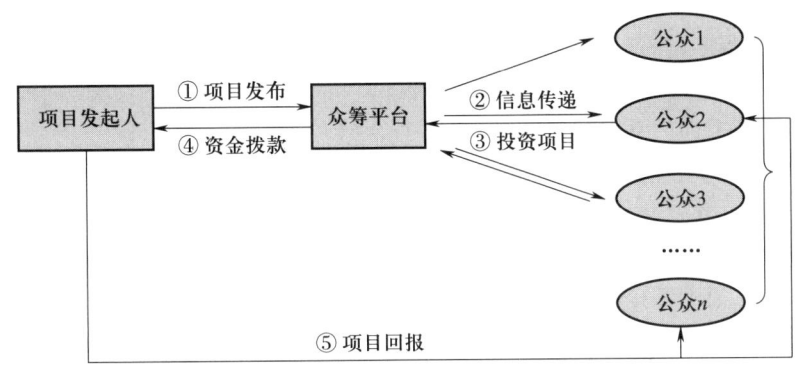

图 9-2 股权众筹融资模式

(二)股权众筹的相关主体

股权众筹融资是互联网金融的一种重要形式,主要由项目发起人(筹资人)、公众(投资方)和中介机构(提供股权众筹的平台)共同组成。现阶段的股权众筹平台还存在资金托管的部分。筹资人到平台上进行注册,并且签订相关合约,通过相关审核后,才能够在该平台上公布项目信息,开展融资活动。初创期具有较大市场潜力、高新技术及较高的成长预期等是大部分融资项目必须具备的特点,目前处于风口的科技互联网公司就属于此范畴。

项目发起人是股权众筹的主要组成部分,要求其必须拥有自己的公司,并且具有可对外出售股权的能力。在被允许众筹的基础上,投资方根据当前项目的需求,在未高于规定额度的基础上开展投资活动,其也可从创业企业中获得相应的股份,并与普通股东的权利没有区别。

二、股权众筹的优势与意义

(一)股权众筹的优势

相对于创业企业较常使用的其他融资模式,股权众筹融资模式更具优越性,其在帮助创业企业缓解融资问题方面作用重大。与天使投资及风投等形式类似,股权众筹渠道是创业企业获得资金的主要渠道。但从行业偏好、投资阶段、企业控制程度和企业相关附加值方面进行对比,股权众筹与风险投资和天使投资之间存在一定的区别。除科技行业之外,股权众筹融资模式还被应用于诸如连锁店、实体店等传统典型行业,所以来自不同行业的创业企业,都可通过股权众筹的方式满足自身的资金需求。相对于风险投资与天使投资,股权众筹对创业企业的控制程度相对更低,所以创业企业的所有者仍然享有较大的自主权,如此能够更好地吸引创业者。而且股权众筹在提升创业企业附加值方面优势众多,因平台拥有便捷、透明的特点,能够更加详细、透明、透彻地展示项目内容,不仅让创业企业获得资金支持,还可以尽可能汇总投资者的各类资源,显著提升项目的成功率,并提高创业企业的附加值。

后金融危机时代,相关国家中小微企业尤其是初创企业的融资困难进一步加剧,众筹融资就是在这样的环境下产生的新型融资模式。

1. 降低融资门槛,化解融资难问题

我国中小微企业的融资渠道以商业银行和民间借贷为主。以商业银行为代表的金融机构为降低放贷风险,往往对中小微企业设立较高的融资门槛,对企业资产规模、营业收入、企业信用、贷款额度与期限等方面做出严格要求,导致中小微企业无法获取足额贷款。民间借贷虽在一定程度上缓解了融资难问题,但其高利率与高风险让中小微企业难以承受。相比之下,众筹融资门槛相对较低,中小微企业只需要在众筹平台上提供项目创意、可行性、风险等信息,待审核通过后,即可在网络平台上向公众融资。

2. 降低融资成本,化解融资贵问题

《2021 年中国中小微企业融资发展报告》调查数据显示,小型企业平均融资需求额度为 292.1 万元,微型企业平均融资需求额度为 61.8 万元,均面临较为高昂的融资成本。[①] 在中小微企业的负债数据中,绝大部分不是来自国有商业银行的贷款,而是影子银行系统的信托,乃至各种其他类型的高利率借贷。即使有些中小微企业能有幸获得国有银行贷款,各种形式的风险溢价也相当沉重,最终导致中小微企业融资成本居高不下。众筹融资使中小微企业能合理避开多项税费,并分散公众的资金风险,进一步降低中小微企业的融资成本。

3. 加速资本运转,提高融资效率

在传统的国有银行间接融资、"场内市场"直接融资模式中,金融机构往往要求中小微企业提供本企业的详尽信息,并通过层层审核以评估其偿债能力,但最终仍可能拒绝其贷款申请。"成功把握小"和"审核时间长"延长了中小微企业的融资时间,并可能使其丧失最佳投资机会。而众筹模式打破了投融资双方信息不对称的瓶颈,利用网络平台进行融资,突破了时间和地域的限制,公众可以随时随地进行资助,使得公司融资更加便捷。同时面向网民公众进行融资,平摊金额更小,风险更低,更能促进筹资成功。

4. 做好前期市场调查,降低经营风险

众筹模式的一个隐性价值在于融资的同时也能进行前期的市场调查。部分企业家由于缺少对宏观经济形势的了解,往往投入到"过饱和"行业中或者是盲目跟投,结果造成项目投产之日就是产品积压之时。在众筹模式中,项目发起者通过平台向公众展示项目信息,公众对项目进行评估并决定是否支持或投资以及支持或投资金额的大小,这就相当于对预投产的产品进行了前期的市场调查,能在一定程度上反映出产品未来投放市场的成效,很大程度上降低了生产成本与融资风险。

(二) 股权众筹的意义

1. 促进融资模式创新发展

强化应用互联网技术是保障融资模式创新发展的重要基础。快速发展的互联网技术催生如供应链金融、P2P 信贷及余额宝等各种基于线上与线下融资的业务模式,但受相关法律法规体系不完善、缺乏专业性、社会信用体系不健全等多重因素的影响,此类融资模式普遍存在较大的风险。例如,P2P 信贷频繁出现非法案件,所以需要提醒广大投资者尽可能理性投资,同时相关部门需要及时建立并完善监管制度。此模式在我国处于发展初期,属新鲜的互联网融资模式,创新点集中在业务流程与融资体系方面。相对于传统证券融资模式,股权众筹融资通过构建融资平

---

① 数据来源于艾瑞咨询发布的《2021 年中国中小微企业融资发展报告》。

台,关联创业企业、中小微企业与广大投资渠道较少的普通投资者,充分发挥互联网便捷、透明、分享与低成本的特点。在帮助创业企业获得资金支持的同时,还能够严格审核投融资双方资格,并且为融资项目提供专业性的指导,大大降低了股权融资模式的风险。

2. 加强对小微及创业企业的扶持

股权众筹融资模式在发展的基础阶段,就将服务对象确定为创新能力较强的小微企业及具有较好的创业项目、创意的创业企业。此类企业自身充满创业的活力与激情,能够在我国经济结构转型及未来经济发展中发挥极为重要的作用。但由于此类企业普遍缺乏充足的发展资金和发展经验,尽管拥有诸多优秀的创意和完备的商业计划,也很难将其转化为能够被广大人民群众认可的产品与服务,所以其创业的成功概率较低。而融资方从该平台可获得较为专业的服务与完善的投资后管理,如此能够显著提升此类创业企业股权众筹融资的成功概率。而且相对于普通的借贷融资,股权融资不存在定期支付本金及利息的情况,如此能够有效降低创业企业的负债压力,确保企业的融资项目可以获得足够的融资支持,提升其项目成功的概率。

三、股权众筹的模式

股权众筹是互联网金融中极为重要的组成部分,其自身的互联网特性较强。股权众筹融资自身独特的风险投资特性和其作为股权投资的法律法规限制,使得股权众筹融资模式能够成为真正意义上的普惠金融。由于我国的投资者在专业投资水平及风险意识方面还存在诸多不足之处,所以股权众筹融资模式未能成为一般投资者的投资首选。当前股权众筹的本质可以理解为是天使投资的合投化与线上化。

从某种角度讲,可以将股权众筹融资模式理解为天使投资的"线上到线下"的商业模式(O2O)。创业企业的天使轮投资存在回报周期较长、风险较高等特点,一般投资者缺乏丰富的创投经验,自身不具备与天使投资相匹配的风险承受与项目判断能力。股权众筹融资平台是基于互联网相关技术开发的平台,通过沟通天使投资人与创业项目,可以搭建传统天使投资及创业项目之间信息的对接渠道,使得投融资的效率得到显著提升。

实践中股权众筹采用的是"领投+跟投"模式。在"领投+跟投"模式下,一般而言,平台负责确定具有较强风险承受能力和一定投资经验的投资机构及个人,让其负责领投融资项目,领投人的定位与风险投资中的普通合伙人类似,领投人先对某项目进行投资,普通投资者则选择直接跟投即可。作为领投人,其主要负责调查、分析与评估融资项目情况等工作,并将相关的分析结果与其他跟投者进行共享,建立合伙制企业。通过协议,领投人及跟投人之间确定相应的权利及义务,由领投人以主要股东的身份直接参与创业企业相关的管理工作,其他的跟投人属于公司普通股东,对于重大事项享有投票权,但无须参与所有事项。设置领投人的形式,可帮助一般投资者把握投资的方向。"领投+跟投"模式较适合我国国情,不仅能够有效控制信息不对称风险,还能使传统金融市场的程序得以大幅简化。

四、我国股权众筹的发展现状

2005年,众筹融资进入中国市场,凭借其创新的借贷运营模式,借助互联网覆盖面迅速增大的良好趋势,众筹融资迅速发展,多数企业逐渐将其纳入融资规划之中。2010年,随着社会的发展以及人均GDP的提高,我国居民持有财产增多,互联网的普及以及各种融资平台的出现与推广,提升了居民的投资意识,扩大了中小微企业的融资渠道。据调查,融资平台起购金额低至100元,而年化收益则可高达8%、10%、13%不等,社会闲散资金被整合,在这样的大环境下,各企业的众筹融资获得进一步发展。2014年,"大众创业,万众创新"理念随着时代的发展,逐渐深入人心,我国居民创业环境得以放松,且有政策的支持,众筹这一模式得到了极快的发展。2016年上半年互联网金融的风险开始暴露,同年下半年监管层开始对互联网金融行业进行风险专项整治,同年10月国务院办公厅印发《互联网金融风险专项整治工作实施方案》,该方案明确指出P2P网络借贷和股权众筹等是专项整治的重点。同年10月,证监会等十五部门联合印发了《股权众筹风险专项整治工作实施方案》,该方案的目标是规范互联网股权融资行为,惩治通过互联网从事非法发行证券、非法集资等非法金融活动,明确提出八个重点整治的行业行为和六项严禁开展的业务活动。面对《股权众筹风险专项整治工作实施方案》的严格监管,任何一家"互联网非公开股权融资"平台都面临或多或少的政策风险,许多中小平台因风险暴露只能倒闭或转型。对于仍在开展业务活动的平台,其也是在不确定的发展环境下通过不断提高自身合规能力和综合投融资服务能力努力存活,在此阶段,股权众筹平台的数量、成功项目数量、成功融资规模和总投资人数都出现下滑趋势。截至2019年6月底,全国处于运营中的众筹平台仅有105家,其中股权型平台数量最多,有39家,占比37%;权益型平台次之,共32家,占比31%;综合型平台14家,占比13%;物权型平台13家,占比12%;公益型平台数量最少,只有7家,仅占比7%。截至2020年4月,全国处于运营状态的众筹平台共有59家,其中股权型平台有21家,权益型平台有22家,综合型平台有4家,物权型平台有5家,公益型平台有7家。①

(1)众筹平台数量:2016年达到峰值,此后逐年下降。如图9-3所示。

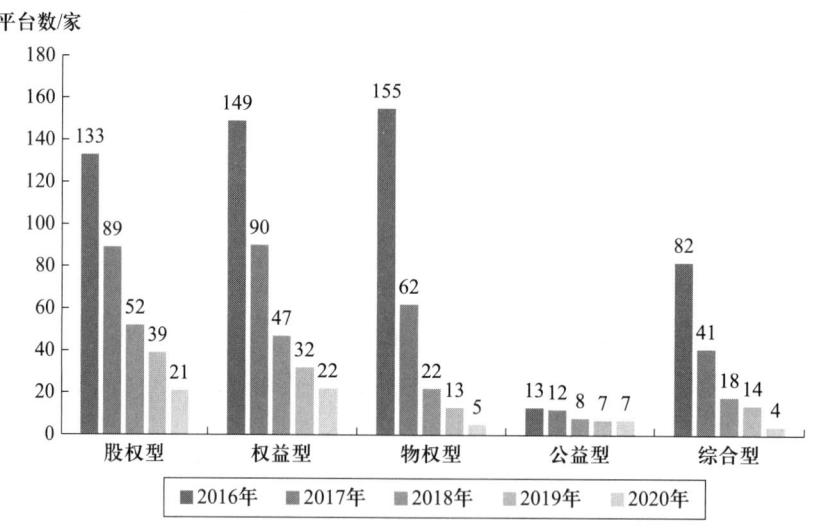

图9-3 2016—2020年我国众筹平台数量变化

(2)众筹平台类型分布:以股权型为主,多种类型共存。如图9-4所示。

---

① 数据来源于前瞻产业研究院发布的《2019年中国众筹行业发展概况及市场趋势分析》。

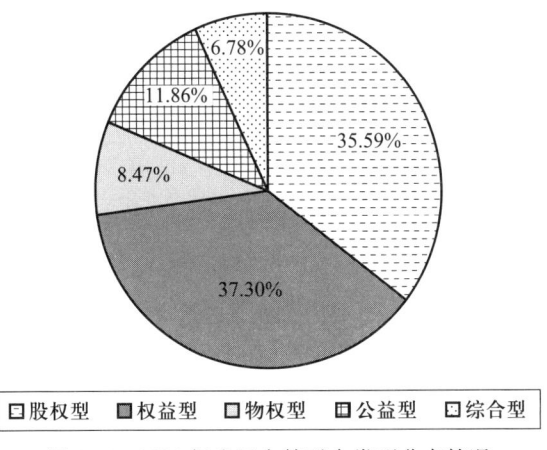

图 9-4 2020 年我国众筹平台类型分布情况

案例 9-4

京东东家的股权众筹融资模式

依托于我国最大自营企业对消费者(B2C)电商优势,京东东家股权众筹模式上线后便取得令人瞩目的成绩,迅速成为股权众筹融资行业的龙头。其上线后取得良好的融资效果,迅速占领市场,规模日益扩大。截至 2016 年年底,京东东家融资总额超 12 亿元,融资项目达 93 个。

图 9-5 为京东东家的股权众筹融资流程。融资者、资金托管机构、投资者、平台为该股权融资的四大主体,共同构成项目运作的主线,各主体之间相互作用,相互影响,共同完成股权众筹融资过程。第一步,融资者向平台提供基本信息以备审核,主要包括联系方式、融资必备资料、融资需求等基本信息;第二步,京东东家评委会评审领投机构和融资项目,并由风控团队展开比较,挑选优质项目上线众筹融资;第三步,通过京东东家平台,投资者全面了解融资项目情况,选择合适的投资项目和时机;第四步,利用大数据技术,平台对每个项目的投资者关注人数进行汇总,对投资者关注度达到一定标准的项目进行路演;第五步,路演完成后,投资者按照自身意愿、能力以及融资方要求将认购款缴纳至资金第三方托管机构,也可以根据实际情况与融资者成立有限合伙企业;第六步,当实际认购金额≥目标融资额时,认定为项目融资成功,投资方在双方签订协议后向平台上交打款证明,并在通过审核后下令资金托管机构打款;第七步,在合伙企业中转入认购款,再转向融资方;第八步,项目融资成功后,投资者在领投人指导下退出项目。

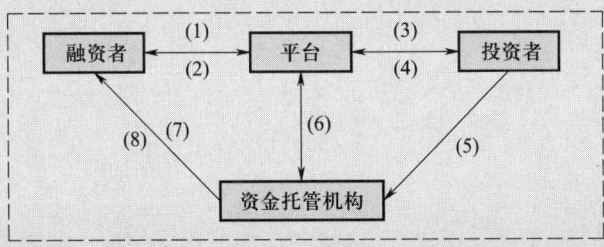

图 9-5 京东东家股权众筹流程

即 测 即 评

请扫描右侧二维码检测本章学习效果。

思 考 题

1. 简述股权融资的特点。
2. 我国股权质押融资存在的缺点有哪些？
3. 股权增资扩股方式实现融资目标时存在的优点有哪些？
4. 股权结构的类型有哪些？
5. 风险投资的特征有哪些？
6. IVC 和 CVC 的区别是什么？
7. 股权众筹的优势是什么？

第十章 创业投资协议

学习目标：
1. 了解创业投资协议的内涵与框架。
2. 了解创业投资协议中投资条款清单的内容。
3. 理解投资条款对企业估值的影响及其原因。

创业投资协议是创业投资双方从谈判到最终签订法律合同的一系列安排。创业家在寻求创业投资时会与有意向的投资方谈判，谈判的具体内容以条款清单的形式呈现。创业投资协议是双方合作的基础和依据，对双方在初创企业中的管理活动、资金活动等行为形成约束，使双方能够实现风险共担、收益共享。在现实创业活动中，尽管不同企业的创业投资协议各具特色，但总体上内容框架及重要条款类似。本章主要讲解了创业投资协议框架以及投资条款清单中的重要条款。

第一节 创业投资协议概述

一、创业投资协议的内涵

创业投资是一种针对初创企业的成长发展而进行的投资活动，创业家和投资者的目标一致，即使初创企业不断壮大，最终实现价值增值。然而在创业投资的过程中，投资者会担心自己投入的资金不能得到合理利用，最终投资失败，损害自身利益；创业家会担心投资者过于干涉自己的经营活动，影响经营目标实现。双方的博弈心理不能避免，这时签订一份协议就显得尤为必要。

创业投资协议是投资双方的一系列合同安排，用于阐述投资者与创业家之间分配创业企业控制权、分享创业企业收益的权利义务关系。在实际情况下，由于创业投资方本身的性质、创业企业的资本运作载体、不同时期的法律法规等可能存在差异，用来约束和规范双方权利义务关系的创业投资协议也不尽相同。更多时候，创业投资协议可以泛指一系列用于约定投资方和创业家之间权利义务关系的合同形式。

二、创业投资协议的框架

初创企业一般会拟写商业计划书来展示自己的经营情况和发展蓝图，投资者在对商业计划书进行初审时,会从商业计划书是否完整、企业的历史与现状等基础状况、创业项目的财务指标与风险因素等方面进行审查。投资者认可创业者的商业计划书后会进一步接触该初创企业并进行尽职调查,包括对目标公司的资产和负债情况、经营和财务情况、法律关系以及目标企业所面临的机会与潜在的风险进行的一系列调查。完成调查后,双方会展开初步谈判。在此阶段,双方关注的焦点是创业投资者提出的投资条款清单,其中包括估值、财务、控制权等关键问题。发出投资条款清单后并不意味着契约达成,后续的股票购买协议、股东协议、雇员协议等重要法律文件的形成才意味着创业投资协议达成。如图 10-1 所示。

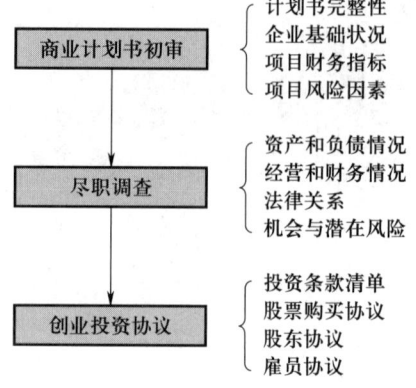

图 10-1　创业投资谈判的流程与投资协议框架

第二节　投资条款清单

一、投资条款清单的含义

投资条款清单(Term Sheet of Equity Investment,简写为 Term Sheet),是投资者在具有投资意向的前提下为目标企业拟订的包含企业估值、投资金额、双方权利义务关系等内容的条款清单,这些内容都将反映在投资者与被投资企业之间未来签订的正式投资协议中。

二、投资条款清单的作用

签署投资条款清单是绝大多数股权融资必经的环节之一,其标志着投资机构向创业企业抛出橄榄枝,是融资过程中举足轻重的里程碑。除非投资者在后续尽职调查中发现创业企业存在重大问题或严重不符合其投资要求和标准,一般情况下,创业企业在收到投资条款清单后有较大的机会获得最终的投资。

投资条款清单具有以下特征:

(1)框架性。投资条款清单在形式上较为简单,往往只是罗列出可能出现在未来投资协议中的核心条款,具有提纲挈领的作用,这样既节约了交易双方的时间和成本,又为后来的协议拟订打下了基础。

(2)非约束性。虽然投资条款清单在法律上被定性为预约合同,属于合同范畴,但是除了排他性和保密性这类具有强制约束力的内容外,投资条款清单中的一般约定并不具有法律约束力,双方没有应该履行的义务。

(3)保密性和排他性。在进行创业融资时,创业企业需要将自己的经营状况、财务信息、核心技术、企业治理等情况披露给投资机构,同时投资者也不希望创业企业与其他投资方接触。投资条款清单的保密义务为创业企业的知识产权和商业机密提供了保护;而排他条款则是投资者对创业企业不能接触其他投资方的约束,在一定程度上可降低投资风险,保护投资方利益。

三、投资条款清单的内容

在投资活动中,投资者往往关注企业的投资价值和自身利益,既要保证投资企业具有一定的经济价值,也要保证投资者自身在此投资活动中获得利益。一份完整的投资条款清单包括投资双方信息、定义与解释、融资估值、业绩承诺、IPO 相关要求、领售权、跟售权、优先分红权、处置权、信息披露、锁定期、反稀释条款、回购条款、优先清算权、保护性条款、员工股权激励计划、董事会、员工合同、费用承担、违约赔偿、排他性、保密条款、适用法律和其他信息。但实际上投资条款清单并不一定完全包括以上所有内容,而是会就实际投资情况进行条款安排。

投资条款清单的核心内容可以分为如图 10-2 所示的几个部分。

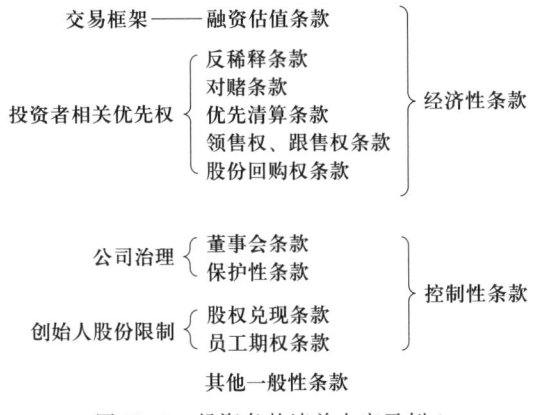

图 10-2　投资条款清单内容示例 1

从投资条款的功能来看,经济性条款从资金安全和投资回报的角度考虑,规定了投资者的一些权益;控制性条款则是就企业运行和股份治理方面进行调整;在这些范围之外的条款归于其他一般性条款。

投资条款清单完整示例见本章末案例 10-4。

四、核心投资条款分析

一份投资协议,常常涉及多方面的内容。但总结起来,就是两方面的条款:经济性条款和控制性条款。经济性条款主要是直接关系到投资收益的条款;控制性条款是设定的一种控制性机制,允许投资者直接控制企业或有权否决企业所做出的一些决定,对于创业投资基金的投资者而言,控制性条款能够保证对于投资的监管,有利于投后管理工作的开展。

(一)经济性条款的内容与解释

1. 融资估值条款

融资估值条款(Valuation Terms)是对创业企业价值的估计。条款中规定了企业估值、融资金额、占股比例及交割的先决条件等内容。企业估值是融资交易的前提和基础,投资方将资金注入企业,可以占有多大比例的权益直接取决于企业的内在价值,投资方认可的企业估值越高,意味着投资者为得到标的企业股份所愿意支付的价格就越高。目前在融资估值条款中经常关注的问题有两个:

第一,"估值"是投前估值还是投后估值?顾名思义,投前估值指的是创业企业得到融资之前的估值,投后估值对应的是得到融资之后的企业估值,不同的估值含义会使出让的股权比例不同。如今大部分投资条款清单中约定采用投后估值,即:出让股权比例=融资金额/企业投后估值。对于创业企业来说,在出让相同比例股权的情况下,企业估值越高,意味着能融到的资金越多。但是,企业估值并不是越高越好,如果初期估值过高,会对企业后续融资造成压力,甚至在市场低迷或企业发展不佳时使企业不得不降价融资而引发投资者启用反稀释条款。

第二,员工期权是否包含在投资估值中?这个问题影响到投资者和创业家后期的股权分配。若员工期权包含在投资估值中,则该部分由创业团队分担,即直接从创业团队占有的股份中划出一部分预留给员工期权;若员工期权不包含在投资估值中,后期为划分员工期权进行股权稀释后,会在一定程度上影响投资者和创业者的股权比例。

2. 反稀释条款

反稀释条款(Anti-Dilution Provisions)是投资条款清单中经常出现的一类条款,又称"反股权摊薄条款"或"价格保护机制",它最开始是由风险投资者为保护自己的股权价值免遭不合理稀释而设置的。当企业后续融资的估值低于投资者投资企业的估值时,投资者有权要求企业或创业家采取一定的措施,以回溯性地降低投资者投资企业的估值到约定的相应估值水平。

反稀释条款的类型一般有两种:一是在股权认购上防止股份价值被稀释;二是在企业进行后续融资时防止股权被稀释。如果新股发行价格低于投资者注资时的投资价格,投资者有权将所持有的股票数量按照约定的方式进行调整,只要投资者持有的股权价值(往往以企业新一轮增发价格来确定)没有低于其投资时的价值,就不会触发该条款。

反稀释条款通常在风险投资合同中规定。常见的三种类型是:

(1)优先购买权。即当企业进行后续融资时,初始投资者有权选择继续投资能获得至少与其当前股权比例相对应数量的新股,在此方法下投资者占有的股权比例就不会因为后续融资新股发行而降低。这属于结构性反稀释条款。

(2)完全棘轮条款。即如果后续的新股发行价格更低,原先投资者购买的股份将按照较低的发行价格重新计算,即有权免费获得因差价而损失的股份数量,因此保证了原有股份的价值。在完全棘轮条款下,即使企业以低于前一轮融资的价格发行少量股份,前轮投资者也有权要求按照新的股份发行价格调整优先股的转换价格,并不考虑发行股份的数量。

(3)加权平均条款。完全棘轮条款过于偏向投资者,加权平均条款较好地解决了双方之间的平衡问题。即如果后续发行的股份价格低于前一轮的转换价格,那么新的转换价格会降为前一轮转换价格与后续融资发行价格的加权平均价格,这样发行股票时不仅要考虑发行价格,也要考虑发行的股份数量,因为数量影响着权重的大小。

算例 10-1

反稀释条款举例

假设企业的创始人持有企业 300 万股普通股股份,核心员工持有企业 100 万股普通股股份。在 A 轮融资中,企业以 10 元/股的价格发行了 200 万股可转换优先股,优先股与普通股的转换比例为 1∶1(转换价格为 10 元),企业取得融资款 1 000 万元。在 B 轮融资中,企业以 6 元/股的价格发行了 200 万股可转换优先股,企业取得融资款 600 万元。由于 B 轮融资时企业发行的优先股价格低于 A 轮融资的价格,触发了 A 轮投资者与企业约定的反稀释条款,

A轮投资者可行使反稀释条款约定的权利,对其持有的优先股的转换价格进行调整:

(1) 如果使用完全棘轮条款,则A轮投资者调整后的转换价格为B轮优先股的发行价格,即6元/股。

(2) 如果使用加权平均条款,则A轮投资者调整后的转换价格为$10 \times (100+60)/(200+200) = 4$(元/股)。

可以看出,对投资者而言,完全棘轮条款下的补偿机制较为充分,而加权平均条款下的补偿效果较弱。不同的投资者对反稀释调整机制的接受程度不同。总体来说,在境外的红筹结构项目中加权平均条款的适用度较高,而在境内的人民币项目中完全棘轮条款的适用度更高。

3. 对赌条款

对赌条款(Valuation Adjustment Mechanism),也称估值调整条款,是创业者与投资者双方就未来的不确定性做出的约定,倘若达成约定条件,投资者可以行使某种权利,如未达成条件,创业者可以行使另一种权利。对赌条款实质上是期权的一种形式,通过条款的设计可以有效保护投资者的利益。对赌条款通常分为触发事件和股权调整数量两部分,比如企业的销售量、增长率发生变化触发条件,就会根据约定进行具体的股权数量调整。

4. 优先清算权条款

优先清算权条款(Liquidation Preference Clause)解决的是在企业发生清算事件时剩余资产的分配问题。风险投资所持有股份通常都是优先股,如果投资者享有优先清算权,那么剩余资产须向投资者优先分配后,再按照约定进行二次分配。该条款所定义的"清算"一般包括以下情况:① 企业被并购、重组以及企业实际控制权改变;② 企业超过50%的主要资产或业务发生转移;③ 出售或转移企业超过50%的股权,从而导致现有股东占有存续企业已发行股份的比例不高于50%。

投资者设置清算优先权,一方面是因为基金出资人的利益诉求,另一方面是防止创业者接受创投基金的投资后,在短时间内关闭企业,从而通过融资分得资金,达到其不当获利的目的。因此,一般的创业投资基金都会要求一倍甚至更高倍数的清算优先权,以保证创业家在企业成长到退出价值大于清算优先权之前不会关闭企业以获利。

优先清算权由清算优先回报权(股权)和参与分配权(债权)组成。根据参与分配权不同,优先清算权可以分为不参与分配优先清算权、完全参与分配优先清算权以及附上限参与分配优先清算权三个类别,具体类别、释义和举例见表10-1。

表10-1 优先清算权的类别、释义和举例

类别	释义和举例
不参与分配优先清算权	企业清算或结束业务时,投资者有权优先于原股东获得每股X倍于原始购买价格的回报以及宣布但尚未发放的股利
完全参与分配优先清算权	投资者在拿到优先清算权的回报之后,还有权按照持股比例与原股东一同参与对剩余资产的分配

续表

类别	释义和举例
附上限参与分配优先清算权	投资者所能够获得的清算回报是有上限的。在拿到优先清算权的回报之后，如果还没有达到回报上限，则投资者还有权按照持股比例与原股东一同参与对剩余资产的分配。如果已达到回报上限，则投资者不再参与对剩余资产的分配

当企业退出价值低于优先清算回报时，上述三种类型的优先清算权均保证投资者优先获得全部清算资金。需要说明的是，优先清算权的行使一般在企业清算价值较小时发生，能够保护投资方的利益，而在企业经营良好的情况下投资者更愿意转换为普通股进行获利。

5. 领售权条款

领售权（Drag Along Right）一般也被称为强制随售权、拖带权、强卖权等。领售权规定：当一个或多个享有领售权的股东将所持股份出售给第三方时，有权迫使其他股东以相同的价格、同等的条件出售其股份。领售权是谈判形成的权利，并不是由法律规定的。

领售权条款一般包含以下三个要素：

（1）权利当事人。一般领售权条款所约束的对象包括普通股股东（创业家）与优先股股东（风险投资者）。领售权的发起人一般是创业投资者，受领人是创业家。若风险投资者发起领售权，可能强制创业家一起将其股权转让给第三方。需要注意的是，领售权条款并不是风险投资者的专利，在许多风险投资协议中，创业家也可通过设定自己为领售权的发起人来约束风险投资者。

（2）触发事件。领售权的触发条件关乎着领售权何时被触发的问题，也是创投双方在风险投资协议谈判中重点关注的一点。协议中有的会将该条款列为"在本轮融资满5年后"，有的列为"若企业在5年内未成功上市"，有的则列为"企业被第三方收购或者有重大资产出售"，还有部分协议只是说明在"一定条件下"，并未列明具体条件。在企业初始发展期，领售权触发事件的设置若与企业发展业绩关联起来，可有力地保障投资者利益。

（3）程序要件。在享有领售权的权利人发起领售权之后，其需满足一般的程序要件后该权利才能实施。而作为权利受领人的创业家则会加入一些程序要件，防止风险投资者随意发起领售权，进而保护自身利益。这些要件一般包括要求特定比例的股东同意、董事会决议通过等。

6. 跟售权条款

跟售权又称为共同出售权、参售权，跟售权条款（Tag Along Right）是与领售权相对应的条款，即创始人团队拟将其全部或部分股权直接或间接地出让给任何第三方时，投资方有权但无义务，在同等条件下优先于创始人团队或者按其与创始人团队之间的持股比例，将其持有的相应数量的股权出售给拟购买待售股权的第三方。领售权与跟售权发生的情境较为不同，前者是当投资方资金无法顺利退出时为保护投资方利益的权宜之计，后者是企业有较好的出售机会时投资方有权进行同等条件跟随出售的权利。

7. 股份回购权条款

创业投资最终一定要实现对投资项目的退出并获得理想的资本套现，以满足投资者要求的回报。股份回购权条款（Repurchase Agreement）就是当企业无法按期上市或经营不善时，投资者资金安全退出的解决方法，投资者有要求创业企业或创始人等原有股东以约定的价格回购投资者所持企业全部或部分股权的权利。需要注意的是，这一条款一般很难执行，因为企业经营惨淡时往往不会有足够的资金用于回购股份。股份回购权条款的类型有附条件回购、附期限回购等。

(二) 控制性条款的内容与解释

1. 董事会条款

一个合适的董事会对企业的健康发展至关重要,它能够保持投资者、企业、创始人以及外部独立董事之间的平衡,为企业所有股东创造财富。董事会席位事关企业控制权的问题,投资者资金进入后希望有代表自己利益的群体进入到董事会监督企业运营,而创始团队又不想让企业的控制权旁落,因此董事会条款也是备受投资者关注。

董事会条款(Board Provision)规定了企业的董事会人数以及各方有权任命的董事人数。随着企业不断融资,投资者往往会要求向企业委派董事,董事会的构成会发生变化,此时就需要创始人密切注意董事会的构成情况,以掌握企业的实际控制权。根据《中华人民共和国公司法》的规定,有限责任公司董事会成员为3人以上,股份有限公司至少为5人。对于A轮融资的企业,为了董事会的效率以及后续融资董事会的扩容考虑,一般要求董事会人数为3~5人。

除了设置董事席位,董事会条款的另一个重要内容是一票否决权的设置。一票否决权通常体现为股东协议中的保护性条款,目的是保护投资者作为股东的利益。为了企业内部的平衡,应尽可能限制一票否决权的适用范围。

2. 保护性条款

保护性条款(Protective Provision)是投资者为了保护自己的利益而设置的条款。该条款要求企业在执行某些潜在可能损害投资者利益的事件之前,要获得投资者的批准。

由于风险投资机构对所投资企业的经营参与有限,而且通常不占多数股权,因此,从保护风险投资者的角度出发制定保护性条款,能让风险投资者就众多事项享有一票否决权。投资者认定的重大事项包括以下内容:

(1) 增加、减少或以任何形式改变企业的股权结构;

(2) 改变董事会的组成人数,任命或变更企业的董事;

(3) 对企业上市及企业进行重组、合并、分立、解散、清算、进入破产程序、变更企业形式以及出售企业控制权或就把企业的全部或者实质性的资产及业务转让给第三方的交易做出决议;

(4) 对企业和关联方之间发生的交易做出决议;

(5) 对企业对外提供借款和担保做出决议;

(6) 修改企业章程等。

第三节 投资条款对企业估值的影响

一、企业估值偏高的普遍性

目前风投行业最常用的创业企业的估值方法是用最新融资的每股价格乘以总股数的投后估值方法,这种方法正在遭受越来越多的质疑,因为其可能使得企业估值过高。事实上,企业估值过高的现象普遍存在,尤其存在于高科技行业中的独角兽企业。

据海外媒体报道,调研公司 CB Insights 的数据显示,至今已有1 000多家私人科技初创公司估值达到或者超过10亿美元,其中比较知名的包括字节跳动、蚂蚁集团、Uber 等,此类估值在10

亿美元以上的科技初创企业往往被形容为"独角兽"。2021年全球新诞生517家独角兽企业,约是2020年的4倍。此类独角兽企业的估值在5年前最高约为预计年销售额的12倍,而如今已增长到预计年销售额的15~18倍,可见其估值在近几年大幅提高。[①]

Gornall与Strebulaev[②]对于独角兽企业估值过高的问题进行了论证,并对样本中的独角兽企业进行了估值回归。在该研究中,他们设计了一个未定权益的期权定价模型(Contingent Claims Option Framework),并且针对由135家独角兽企业组成的样本,将其按照不同等级股票的价值分拆,来评估企业的真实价值。根据他们设计的模型的测算,独角兽企业的平均投后估值被高估了48%,普通股价值被高估了56%,样本中65家独角兽企业更合理的估值是低于10亿美元。

案例 10-2

在斯坦福大学的研究中,作者以美国一家著名的移动支付企业Square为例,运用期权定价模型估算了该企业价值被高估的程度,结果发现该企业价值被高估了173%。表10-2列示了Square的投后估值(PMV)和公允价值(FV)。股价列(Share Price)分别按投后估值和公允价值计算股价;最后一栏(Δ)代表投后估值公式夸大公允价值的百分比。

表 10-2　Square的投后估值和公允价值

证券	份额(m)	股价($)		总价值($m)		Δ
		PMV	FV	PMV	FV	
E 轮	10	15.46	15.46	150	150	0%
D 轮	20	15.46	7.17	312	145	116%
C 轮	18	15.46	6.23	275	111	148%
B-2 轮	27	15.46	5.66	418	153	173%
B-1 轮	14	15.46	5.65	215	78	174%
A 轮	47	15.46	5.63	723	263	175%
发行的普通股和期权	233	15.46	5.62	3 608	1 311	175%
未发行的期权	19	15.46	0.00	300	—	—
合计		15.46	6.00	6 001	2 211	173%

该研究将模型应用于135个美国独角兽样本后,发现所有企业的投后估值都夸大了企业的公允价值,但高估率的差别很大,高估程度从5%到187%不等。Square的问题具有普遍性,这个高估的例子代表了行业惯例,VC甚至共同基金都利用这一手段夸大了投资组合的价值。如果用更为准确的计算方法,VC的回报率会更低。

---

① 数据来源于CB Insight发布的《2021年全球独角兽公司研究报告》。
② Gornall, W. & Strebulaev, I. A, "Squaring venture capital valuations with reality". *Journal of Financial Economics*, Vol. 135, no. 1, pp. 120-143.

二、企业估值偏高的原因

(一) 无风险利率下降

根据企业估值的常用方法,一家企业的理论价值可以看作项目未来现金流的折现,对估值结果影响最大的参数就是折现率。折现率是指将未来有限期预期收益折算成现值的比率,也可以理解为投资的机会成本,即投资所希望达到的最低回报。在确定合理的折现率时会包含对无风险利率的考量,因此,企业的估值是与无风险利率有关的。

然而,由于近年来利率持续走低,以现金流折现(Discounted Cash Flow,DCF)估值模型为例,由于包含无风险利率水平的折现率位于计算公式的分母上,因此计算得到的企业估值会相应偏高。正如"股神"巴菲特在伯克希尔的股东大会上谈到的利率下降将如何影响股票价格:"如果重力降低80%,我就能去东京奥运会上参加跳高项目……这就像是利率对所有能够赚钱的资产估值的影响,而眼下利率对估值的影响是巨大的……"[①],在这里我们需要了解一下DCF估值模型。但在了解DCF估值模型之前,我们必须要了解一个基本概念,叫做贴现(或者叫折现)。贴现的意思就是把未来的钱放到现在来衡量其价值,我们都知道由于通货膨胀的存在,现金购买力在下降,未来的100元的购买力肯定不如现在的100元,那么怎么定量计算呢?

我们举个例子,假设现在猪肉价格是100元每千克,一年后上升为105元,那么以猪肉为标的,1年后的105元折算到现在就是100元。以猪肉的价格为标准,我们可以得出一个贴现率=(105-100)/100=5%,即一年期的贴现率为5%,一年后的现金如果折算到现在都要除以(1+5%),如果这个值保持恒定,下一年的现金折算到现在需要除以2次(1+5%),以此类推。DCF属于绝对估值法,是将一项资产在未来所能产生的自由现金流(通常要预测15~30年)根据合理的折现率折现,从而得到该项资产的价值。如果该折现后的价值高于资产当前价格,则有利可图,可以买入;如果低于当前价格,则说明当前价格高估,需回避或卖出。

以苹果公司的估值变化为例,我们采用自由现金流模型进行估值。若将时间拨回至2018年,彼时的美国十年期国债收益率在3%上下浮动,那么以美国十年期国债收益率作为无风险利率,再加上6%的风险溢价,我们据此得到的折现率约为10%,将其代入DCF估值模型中得到苹果公司的估值是每股价值140美元。而在2020年1月时,利率触底,仅为0.5%左右,我们据此得到的折现率为7%,在DCF估值模型中所有参数不变的情况下,将折现率从10%调低至7%,则苹果公司的估值升至189美元。可见,无风险利率的降低是企业估值偏高的重要因素之一。

(二) 优质企业的稀缺性

风险投资者在选择初创企业时,会倾向于将资金投入基本面状况良好的优质企业。但优质企业的稀缺性,使得供求关系出现不平衡,在谈判过程中处于供给方的企业家拥有较强的议价能力,企业估值容易偏高。另外,当前优质的上市企业数量也较少,投资者在公开市场上对上市公司的数量需求也超过了供给,进而更加推高了公开市场中上市公司的股价。而那些估值增长数倍的上市公司反过来又为私募市场中的企业估值起到了参照作用,最终也导致企业估值偏高。

然而,优质企业的估值偏高是一种常态,当下局部泡沫里存在的优质企业及资产,后期估值通过利润翻倍将会被修正,这种泡沫可以看作市场发挥资产配置功能的方式。

---

① 来自巴菲特在伯克希尔股东大会上的发言。

(三)附有投资条款的股权

在独角兽企业估值中,投资条款的存在也会使得企业估值偏高。与拥有单一类别普通股的上市企业不同,独角兽企业通常会在每一轮融资时创建一个新的股权类别。斯坦福大学的研究统计显示,在 135 个独角兽企业样本中,平均每个独角兽企业有 8 种包含不同投资条款的股权,不同的股权可以由创始人、员工、风险投资机构、共同基金、主权财富基金、战略投资者等持有。这些不同类别的股权差别很大,往往拥有不同的现金流权益和控制权,后期轮次的投资者往往获得的是享受各种特殊权利的优先股,这些股权的价值高于其他股东所持有的股权。

但目前所普遍使用的投后估值计算公式略显草率,仅仅是将最新融资的每股价格与总股数相乘,总股数中既包含普通股,又包含有各种特殊保护条款的优先股。而忽略这些股权种类的不同,只是简单地乘以总股数,这意味着将投后估值等同于公允价值,从而使得企业估值被夸大。

> **案例 10-3**
> **投资条款保护下的投后价值与公允价值**
>
> 以现市值为 30.7 亿美元的美国移动支付企业 Square 为例,其 2015 年 11 月的 IPO 价格为每股 9 美元,比 2014 年 10 月 E 轮融资时的估值 60 亿美元低了 42%。然而,Square 的 E 轮融资价格之所以高,是因为 Square 给予了投资者大量的投资条款保护,包括清算情况下每股价格不低于 15.46 美元、IPO 每股价格不低于 18.56 美元,否则 E 轮投资者会获得补偿。这两项权利都高于其他所有股东。
>
> 在投后估值的计算公式中,享受这些权利的 Square E 轮股权,和之前的 A、B、C、D 轮股权相加在一起,得到总股本(3.88 亿股),再乘以 E 轮每股价格 15.46 美元,得到投后估值 60 亿美元。但其实这些股票都具有不同的现金流权利、清算权利、控制权和投票权。
>
> $$60 \text{ 亿美元} = 15.46 \text{ 美元} \times (2.33 \text{ 亿} + 0.19 \text{ 亿} + 0.47 \text{ 亿} + \cdots + 0.1 \text{ 亿})$$
>
> 通过斯坦福大学研究中未定权益的期权定价模型的测算,在考虑了不同股票种类的价值不同以后,Square 的 E 轮融资公允价值为 22 亿美元,而不是报道的投后估值 60 亿美元,高估率高达 173%。

三、投资条款对企业估值的影响分析

企业价值对投资条款极为敏感,特别是独角兽企业的股权价值。虽然一小部分拥有特权的投资者了解这些条款,但许多其他利益相关者无法轻易查看这些条款,所以大部分市场参与者都忽视了它们对估值的影响。优先清算权、期权池、优先级、参与分配权、IPO 棘轮、自动转换豁免权是影响估值被高估的核心因素。

(一)优先清算权

优先清算权(Liquidation Preference)为投资者提供在清算或并购退出中优先退出的保证。大部分情况下投资者都要求 1 倍优先清算权,但其他倍数也是可能的,比如 Uber C-2 轮优先股就拥有 1.25 倍优先清算权,而 AppNexus 的 D 轮优先股有 2 倍优先清算权。更高的优先清算权倍数,会使这些优先股的价值更高,从而导致投后估值被夸大。1.25 倍的优先清算权将高估率从 30% 提高到 42%,而 2 倍优先清算权则会令高估率提高到 94%。

（二）期权池

几乎所有融资轮次都包括期权池（Option Pool），即未发行的期权，这些期权被暂时搁置以备将来用于员工激励。投后估值的计算方法错误地将这些未发行的期权包括在内，但它们并不会增加企业当前的公允价值。假设未发行的期权占企业本轮发行股票的10%，则高估率将增加至37%。

（三）优先级（Seniority）

美国的股票有各种不同的股票等级，也对应不同的权利安排。大部分独角兽企业都给予了最近的投资者高于早期股东的等级，这使得越往后股权的价值越高，因为它们享受的特殊权利越大。

（四）参与分配权（Participation）

拥有这项权利的投资者在获得优先清算权的回报之后，还可以跟普通股股东按比例分配剩余清算资金。例如投资者投入500万美元，并持有60%的股份，投资者优先清算权倍数为1倍。如果企业以1 500万美元的价格被出售，那么投资者首先拿走优先清算权下的500万美元，之后还可以在剩下的1 000万美元中，按比例拿走剩余的60%，即600万美元，投资者总计获得1 100万美元。拥有这项条款的优先股比普通股更具价值，这也会夸大投后估值。

（五）IPO 棘轮

IPO 棘轮（IPO Ratchet）条款是对投资者有利的反稀释工具。当企业IPO不及预期，不得不以低于投资者投资的价格发行时，IPO棘轮条款为前期进入的投资者提供额外保护，即给他们提供免费股票，以使其每股平均成本摊低到新投资者支付的价格。例如持有Square E轮优先股的投资者，获得了IPO 20%回报的承诺，称为1.2倍IPO棘轮。持有这项权利的优先股比普通股更具价值，这对企业估值有很大影响。据研究测算，这项投资条款令投后估值夸大了56%，若是1.25倍棘轮则高估率会提升至75%。[①]

（六）自动转换豁免权（Automatic Conversion Exemption）

由于企业在IPO中，所有具备特殊权利的优先股都需要自动转换成普通股，如果IPO的收益不高，这种转换会令最近一轮进入的投资者受损，因为他们支付了最高的每股价格，拥有最高的优先清算权。因此，自动转换豁免权给予后期投资者保护，只有IPO达到了一定的价格时，优先股才会自动转换为普通股，否则获得豁免。例如Evernote在第6轮融资时承诺，如果IPO价格低于18.04美元，则豁免所有优先股的自动转换；Kabam在E轮融资时承诺，如果下一轮估值低于1.5亿美元，则豁免；SpaceX在G轮融资时，承诺当IPO市值低于60亿美元，则豁免。据该研究测算，如果独角兽企业给予最近一轮投资者所有情况下的自动转换豁免权，包括IPO价格、下一轮估值价格、并购价格等，则会导致55%的高估。

> **案例 10-4**
>
> **投资条款清单**
>
> 一份完整的投资条款清单示例如下：
> 甲方：北京XX投资管理有限企业
> 法定代表人：

[①] Gornall, W. & Strebulaev, I. A, "Squaring venture capital valuations with reality". *Journal of Financial Economics*, Vol. 135, no. 1, pp. 120-143.

地址：

乙方（目标企业股东）：

法定代表人：

地址：

丙方（目标企业）：

法定代表人：

地址：

（甲、乙、丙三方合称"协议各方"）

本投资条款清单旨在初步确定甲方及甲方管理的基金对丙方之投资事宜的主要合同条款，是协议各方就清单所列问题达成的初步意向，不构成协议各方之间具有法律约束力的协议。但是，投资条款清单中的"保密条款"具有法律约束力。

本投资条款清单签署后，如果甲方对尽职调查的结果满意，且符合甲方的投资条件，甲方应积极履行内部审批、决策程序，推进投资事宜；协议各方应积极沟通、商谈，尽早就投资条款清单所涉内容达成最终意见，并根据最终意见协商、起草、商定正式的投资协议。

协议各方经充分沟通，就未来投资所涉事宜，达成了表10-3所示清单所列的初步意向。

表10-3 投资条款清单

序号	事项	意向内容
1	保密条款	有关投资的正式协议、补充协议，包括所有条款约定、本条款清单的存在以及相关的投资文件，均属保密信息。协议各方不得向任何第三方透露，协议各方另有约定或依法应予披露的除外。 协议各方同意，丙方有权将本条款清单项下的投资事宜披露给丙方的投资者、诚信的意向投资者、银行、贷款人、员工、会计师、法律顾问、业务伙伴，但前提是，获知该保密协议的人或者机构已经承诺对相关信息予以保密。 协议各方同意，甲方有权将本条款清单项下的投资事宜披露给丙方的投资者、诚信的意向投资者、银行、贷款人、员工、会计师、法律顾问、业务伙伴，但前提是，获知该保密协议的人或者机构已经承诺对相关信息予以保密。 甲方完成对丙方的正式投资后，有权向第三方或公众透露其对丙方的投资。
2	排他性条款	企业同意，在签订本框架协议后的[ ]个工作日内，企业及其股东、董事会成员、员工、亲属、关联企业和附属企业在未获得投资者书面同意的情况下，不得通过直接或间接方式征求或支持任何有关股权/债权融资或股权销售的第三方请求、建议和要约；不得向第三方提供任何有关股权/债权融资或股权转让或销售的信息或参与有关股权/债权融资或股权转让或销售的谈判和讨论；不得与第三方达成任何有关股权/债权融资或股权转让或销售的协议或安排。如果各方已经就本框架协议项下的交易签订了正式的投资协议，且由于为满足投资协议交割条件而造成的延期，则上述约束期应相应顺延。

续表

序号	事项	意向内容
3	合格投资者	协议各方同意,甲方、甲方管理的基金以及与甲方有关联关系且具备投资能力的企业,均是本协议各方认可的合格投资者,可以代表或代替甲方完成最终的投资。
4	丙方估值	丙方估值采取市盈率法计算,协议各方同意对丙方全面稀释的投资后整体估值,按2014年预测利润的8倍市盈率计算,2014年预测税后净利润为人民币1亿元,丙方全面稀释的投资后整体估值为1亿×8=8亿元。
5	投资价格与投资金额	甲方投资总额为人民币1亿元,投资完成后,甲方获得投资后股权的12.5%。投资完成后,丙方注册资本增加至人民币1亿元,甲方投资金额中的1 250万元计入丙方注册资本,剩余8 750万元计入丙方公积金。
6	估值调整	如果甲方2014年的税后利润达到或超过人民币1亿元的95%,即人民币9 500万元,丙方全面稀释的投资后估值保持人民币8亿元不变。甲方投资及所获得的股权比例保持不变。如果丙方2014年的税后利润低于预测利润的95%,即低于人民币9 500万元(不含本数),则丙方全面稀释的投资后估值应按以下公式调整: 全面稀释的投资后估值=8倍市盈率×丙方2014年实现的税后利润。 此时,甲方有权要求乙方以所持的丙方股权,或者以货币形式,进行补偿。以股权行使补偿的,补偿的股权比例=1亿元/调整后的整体估值-12.5%;以货币形式补偿的,乙方应向甲方补偿的货币金额=1亿元-调整后估值×12.5%。甲方取得乙方补偿,不需另行向乙方支付对价。
7	业绩承诺与业绩补偿	乙方、丙方承诺:丙方2014年、2015年、2016年的净利润分别达到1亿元、1.2亿元、1.5亿元。 当丙方2014年的承诺利润未实现时,按照估值调整约定处理。当2015年、2016年承诺利润未实现时,甲方有权要求乙方按以下任一种方式进行业绩补偿: 方式一:乙方应向丙方以无偿赠与的方式补足丙方当年承诺利润。 方式二:乙方增加对丙方的投资,并将投资款项全部计入资本公积金项下由全体股东按持股比例享有,使甲方所持丙方股权对应的所有者权益与丙方实现当年承诺利润的效果等同。 方式三:乙方直接向甲方进行补偿,补偿金额的计算公式为:甲方已投资金额×(1-当年实现利润/当年承诺利润)。
8	投资方式	甲方的本次投资为股权投资,以对丙方增资入股的方式进行。
9	款项用途	丙方应根据批准的丙方预算和营业计划将从甲方获得款项用作业务扩张、补充流动资金或甲方认可的其他用途。
10	利润分配与留存收益	自本协议签署之日起至甲方完成正式投资期间,丙方不得进行利润分配。

续表

序号	事项	意向内容
11	反稀释条款	若丙方发行任何新股(或可转换为股权的证券票据)且该等新股的每百分比股权单价(新低价格)低于本投资条款清单约定的股权的每百分比股权单价,作为一项全面估值反稀释保护措施,甲方有权以零价进一步获得丙方发行的股权,以保障发行该等新股后甲方所持的丙方所有股权权益(包括本次投资所取得股权和额外股权)所支付的平均对价相当于新低价格。但是,员工持股计划下发行股权,或者丙方股权激励安排下发行股权的情况除外。 若上述方案因中国法律规制而不可行,则甲方有权要求乙方承担前述款项下的反稀释义务;乙方应以零价向甲方转让其所持有的丙方股权,以保障甲方对其所有的丙方股权权益所支付的平均对价相当于新低价格。
12	优先认购权	本条款清单项下投资完成后,丙方再增加注册资本时,甲方对新增注册资本享有同等条件下的优先认购权,但是下列情况除外:① 丙方员工持股计划;② 行使既有期权或增权;③ 丙方发行股票;④ 与股票分拆、红利股、资本重组或类似交易相关的按比例调整;⑤ 其他经协议各方协商、一致同意的情况。
13	保护性条款	丙方的下列事项,除需按丙方企业章程及《中华人民共和国公司法》的规定进行表决外,还必须经甲方同意方可批准、生效:① 支付股息、分配利润;② 丙方改制、合并、分立、重大资产重组、增加或减少注册资本、解散与清算;③ 标的金额在人民币1 000万元以上的重大资产处置,包括但不限于资产售卖、抵押、质押、典当等;④ 对外担保或其他可能导致丙方承担大额或有负债的事项;⑤ 增加或减少董事会、监事会席位;⑥ 修改企业章程;⑦ 对会计制度和政策做出重大更改;⑧ 改变企业的主营业务、市场定位,根本性改变企业的产品结构;⑨ 其他由协议各方商定的事项。
14	董事会	甲方完成投资后,丙方设立董事会,董事会至少由7人组成,甲方委派2名董事。董事会会议应至少每季度召开一次。
15	知情权	甲方持有丙方股权期间,丙方应将下列企业信息以适当的形式提供给甲方,以使甲方了解丙方的生产经营情况及预算情况:① 在会计年度结束之后90日内提供经具备从事证券相关业务资格的会计师事务所审计之后的合并财务报表和经营报告;② 每财务季度结束后45日内提供未审计的季度财务报告和经营报告;③ 在每月结束后15日内提供未审计的月度财务报告和月度经营报告;④ 在下一财务季度开始前15日内提供下季度预算报告;⑤ 在下一财务年度开始前30日内提供下年度的预算报告。
16	随售权	乙方计划向任何第三方出售其持有的丙方全部或部分股权,必须事先通知甲方,甲方有权以同等条件向第三方出售,乙方、丙方应优先保障甲方此项权利的实现。

续表

序号	事项	意向内容
17	拖售权	若第三方向甲方发出股权收购要约,且甲方接受股权收购要约,则其有权要求乙方一起按照相同的出售条件和价格向该第三方转让部分或全部股权。
18	上市时间承诺	乙方、丙方承诺,丙方将在 2016 年 12 月 31 日前在中华人民共和国境内证券市场成功完成首次公开发行股票并上市。 乙方、丙方将根据法律规定,采取措施,尽量缩短甲方持有的股权在上市之后的锁定期。
19	股权回购	当出现下列任一情形时,甲方有权要求乙方以货币形式或甲方认可的其他形式,按约定的回购价格回购甲方持有的丙方股权:① 丙方未能在 2016 年 12 月 31 日前在中华人民共和国境内证券市场成功完成首次公开发行股票并上市;② 丙方连续 2 年未能达到承诺的业绩指标;③ 出现重大变化,致使已经或即将出现对丙方上市构成实质性障碍的情况;④ 乙方或丙方向甲方披露的信息存在虚假、重大遗漏、误导,该等虚假、遗漏、误导的信息对丙方上市构成实质性障碍。 甲方要求乙方回购股权的回购价格按下列公式计算: 回购价格=投资金额×(1+12%)×N(公式中的 N 代表甲方持有股权的时间,时间从甲方持有丙方股权的次日起算,到甲方收到所有股权回购价款之日结束。N 按年计算,精确到月,如两年三个月=2.25)。 甲方可以要求乙方回购全部股权,也可以要求回购部分股权;要求回购部分股权的,回购价格按比例折算。
20	优先清算权	如发生法定或约定的清算事由,丙方进入清算程序,则清算后的企业资产,应优先向甲方分配,并优先保障甲方获得相当于投资金额×(1+20%)×N(公式中的 N 代表甲方持有股权的时间,时间从甲方持有丙方股权的次日起算,到甲方收到所有股权回购价款之日结束。N 按年计算,精确到月,如两年三个月=2.25)。 如果该等优先权在法律上无法实现或无法全部实现,未实现部分由乙方向甲方补偿。乙方对甲方享有的前述优先清算权承担连带担保责任。
21	投资的前提条件	甲方对丙方的投资,以下列条件获得全部满足为前提条件:① 甲方对尽调结果满意,且从尽调结果看,丙方符合甲方的投资标准;② 就本条款清单项下的各项约定及其他投资的有关事项,各方达成了最终一致的意见;③ 甲方的投资已经内部有权机构审批、决策通过,对依法或依企业管理规则应由上级单位或主管机关批准的,已获得上级单位或主管机关批准。
22	其他权利	若乙方拟以比本条款清单或最终交易协议更优惠的条款或者条件募集任何资本(无论以股权还是债权的方式),则甲方有权享有该等优惠条款或者条件。

本条款清单在签署,协议一式六份,三方各执两份。
甲方:
乙方:
丙方:

即测即评

请扫描右侧二维码检测本章学习效果。

思 考 题

1. 优先购买权的含义是什么?
2. 完全棘轮条款的含义是什么?
3. 投资条款清单的特征有哪些?
4. 企业估值偏高的原因有哪些?

参考文献

［1］杨俊、张玉利:《基于企业家资源禀赋的创业行为过程分析》,《外国经济与管理》2004年第2期,第2—6页。

［2］张军晓、李姚矿、姚晓芳:《女性创业者的社会网络:研究现状和未来方向》,《妇女研究论丛》2016年第3期,第109—116页。

［3］中国国际电子商务中心研究院:《中国农村电子商务发展报告(2019—2020)》,2022年1月16日。

［4］农业农村部信息中心、中国国际电子商务中心:《2021全国县域数字农业农村电子商务发展报告》,2022年1月16日。

［5］林龙飞:《乡村振兴背景下青年返乡创业的内隐逻辑——基于个人意义构建视角的多案例研究》,《中国青年研究》2019年第10期,第62—68页。

［6］林龙飞、陈传波:《返乡创业青年的特征分析及政策支持构建——基于全国24省75县区995名返乡创业者的实地调查》,《中国青年研究》2018年第9期,第53—61,10页。

［7］Steven. R. , *Entrepreneurial Finance*. New York: McGraw-Hill, 2009.

郑重声明

高等教育出版社依法对本书享有专有出版权。任何未经许可的复制、销售行为均违反《中华人民共和国著作权法》,其行为人将承担相应的民事责任和行政责任;构成犯罪的,将被依法追究刑事责任。为了维护市场秩序,保护读者的合法权益,避免读者误用盗版书造成不良后果,我社将配合行政执法部门和司法机关对违法犯罪的单位和个人进行严厉打击。社会各界人士如发现上述侵权行为,希望及时举报,我社将奖励举报有功人员。

反盗版举报电话　（010）58581999　58582371
反盗版举报邮箱　dd@hep.com.cn
通信地址　北京市西城区德外大街 4 号
　　　　　高等教育出版社知识产权与法律事务部
邮政编码　100120

读者意见反馈

为收集对教材的意见建议,进一步完善教材编写并做好服务工作,读者可将对本教材的意见建议通过如下渠道反馈至我社。

咨询电话　400-810-0598
反馈邮箱　gjdzfwb@pub.hep.cn
通信地址　北京市朝阳区惠新东街 4 号富盛大厦 1 座
　　　　　高等教育出版社总编辑办公室
邮政编码　100029